일러두기
이 책은 정보를 전달하고 영감을 공유하기 위해 집필되었습니다. 질병, 증상의 치료 및 예방 목적으로
활용하는 것을 권하지 않으며 책 내용에 따라 식단을 변경할 때에는 전문의와의 사전 상담이 필요합니다.
저자와 발행인은 개인, 기업, 단체에서 책 내용의 해석 및 활용으로 인해 직간접적인 법적 책임과 손실 및
피해가 발생할 경우, 책임을 지지 않습니다.

주의사항
노약자, 임산부, 어린이, 자가면역질환자의 경우, 살모넬라균으로 인한 식중독의 위험이 높을 수 있기 때문에
가열하지 않은 계란을 섭취하는 것에 대해 의사와 먼저 상담할 것을 권합니다. 217쪽에 살균처리하지 않은
우유에 대한 내용은 저자의 견해로, 의학적인 지식을 대체할 수 없으며 섭취 전 의사와 먼저 상담할 것을
권합니다.

오븐 사용 가이드
사용하는 오븐 종류에 따라 조리 시간이 다를 수 있습니다. 장착된 팬으로 가열하는 컨벡션 오븐의 경우,
레시피의 온도보다 20도 낮게 설정해서 사용하길 권장합니다.

계량 가이드
이 책에서 1큰술은 20ml, 1작은술은 5ml를 의미합니다. 15ml 용량의 스푼을 사용할 경우, 재료정보에 표기된
1큰술의 양에 1작은술을 추가해주면 됩니다.

발효 음식의 세계

홀리 데이비스
HOLLY DAVIS
—
박지현 옮김 | 박천석·김수향 감수

추천의 글

산도르 엘릭스 카츠
SANDOR ELLIX KATZ

발효 음식은 기록된 역사보다 더 오래되었고 세계 거의 모든 지역의 음식 문화에서 빠지지 않습니다. 발효는 음식을 안전하게 보존하고, 체내에서 소화가 잘 되게 하여 영양소를 적절히 흡수할 수 있도록 돕습니다. 또한, 음식의 독소를 제거하고 치유 효과가 있는 영양소를 더해주기도 하지요. 발효 후 조리하지 않은 음식에는 살아있는 박테리아가 발견되는데 이는 '프로바이오틱probiotic 유익균'으로 우리 몸속의 장내세균을 보전해주고 다양화시키는 역할을 합니다.

   모두가 발효 음식을 즐기는 것은 아니지만, 발효 음식의 맛에 눈을 뜨기 시작하면 그만큼 견줄 음식도 없습니다. 발효 음식은 세계의 요리에서 찾아볼 수 있지요. 저는 여태 발효 과정을 배제하는 음식 문화의 사례를 찾지 못했을뿐더러, 발효 음식은 전 세계 다양한 곳에서 매일 접하는 일상 음식으로 자리 잡고 있습니다. 어느 추정치에 따르면 인간이 먹는 음식 중 1/3은 우리가 먹기 전에 이미 발효 과정을 거쳐 변형된 것으로 알려져 있습니다.

   발효 음식은 주식이 되기도 하고 진미, 성찬聖餐 또는 치료제로 여겨지기도 합니다. 이렇듯 발효 음식이 갖는 중요성에도 불구하고 대량생산과 편의성에 대한 선호가 갈수록 높아지면서 이제는 발효 음식을 만드는 사람들을 찾기가 쉽지 않습니다. 발효 음식을 만들고 활용하는 방법에 대한 문화적 지식이 대대로 전수될 수 있는 연결 고리가 대체로 끊어진 상태이기 때문입니다. 동시에 우리는 박테리아를 위험한 '세균'으로 인식하게끔 배워와서 직접 발효 음식을 만들고 섭취하는 행위 자체를 두려워하기도 합니다. 많은 사람이 발효 과정과 박테리아에 대해 이러한 두려움을 안고 있습니다. "내가 배양한 박테리아가 유익균인지 어떻게 확신할 수 있을까?"

   한편 잘못된 두려움이 지배적인 가운데서도 발효 과정에 대해 관심을 보이는 사람들 또한 우후죽순 생겨나고 있습니다. 내가 섭취하는 음식이 어디서 오고, 어떻게 만들어지는지에 대한 관심이 커지기 시작하면서 발효에 관한 실용적인 지식과 집에서 직접 시도해볼 수 있는 방법을 사람들은 갈망하게 되었습니다. 박테리아가 건강에 지대한 영향을 미친다는 새로운 연구 결과들이 속속 주목받으면서 이러한 관심과 요구는 더 높아지고 있습니다.

   수십 년 동안 발효를 연구해온 홀리 데이비스는 오랫동안 사람들에게 발효 음식을 가르쳐 왔으며 아이디어와 레시피를 간단하고 명확하게 전달합니다. 우리는 모든 사람에게 적용할 수 있는 단 하나의 최고의 식단은 없다는 생각과 슈퍼푸드, 일시적으로 유행하는 다이어트 레시피에 대한 경계심을 기반으로 음식에 관한 철학을 공유하며 첫 만남부터 지금까지 우정을 쌓아왔습니다. 홀리는 음식을 진정 즐기는 사람입니다. 책을 통해 그녀가 전하는 발효 음식에 대한 지식과 영감을 얻어가시길 바라며 여러분도 발효의 세계에 기꺼이 빠져들길 바랍니다.

For my India

나의 딸 인디아에게

자연식품으로 가득한 나의 집	9
활성화 Activate	22
보존 Capture	58
담금 Steep	98
주입 Infuse	126
부풀리기 Leaven	168
배양 Incubate	208
절임 Cure	240
용어 소개	262
참고 자료	266
색인	269
감사의 말	277

자연식품으로 가득한 나의 집

MY WHOLEFOOD HOME

발효 과정을 거쳐 유효 수명이 연장된 환상적인 사워도우sourdough, 원유raw milk(가공되지 않은 우유)로 만든 치즈, 절임 채소, 과일청, 거품이 가득한 음료까지. 만족스러운 식감과 풍부한 맛에 한 입이면 충분히 발효 음식에 매료되고 맙니다. 늘 존재하는 자연의 힘을 빌려, 약간의 지식까지 더하면 유익한 미생물을 활용한 식재료와 발효 음식을 우리의 식단에서 만날 수 있습니다. 발효 음식에 내재한 미생물의 영향으로 우리의 소화력과 면역력, 뇌 기능, 영양섭취량은 자연스럽게 향상됩니다. 발효 음식은 즐거움을 가져다주면서 유익하기도 한 음식의 대명사입니다.

맛있는 음식을 나누는 것은 식습관에 긍정적인 영향을 끼치며 요리에 대한 열정을 심어주는 확실한 방법입니다. 무더운 날, 탄산수와 섞은 케피어kefir(발포성 발효유) 한 잔을 내오면 사람들에게 이러한 질문들을 받습니다. "너무 상쾌하네요. 어떻게 만들었나요?", "저에게도 컬쳐culture(한 식품 성분을 유익한 방향으로 발효시키는 미생물–옮긴이)를 나눠주실 수 있나요?". 저는 항상 "물론이죠!"라고 대답합니다. 이렇게 스타터 컬쳐starter culture를 나눔으로써 맛으로 무장한 발효 음식이 전 세계를 돌아 우리에게 전파될 수 있었습니다.

제 집은 자연식품으로 가득합니다. 저는 자연의 힘을 빌려 발효 과정을 촉진하기도 합니다. 일정한 온도의 차가운 땅에 항아리를 묻어 김치를 담가 발효시키고, 따스한 바람과 햇빛에 매실과 뿌리채소들을 말리기도 합니다. 이 모든 것은 자연의 미생물들이 식재료를 보존해주기 때문에 가능한 것이죠. 집안의 항아리와 냄비, 유리병 안에는 펑! 딱! 쉿! 등의 소리를 내거나 하룻밤 새 크기가 두 배로 팽창하는 것들이 담겨 있습니다. 안의 내용물들은 특유의 냄새로 존재감을 알리기 시작합니다. 기대하게 만드는 냄새가 있는가 하면 '강력한 한방'으로 밖에 설명되지 않는 것들도 있습니다.

지난 40여 년 동안 저는 발효라는 예술을 마음껏 활용하고, 실험하고, 배워왔습니다. 자연식품을 활용하는 요리사, 요리 연구가, 그리고 교육자로 활동하는 소중한 경험을 즐겼습니다. 우리 사회가 음식에 대한 중요성과 가치를 다시 깨닫게 되길 바라는 마음으로 발효 음식 한두 가지를 더해 건강에 좋은 식사를 계속해서 사람들에게 제공하고 있습니다.

발효 음식은 생각보다 만들기 쉽고 만드는 과정도 그렇게 오래 걸리지 않습니다. 발효 음식을 처음 만들어보는 분이라면 본인만의 페이스를 찾을 때까지 책에서 소개하는 발효 과정 중에서 우선 한 가지에 집중해보기를 권합니다. 하나의 발효 음식을 만들고 저장하고 가꾸는 일이 일상의 일부가 되면, 건강과 마음의 행복을 챙기는 여러분만의 발효 음식들을 계속해서 찾아가길 바랍니다.

일부의 레시피들은 너무 오래되어
어떻게 만들어졌는지 확인할 수 있는 기록조차 없는 경우도 있습니다.
어떤 음식은 우연히 탄생했고,
발견된 환경이 재현되어 오늘까지 지속되어 왔습니다.

신맛에 대한 기호

이 책에서는 아마자케amazake와 같은 아주 단맛, 템페tempeh와 같은 흙내 나는 맛, 미소 된장 채소 절임miso pickle과 같은 짠맛 등 다양한 맛의 발효 음식을 다룹니다. 발효 음식에서 가장 흔한 맛은 다채로운 신맛입니다. 발효 음식의 신맛은 젖산을 생산하는 젖산균이라고 하는 거대한 박테리아 그룹으로부터 생성됩니다. 소금에 절인 양배추는 왜 사우어크라우트로 변할까요? 눈에 보이지 않는 박테리아가 양배추의 모든 잎에 매달려 있기 때문입니다. 이 박테리아는 흙, 공기 그리고 양배추를 만진 손에서 옵니다. 양배추를 잘라 소금에 절이고 병에 밀봉하면 소금과 산acid을 견뎌낼 수 있는 박테리아들이 양배추의 당분(전분)을 다양한 산, 이산화탄소(탄산), 그리고 에탄올(알코올)로 전환시키며, 이들은 곧 배양을 시작하여 양배추의 영양성분을 배가시킵니다. 시간이 지나면서 더욱더 많은 산이 만들어지고 신맛도 강해집니다.

'발효하는 사람fermenter'으로서 여러분의 임무는 원하는 음식을 저장하고 향상시키기 위한 최적의 환경을 설정하여 이러한 마법 같은 과정을 촉진시키는 것과 동시에 음식이 상하지 않도록 부패균의 침입을 막는 것입니다.

발효 음식은 높은 산도를 지닌 우리의 위장을 지난 후에야 가장 중요한 역할을 하기 때문에 평소 소량의 신 발효 음식을 꾸준히 섭취하는 것이 도움이 될 수 있습니다. 건강을 유지하기 위해서는 신맛에 일찍 눈을 뜨는 것이 좋다고 저는 굳게 믿는 편입니다.

왜 발효인가?

음식이 발효되면 미생물로부터 1차 소화predigested가 진행되는데 이때 식감과 맛이 변하고, 그전에는 얻을 수 없을 뻔했던 영양성분이 생성됩니다. 때로는 발효를 통해 재료의 독성 성분이 제거되기도 하며 많은 식품에서 발견되는 특정 독성 물질에 대응할 수 있습니다. (단, 모든 독성 물질에 해당하지는 않습니다.) 우리가 발효하려는 재료 중 상당수는 다른 영양소의 흡수를 방해하는 다양한 성분을 갖고 있는데 이를 항영양소antinutrient 성분이라고 하며, 제 1장 활성화(p22)에서 곡물, 콩, 견과류 그리고 씨앗류에서 발견되는 항영양소 성분들에 대해 더욱 자세히 다룹니다.

발효는 음식을 보전해주어 수주 내지 수개월, 어떤 경우에는 신선한 상태로 수년 동안 안전하게 섭취할 수 있게 해줍니다. 음식 보존이 쉬워진 현대 사회에서는 굳이 발효 과정을 통해 음식을 보존하지 않아도 되지요. 하지만 발효는 분명 매력이 있습니다. 다양하고 복잡한 맛과 식감을 얻는 것, 제철 재료 보전 등도 좋은 동기가 될 수 있으며 빠르게 성장하는 발효 음식의 유행에 합류할 만한 또 다른 이점들도 분명 있습니다. 발효는 음식을 향상시켜 변질된 음식에 생기를 불어넣을 수 있지요. 예를 들면 저온살균 우유pasteurised milk를 발효시키는 것처럼 말입니다.

최신 연구에 따르면 우리 몸속 미생물 생태계의 유전자는 체중조절, 면역력, 호흡기, 영양성분의 소화와 섭취에 영향을 줍니다. 유익한 장내세균은 비타민 B3, B5, B6, B7(바이오틴), B9(엽산), B12 그리고 비타민 K의 생성에 도움을 주고 미네랄 섭취, 병균 방어, 음식 소화, 약물 대사작용, 그리고 신진대사에 영향을 줍니다.

장내세균은 우리의 정신 건강과 신경에도 막대한 영향을 끼칩니다. 높은 스트레스 지수, 가공식품과 당분 과다 섭취, 항생제 남용, 합성물질로 가득 찬 세제와 화장품으로 채워진 오늘날의 라이프스타일은 우리의 체내 생태계를 망치고 있습니다. 많은 사람이 자가면역질환, 심장병, 제2형 당뇨병, 비만, 알레르기, 피부염, 호흡 기능 장애, 정신병, 암, 과민성대장증후군, 자폐 등 많은 병을 앓고 있습니다. 체내 생태계를 변형시키고 손실시키면서 많은 질병을 얻고 있음을 우리는 이제야 깨닫고 있습니다.

최근의 연구 결과는 우리에게 몸속에 있는 미생물들을 더욱 잘 보살필 것을 권하고 있습니다. 다양하고 식이섬유가 풍부한 자연식품 식단에 제대로 만든 발효 음식과 음료를 더해 우리 몸속에 있는 수천 종의 미생물을 양성하고, 그들이 제대로 작용하게 하는 것도 하나의 방법이 됩니다. 통곡물, 콩, 견과류, 그리고 씨앗류를 섭취하는 것은 훌륭한 출발점입니다. 제1장 활성화(P22)에서 정리된 방법을 참조하세요.

우리가 섭취하는 음식과 음료를 통해 다양한 종류의 프로바이오틱을 얻을 수 있다면 같은 효과를 끌어내기 위해 굳이 비싼 연구 비용을 들이지 않아도 됩니다. 〈다이어트 신화〉(The Diet Myth)의 저자이며 유전역학 교수인 팀 스펙터Tim Spector 또한 말합니다. '더 넓은 범위의 프로바이오틱이 개발되고 대장까지 전달되는 방법이 개선되기 전까지는, 유익균(프로바이오틱)과 미생물의 영양원(프리바이오틱)이 풍부한 진짜 음식을 섭취하는 것이 박테리아 몇 종류를 추가하는 것보다 우리에게 더 큰 도움이 될 것입니다.'

우리가 현재까지 알고 있는 것은 우리의 유전자에 내재되어 있는 세균세포bacterial cell보다 훨씬 더 많은 세균이 우리 몸에 살고 있다는 것입니다. 우리는 미생물과 함께 진화했으며, 모르는 사이에 그들을 배양하여 많은 혜택을 받고 있습니다. 우리의 몸을 움직이게 하는 이 유기체들은 총체적으로는 미생물균총microbiota으로 알려져 있습니다. 우리의 미생물 생태계microbiome는 우리 체내에 있는 특정 생태계를 말합니다. 대부분은 잉태와 출산 당시 어머니의 미생물 생태계막에 노출되면서 물려받게 됩니다. 이 미생물 생태계는 훗날 환경적 요인으로 더욱 발달하며 여기서 식단은 중요한 역할을 합니다.

건강한 성인은 1,200에서 3,000종 이상의 보이지 않는 미생물을 체내에 보유하고 있습니다. 이들의 무게를 합산하면 놀랍게도 1.5kg에 달할 수 있습니다. 대부분의 미생물은 산소가 없는 대장에서 살며, 공생균commensal이라고 알려져 있으며 개인마다 차이가 있을 수 있습니다. 살아있는 프로바이오틱 식품과 음료는 공생균을 양성합니다. 특정 균종은 줄어드는 다른 균종의 재활 촉매제가 될 수도 있습니다. 공생적 식물군commensal flora은 다양한 자연식품 식단에서 발견되는 프리바이오틱 올리고당prebiotic oligosaccharides, 이눌린inulin(덩이뿌리 등에 함유된 저장다당류), 프락토올리고당fructo-oligosaccharides 등의 불용성 섬유질에서도 존재합니다.

발효의 컴백

우리가 모두 80여 년 전에 태어났다면 발효에 대한 지식을 자연스레 물려받았을 것입니다. 세계 곳곳의 우리 선조들이 수확물을 보관하기 위해 활용한 전통적인 방법과 기술을 직접 눈으로 보거나 거들며 경험했을 것이기 때문입니다.

전 세계적으로 우리의 선조들은 과학적인 설명이 부재한 상태에서도 보이지 않지만 유익한 미생물들을 잘 활용했습니다. 선조들이 발효 음식을 식단에 규칙적으로 포함시키는 것의 효능과 이점을 인식했다는 많은 증거가 존재하지요. 발효 문화는 자발적으로 식품을 변형하고 보존하여 음식을 더 맛있게 만들고, 섭취하는 모든 식품군의 영양 가치를 높이는 방법으로 중요하게 여겨져 왔습니다. 이렇게 애지중지하게 여겨진 미생물들은 인류를 통해 생존을 이어왔습니다. 그들의 혜택을 누리는 대가로 우리는 그들이 선호하는 서식지를 유지했습니다. 예를 들어 사워도우 스타터(반죽을 발효하는 전통적인 방법)는 우리가 수천 년 동안 사용한 거대한 종류의 유익균과 누룩을 보유하고 있습니다. 사워도우 스타터는 밀가루, 물, 그리고 소금을 천연 효모화시켜 소화가 잘되는 사워도우 빵을 만드는 데 중요한 재료가 됩니다.

사워도우에 있는 박테리아는 오로지 사워도우에서만 발견됩니다. 미생물과 우리는 상호이익적인 관계로 함께 진화했고 이 관계는 아주 오랫동안 우리 모두에게 많은 혜택을 주었습니다. 서로의 이익을 위해 우리는 미생물이 필요로 하는 먹이를 정기적으로 제공하여 그들을 유지합니다.

발효 음식은 공동체의 일부로, 사람들이 모국에서 떠나게 될 경우 스타터 컬쳐는 여행의 필수적인 동반자가 됩니다. 이주하면서 흩어진 사람들은 그들의 음식 문화, 관습과 전통을 어느 정도 유지합니다. 음식은 우리의 문화적 정체성의 중요한 부분이기 때문입니다. 음식은 우리에게 목적, 유대감, 그리고 차이를 제공합니다. 발효 버터와 와인, 치즈가 없는 프랑스인, 요구르트가 없는 불가리아인, 차와 포리지porridge(영국식 죽), 스크럼피scrumpy(영국 서부에서 생산되는 독한 사과주), 체다치즈와 양파 절임이 없는 영국인을 상상해보세요.

발효 음식은 우리 선조들의 유산입니다. 우리의 건강을 유지하고 회복하는 데 있어 발효 음식과 발효 음식에 내재되어 있는 미생물들의 중요한 역할은 최신 연구에서 각광받고 있습니다.

발효의 컴백은 이미 상당히 진행되고 있습니다. 자연식품 매장은 물론 마트 선반을 채우고 있는 다양한 발효 식품을 보면 알 수 있습니다. 천연 효모 즉, 전통 방식으로 빵을 만드는 장인Artisan Baker들에 의해 사워도우 빵의 인기가 높아지고 있습니다. 이 진짜 음식에 진정한 비용을 지불하기 위해 많은 사람들이 너도나도 줄을 서고 있으며 세계 유명 셰프들은 전통 발효 식품을 보존하고 혁신하고 있습니다. 제가 가르치는 강의에도 다양한 연령대의 사람들이 각자 다른 이유로 수강하고 있습니다. 새롭게 입문한 사람, 호기심을 가지고 시작한 사람, 발효의 상당한 가치와 재교육의 필요성을 인지한 의사의 권유로 시작한 사람 등 다채롭습니다.

음식과 요리에 대해서

ON FOOD AND COOKING

좋은 사람들과 자연식품natural food으로 식사를 나누며 우리의 몸을 돌보는 동시에 즐거운 생활을 누릴 수 있습니다. 저는 요리할 때 우리의 식품 구매 습관을 지배하고 있는 대기업들이 출현하기 이전의 시대 즉, 우리가 지역 생산자들을 지원했던 시대를 존경하는 마음으로 임합니다. 그 시대에는 사람들이 재원을 잘 활용하고 먹을 수 있는 모든 재료를 마지막까지 최대한 활용했습니다. 재료에서 최대 가치를 끌어낸다는 것은 최대한 활용하는 것을 의미합니다. 예를 들면 당근과 래디시 꼭지로 피클 담그기, 감귤류의 과일 껍질을 발효 음식이나 캐서롤casserole(오븐에 넣어서 천천히 익혀 만드는 찜 비슷한 요리-옮긴이)에 추가하기, 채소 자투리나 껍질로 육수 내기, 그리고 먹을 수 없는 재료는 닭이나 지렁이에게 먹이기 등이 있습니다.

저는 모든 진짜 음식은 각자의 위치가 있고, 어느 한 음식이 다른 음식보다 우월하지 않으며, 우리가 음식을 섭취하는 것을 통제할 수 없다고 믿습니다. 조리되었거나 익히지 않은 채로 먹는 다양한 식품과 식품군이 모두 건강의 핵심이라고 생각합니다. 방목된 육류, 계란, 그리고 유제품을 소량으로 섭취하는 것은 윤리적이고 지속 가능한 행위로 타당성이 있다고 생각합니다. 다만 섭취량도 중요합니다. 아무리 좋은 음식이라도 지나치게 섭취하는 것은 좋지 않기 때문이죠.

저는 늘 음식을 준비할 때 누구에게, 그리고 왜 요리를 하는지를 고려합니다. 저는 여러 가지의 작은 요리로 구성된 식사가 대부분의 사람들의 니즈를 충족시킨다는 것을 깨달았습니다. 신맛, 쓴맛, 단맛, 톡 쏘는 맛, 짠맛의 다섯 가지 맛을 식사의 시작부터 끝까지 조화롭게 구성할 수 있습니다. 양이 많은 채소 요리, 소량의 콩과 곡물 요리, 소량의 생선이나 육류에 새싹, 견과류, 씨앗류나 해초류 곁들이기, 작은 접시나 그릇에 어울리는 발효 음식 내오기. 이렇게 균형 잡힌 식사가 영양분을 섭취하는 과정에 중요한 요소라고 믿습니다.

우리는 하루에 세 번, 우리의 행복과 건강한 사회, 지구를 위한 선택을 합니다. 식탁에 무엇을 올리고 입에 무엇을 넣을지 정하는 것을 단순한 선택이라기보다 특권으로 생각해볼 필요가 있습니다. 저는 땅속에 있는 미생물을 고려하고 존중하는 친환경적인 재배 방식, 지역에서 생산되는 유기농 농산물과 계란, 유제품을 우선적으로 구매하며 현지에서 재배한 제철 식재료를 선호합니다. 이런 재료들이 음식의 풍미와 영양을 불어넣습니다. 또한 인도적으로 사육되고 목초지에서 방목되어 기른 육류와 가장 신선한 자연산 생선을 고릅니다.

발효 음식이 포함된 식사를 임산부와 생의 말기에 임박한 다양한 사람들에게 대접하면서 저는 경이로운 결과를 보았습니다. 생의 말기에 임박한 몇 사람들을 위해 식사를 제공할 기회를 얻은 적이 있었습니다. 그들이 가장 무방비 상태일 수 있는 장소인 그들의 집, 주방에 초대

되었고, 저에게는 그들을 위한 영양 가득한 식사를 만드는 책임이 주어졌습니다. 이는 그동안의 경험 가운데서도 가장 소중한 기억으로 남아 있습니다. 단 한 가지 요인으로 정리할 순 없겠지만, 그 중 회복한 사람들은 자연식품 식단을 통해 충만하지 못했던 삶을 채울 수 있게 되었을 것입니다. 여전히 저는 이들과 가깝게 지내고 있으며 모두들 저의 생각에 동의할 거라 짐작합니다. 저는 우리가 의존하는 매크로 영양소(다량 영양소)macronutrient와 마이크로 영양소(미량 영양소)micronutrient 만큼이나 의식, 사랑, 그리고 공동체와 같은 개념 역시 우리에게 매우 중요하다는 것을 확실히 느낍니다.

방목소의 우유로 만든 버터
필수영양소인 비타민 A, D, E와 K가 풍부하다.

이 책의 사용법

책에서 소개하는 대부분의 발효 음식은 쉽게 만들 수 있고 실행 과정이 오래 걸리지 않으면서 상당수의 흥미로운 결과물을 가져다 줍니다. 메인 요리가 목적이라기보다는 선반에 항상 구비해 둘 수 있는 발효 음식과 소스 및 곁들임 음식, 음료 레시피들 외에도 특정 문화와 관련된 음식과 발효 재료를 활용할 수 있는 레시피들을 소개합니다.

자연식품과 발효를 설명할 때, 특정 언어를 사용하기 때문에 낯선 단어를 접하게 되면 용어 소개(P262) 부분을 활용하시기 바랍니다. 시판용 발효 식품이나 피클, 식초 등을 구입할 때는 라벨이나 포장지에서 '자연 발효naturally fermented', '살아있는live'. '살균처리 되지 않은unpasteurized 등의 용어를 찾아보시길 바랍니다.'

당신의 코를 믿으세요

우리는 박테리아라는 단어를 들을 때마다 두려움을 느끼도록 교육을 받아왔기 때문에 박테리아에 의존하는 발효 음식을 처음 접하는 사람들은 세균을 배양하는 것에 대해 경계하곤 합니다. 하지만 실제로 발효 음식은 가장 안전한 음식 중 하나입니다. 유익균이 산성 환경을 제공하여 부패균의 번식을 막기 때문이지요.

다행스럽게도 우리에게는 상한 음식을 거부하는 천부적인 능력이 있습니다(상한 우유 냄새를 떠올려보세요). 음식이 안 좋아 보이거나 냄새가 이상하면 버리는 것을 주저하지 마세요. 일부 발효 음식은 강한 냄새를 지니고 있지만 이것은 상한 음식과는 아주 다른 냄새입니다. 당신의 본능과 후각을 따르면 차이점을 알게 될 것입니다.

융통성 있게 레시피 활용하기

한 가지 고백하겠습니다. 저도 요리를 할 때 재료를 정확히 계량해서 쓰는 편은 아닙니다. 주로 느낌으로 한다고 할까요. 재료의 수량과 결과물의 용량을 최대한 정확하게 레시피에 적었지만 필요에 따라서 적절히 대응해야 할 수 있습니다. 준비한 양배추가 유난히 크다면 제가 제시한 용량의 두 배를 채울 수도 있는 거지요.

그래서 저는 여러분이 무엇이 옳은 지에 초점을 두기 보다는 본인의 직관을 이용해 레시피에 대한 감각을 키우고 자신만의 방법을 활용하길 권합니다.

저는 결과물에 주로 만족하곤 하지만 가끔가다 실패작이 나오기도 하는데 이럴 때는 실수에서 배우려고 노력합니다. 저는 요리를 정교한 과학보다는 연금술에 가까운 예술로 여기는 편으로, 만들고자 하는 컬쳐들에 적합한 환경을 연출해 나갑니다. 여러분이 발효를 시작하기 위해서 알아야 할 모든 것을 갖출 수 있도록 노력했고, 제 경우에는 이 책에 소개되는 기준과 발상을 고수하고 있습니다. 하지만 여러분은 너무 엄격할 필요는 없습니다. 규칙의 부재와 완벽한 준수 둘 다 바람직하지는 않기 때문이죠.

성공적인 발효 과정은 환경과 상황에 따라 정해집니다. 어디서 어떻게 재료가 생산되었고, 익힌 정도, 계절, 누가 재배했는지 등의 다양한 요소들로 인해 서울에서 만들어진 김치가 뉴욕, 런던, 시드니에서 만들어진 김치와는 완전히 다른 특징을 지니게 됩니다. 저는 이것이 발효 과정의 미학이라고 생각합니다. 세상에 완전히 똑같은 김치는 없으니까요.

발효 팁 및 요령

* 감각을 활용하세요. 시각, 후각, 미각을 잘 활용해 밀폐 상태와 기포 발생 속도를 자주 확인하세요.
* 지정된 범위 내에서 온도를 일정하게 유지하세요.
* 색깔의 변화를 주의깊게 관찰하세요. 발효 과정이 진행되고 있음을 알려주는 지표입니다. 색깔 변화는 젖산이 축적되면서 산도가 높아짐에 따라 발생합니다. 밝은색이 흐려지기도 하고 보라색이 분홍색으로, 초록색이 회색으로 변하기도 하는데 이 모든 것은 정상적인 현상입니다.
* 표면에 얇은 막의 형성 여부를 살피세요. 식초나 콤부차, 준Jun을 만들 때 나타나는 얇은 막은 발효 과정이 진행되고 있다는 긍정적인 현상이지만, 어떤 경우에는 아닐 수도 있습니다(P61 산막효모 참조). 곰팡이가 밝은 색을 띠거나 끈적해지면 버려야 합니다. 만약에 흰색이나 회색의 곰팡이가 작게 형성된다면 곰팡이를 제거하고 재료의 청결도를 유지해 최대한 액체에 잠겨 있도록 봉하여 공기로 퍼지는 박테리아를 막습니다.
* 발효 음식을 보관할 때는 재료를 최대한 빈틈없이 용기에 담고 내외부의 테두리를 깨끗하게 유지하세요. 필요시 더 작은 용기로 옮겨 담아 공기에 노출되는 것을 최소화하는 것도 방법입니다.
* 발효 음식을 시식하거나 옮겨 담을 때, 항상 깨끗한 도구를 사용합니다. 여러 가지 발효 음식을 다룰 때 교차 오염을 예방하기 위해 같은 도구를 사용하지 않습니다.

발효 과정에 대한 필수 요건

다음과 같은 필수 요건들은 성패를 가르고 배울 수 있는 결과물을 가져다 줍니다. 결과물의 섭취가 어려울 경우, 이 페이지를 참고해서 다음에 어떻게 다르게 시도할지 고민해보세요.

시간, 온도 그리고 비율

발효에 필요한 시간은 온도 범위에 따라 줄어들거나 늘어납니다. 따뜻할수록 발효 과정은 빨라지고 더욱 신맛을 내게 됩니다. 일반적으로 저온에서 오랫동안 숙성시킬 경우, 강하지 않지만 더욱 복합적인 맛과 아삭한 식감을 제공합니다.

음식을 발효시킬 때 레시피에 설명이 별도로 없다면 사용하는 용기는 직사광선을 피해 보관해야 합니다. 덥고 습한 기후(연중 섭씨 28도)에서 사는 분들은 부패균 문제를 겪게 될 것입니다. 냉장고 온도를 조절해 낮은 온도를 유지하는 것이 한 가지 방법이고 저의 경우 쿨가디 세이프 Coolgardie safe(P264 참조)를 고쳐서 사용한 적도 있습니다.

사용 가능한 미생물 대비 재료의 비율도 발효 과정에 소요되는 시간에 영향을 줍니다. 예를 들어 사우어크라우트는 양배추에서 배출된 수분에 잠겨 희석되지 않지만 비트 크바스kvass(러시아의 알코올성 청량음료) 같은 음료는 채소 비중이 낮고 대부분이 물입니다. 아무래도 더욱 많은 시간이 소요되며 염분이 보호하는 역할을 해줍니다.

용기와 누름돌의 사용

입구가 넓은 유리병은 저장량이 많은 발효 음식을 담기에 최적입니다. 입구가 넓은 재활용 유리병도 사용 가능합니다. 다만 뚜껑이 안쪽에 녹슬 우려가 없고 단단히 잠기는지 확인하세요.

뚜껑 테두리가 움푹 파여 물이 고이게 하는 발효용 사기 그릇도 좋습니다. 일본의 전통 채소 절임 용기는 내용물을 눌러주는 장치가 내재되어 있어 좋은 옵션입니다. 입구가 넓은 유리병이나 사기 그릇을 사용할 때 내용물이 액체에 잘 잠기도록 눌러줄 적당한 누름돌이 필요합니다. 저는 강가에서 주운 매끈한 돌이나 해변에서 찾을 수 있는 조약돌을 수집하여 사용하는 것을 좋아합니다. 섭씨 70도의 뜨거운 물에 10분간 담가 소독한 후 말려서 사용합니다. 유리로 만든 누름돌도 사용하기 좋습니다.

일회용 지퍼락 봉지에 소금물을 타서 누름돌로 사용하

기도 하지만 발효 음식의 높은 산도를 감안하면 봉지가 샐 위험이 있어 저는 권하지 않습니다.

자투리 채소를 마개로 활용하기 (채소 스토퍼)

자투리 채소를 마개로 사용할 경우 액체에 담긴 재료들이 천연 발효 및 담금 과정을 거칠 때 산화되는 것을 예방합니다. 양배추와 뿌리채소를 사용할 경우, 양배추의 바깥 잎을 잘 씻어 병이 다 찼을 때 접어서 위에 올려줍니다. 당근을 큼지막하게 잘라 병의 테두리 위로 솟게 놓습니다. 이 상태에서 뚜껑을 닫으면 액체에 담겨 있어야 할 재료가 눌려지고 액체가 상승하면서 압력이 가해집니다.

'매우 깨끗함'의 의미

발효 음식을 만들 때 명시되어 있지 않다면 굳이 소독 과정이 필요하진 않습니다. 사실 전문화된 장비 없이 오랫동안 살균된 환경을 유지하기란 어려운 일이며 이것은 발효 음식을 만드는 사람들에게 큰 문제가 되진 않습니다. 하지만 청결함을 유지하는 것은 매우 중요하며 일반적인 개인위생 수준을 준수하면 적합합니다. 깨끗한 표면 위에서 작업하되 항균 성분이 있는 세제 사용은 피하세요. 모든 용기와 주방도구, 식기를 뜨거운 물과 거품으로 깨끗하게 세척하고 뜨거운 물로 헹구거나 식기 세척기의 보통 코스에 돌립니다. 용기와 도구들을 공기에 말리는 것도 좋은 방법입니다.

정수된 물

이 책에 나오는 모든 발효 레시피는 정수된 물의 사용을 기본으로 합니다. (별도 표기가 없어도 정수된 물을 사용합니다.) 수돗물을 사용하지 않는 이유는 주로 위생의 이유로 첨가되어 있는 염소 때문입니다. 염소는 발효 식품에 필요한 유익균을 무작위로 죽이기 때문에 정수된 물이나 깨끗한 빗물, 또는 접할 수 있으면 약수를 사용하길 권합니다. 만약 수돗물밖에 없다면, 뚜껑이 없는 용기에 수돗물을 담아 1-2일 정도 두어 염소를 증발시키기를 권합니다. 아니면 수돗물을 끓인 후 식혀서 사용하길 바랍니다.

씨솔트

저는 소금이 들어가야 하는 레시피에는 미네랄이 풍부한 셀틱 씨솔트를 잘 갈아서 씁니다. 다소 눅눅한 느낌이 날 수 있지만 씨솔트에 있는 요오드는 발효 과정을 방해하지 않고 갑상선 기능에도 필수적인 성분입니다. 어떤 소금을 사용해도 무관하지만 일반 가공 소금 table salt은 피할 것을 권합니다. 짠맛을 내는 미네랄 성분 한 가지만 들어 있고 표백과 습기 제거 용도로 첨가된 알루미늄염을 포함한 성분이 함유되어 있기 때문입니다.

소금을 첨가하지 않거나 소량만으로도 발효 식품을 만들 수 있습니다. 이런 방법을 택할 경우, 처음부터 어느 정도 컬쳐를 추가해서 박테리아가 더 높은 산도에 빠르게 도달할 수 있도록 하여 음식이 상하는 것을 예방하면 좋습니다.

발효 과정을 시작할 때 살아있는 컬쳐 재료를 첨가하지 않을 경우, 소금은 젖산균을 통해 산도 농도가 진해지는 과정에서 부패균으로 인해 재료가 상하는 것을 막아줄 수 있습니다. 이 과정을 거쳐 젖산이 풍부해진 액체는 천연 방부제 역할을 합니다.

모든 식품군은 살아있는 발효 음식으로 대표될 수 있습니다.
발효 음식을 섭취하면서 프로바이오틱 효과에 노출되면
우리는 해당 식품군에 속한 영양성분을 완전히 소화하는 데 도움을 얻을 수 있습니다.

발효 식품의 자리

맛있고 영양이 풍부한 자연식품 식단은 조리된 것, 날 것, 발효 음식들을 모두 포함합니다. 건강한 지방, 콩, 곡물, 견과류와 씨앗류, 신선한 제철과일과 채소로 구성할 수 있습니다. 식재료는 그대로 조리해 먹거나 영양이 가득하며 속을 편하게 해주는 사골, 채소 육수, 방목한 닭이 낳은 계란, 뼈에 붙은 약간의 고기나 지속 가능한 방식으로 채취한 자연산 해산물 그리고 유제품과 곁들여 먹을 수 있습니다. 소량의 해초류도 훌륭한 곁들임 재료가 됩니다. 미네랄이 풍부한 일본의 아라메 해초나 다시마, 미역은 제가 자주 사용하는 식재료들입니다.

모든 식사, 소화 과정에서 소량의 음식, 음료에 살아있는 발효 음식 한두 가지를 더하면 큰 효과를 볼 수 있습니다. 제 기준에서 잘 갖춰진 주방은 영양이 풍부한 식사를 쉽게 제공할 수 있는 주방입니다. 견과류, 씨앗류, 곡물과 콩은 미리 물에 담가 발효 과정을 거치면 소화를 도우며 영양성분을 향상시킬 수 있고 요리 시간을 단축시킬 수 있습니다. 복잡한 조리 절차들을 순식간에 단축시킬 수 있지요.

저는 자연식품 식습관을 시작하기 위해서 무엇을 해야 하는지에 관한 질문을 자주 받습니다. 식단을 큰 폭으로 개선시켜주는 네 가지를 주로 강조합니다. 좋은 수질의 물, 씨솔트, 건강한 지방을 사용할 것, 그리고 모든 식사에 발효 음식을 조금씩 추가하는 것입니다. 이 책은 비교적 아주 단순한 음식들을 소개하며 여러 종류의 발효 음식은 아이들과도 함께 만들 수 있습니다. 적채 아라메 해초 생강 크라우트를 버무릴 때 아이들의 작은 손이 큰 도움이 되겠네요!

건강한 지방의 사용과 보관

냄새나는 저질 지방은 몸에 해로울 수 있으니 피하세요. 한 달 내로 사용할 수 있는 지방을 구매해서 종류에 맞게 보관하는 것을 권합니다.

냉착즙한 채소, 견과류와 종유種油(씨앗에서 짜낸 기름)는 열, 빛, 공기에 노출되면 빠르게 변질될 수 있으니 짙은 색의 병에 냉장 보관하고 열을 가하지 않은 채로 사용하길 권합니다.

목초를 섭취한 소의 우유로 만든 버터, 기ghee 버터(인도에서 식용유처럼 사용하는 정제 버터), 코코넛 오일, 오리 지방과 비계는 가장 안정적인 지방으로 주방의 서늘한 곳에서 한 달 넘게 보관이 가능합니다.

엑스트라 버진 올리브오일 같은 경우는 일반 요리에 그대로 사용하거나 저온 로스팅(섭씨 180도 미만)을 할 때 사용하면 매우 좋습니다. 냉장고나 서늘한 곳에 보관하고 마음껏 사용하세요.

발연점 이상으로 지방과 기름에 열을 가하면 영양소가 파괴되고 오히려 독성 성분으로 변질될 수 있기 때문에 주의해야 합니다.

이 책에서 다루는 내용

제 1장 활성화(Activate)에서는 발효의 기본적인 원리와 원칙이 정리되어 있습니다. 귀리를 단순히 물에 담그는 것만으로도 부드러운 귀리 호밀 포리지를 즐길 수 있지요.

시간과 노력, 그리고 특정 도구가 필요한 레시피도 있습니다. 제 2장 보존(Capture)에서는 살구와 복숭아로 와인 및 음료를 제조하는 방법과 샴페인 식초를 포함한 다양한 자연 발효 식초에 대해 알아봅니다. 이 레시피들은 특정 유리병과 양조 도구가 필요합니다.

제 3장 담금(Steep)에서는 딜 오이 피클부터 놀랄 만큼 활용법이 다양한 금귤 카시아 월계수 피클 등 모든 종류의 채소를 활용할 수 있는 간단한 레시피들을 소개합니다.

제 4장 주입(Infuse)에 있는 레시피들은 스타터 컬쳐가 필요합니다. 유제품과 찰떡궁합인 케피어를 기반으로 케피어 베리 바바루아를 만들 수 있고 준이나 콤부차를 활용해 상쾌한 딸기 시나몬 콤부차를 만들 수 있습니다.

제 5장 부풀리기(Leaven)에서는 사워도우 스타터 만들기와 유지하기의 기본을 알아봅니다. 다양하게 사용할 수 있는 스펠트 사워도우와 글루텐 프리 수수 이들리 그리고 인제라 플랫브레드 등의 효모로 발효시킨 레시피들이 포함되어 있습니다.

제 6장 배양(Incubate)은 가장 모험적인 부분으로 특정 온도에서 장시간에 걸쳐 재료를 발효시키는 과정을 구체적으로 소개합니다. 간단한 요구르트종균부터 오랜 시간 공들일 가치가 있는 쌀 발효음료인 아마자케, 그리고 유제품을 사용하는 대신 아마자케를 활용해 만든 아이스크림까지 다룹니다. 부드러운 셰브르 치즈와 크리미하고 맛있는 페타 치즈와 같은 치즈 레시피도 있습니다.

제 7장 절임(Cure)에서는 채소, 육류, 생선과 두부를 소금이나 기존에 만들어놓았거나 구매한 발효 효모로 보관하는 과정에 대해서 알아봅니다. 재료를 절일 때 밀폐된 환경을 조성할 수 있는 좋은 수준의 소금이나 살아있는 발효 매체만 있으면 됩니다.

절차가 순서를 정합니다

이 책의 레시피들은 과정과 종류별로 구분되어 있습니다. 단순한 물에 담그기부터 발아, 좀 더 개입이 필요한 배양과 절임이 순서대로 정리되어 있습니다. 레시피에는 주로 한 가지 이상의 과정이 포함되어 있습니다. 예를 들어 요구르트는 제 6장 배양(Incubate)에 속하지만 컬쳐는 배양 과정에 앞서 행해져야 합니다. 제 3장 담금(Steep)에 나오는 천연 발효는 제 2장 보존(Capture)에 해당되기도 합니다. 제 5장 부풀리기(Leaven)는 부풀어지고 조리된 음식들의 집합으로 보존(기초 재료로 스타터 만들기), 활성화(밀가루 상태 조절), 주입(스타터나 효모 활용) 그리고 배양하기(반죽)가 모두 포함되어 있습니다.

저는 이 책을 통해 여러분이 발효 음식을 만들 수 있는 능력을 갖게 되길 바랍니다. 여러분이 결과물을 즐기고 직접 만든 발효 음식과 새롭게 습득한 발효 지식을 자신있게 널리 공유할 수 있길 바랍니다. 무엇을, 왜, 어떻게 만드는지 더 잘 이해하고 충분히 경험하게 되면 여러분의 발효 지식은 더욱 향상되어 익숙하게 느껴질 것입니다. 발효 음식에 대한 이해도를 높이기 위해 초기에 실수를 감수하는 것은 필수입니다. 실수를 두려워하지 말고, 결과물을 분석하여 조절한 후 다시 시도해볼 것을 추천합니다. 실수는 가장 위대한 스승이 될 수 있기 때문입니다.

> **발효할 때 주의해야할 재료**
>
> 배추속 식물류의 채소(브로콜리, 케일, 콜리플라워, 순무, 브뤼셀 스프라우트(방울양배추), 래디시)는 갑상선종 유발 물질인 고이트러젠goitrogens이 함유되어 있어 갑상선 질환이 있는 사람들은 익히지 않은 채로 섭취하면 안됩니다. 발효 과정을 거쳐도 이런 영향을 완화시킬 수 없기 때문에 질환이 있는 사람들은 다른 재료로 발효 음식을 만들 것을 권합니다.
>
> 루바브Rhubarb와 감자는 발효하기 전에 반드시 조리해야 하며 초록색으로 변한 감자나 독성 물질이 함유되어 있는 이파리는 사용하지 마세요.

I think of cooking as an alchemic art form rather than an exact science.

저는 요리를 정교한 과학보다는
연금술과 가까운 예술로 여기는 편입니다.

Chapter. 1

Activate

활성화

자연의 씨앗이 품은 효능을 활용하기

UNLOCKING THE GOODNESS OF NATURE'S SEEDS

콩, 곡물, 견과류, 씨앗류는 모두 자연의 숙성된 휴면 종자입니다. 어쩌면 여러분은 이들을 왜 굳이 물에 불려야 할까라고 생각할지도 모르겠습니다. 덜 익힌 콩이나 곡물을 먹어보았거나 호두 한 움큼을 먹고 난 뒤, 입안이 텁텁해지는 듯한 느낌을 받아보았다면 이러한 수고가 콩의 섭취와 소화를 얼마나 향상시켜줄 수 있는지 알 수 있을 것입니다. 잘 알려지지 않았지만 코코아, 커피, 그리고 바닐라빈도 발효를 통해 활성화 과정을 거친 재료입니다.

모든 씨앗은 환경과 조건이 충족되면 발아될 수 있는 요소를 이미 갖추고 있습니다. 적절한 수분과 흙이 제공하는 약간의 산도가 변질의 위험을 막아줍니다. 또한 인을 포함하는 피트산phosphorous, 폴리페놀polyphenols, 옥살산oxylates, 렉틴lectins, 타닌tannins과 같은 영양소의 흡수를 방해하는 화합물로부터 보호해주기도 합니다. 자연이 준 씨앗의 효소 억제제와 콩의 복합탄수화물(올리고당 등의 당 고분자)은 영양소가 발아되기 전에 소모되는 것을 막아줍니다. 한편 이러한 요소로 인해 익히지 않은 채로 섭취하게 되면 제대로 소화하기가 어렵거나 불가능합니다. 퀴노아와 아마란스와 같은 콩과 식물과 유사 곡물류pseudocereal는 사포닌saponin이라는 막이 있어 꼼꼼히 씻지 않으면 장을 자극시킬 수 있습니다. 씨앗류는 불리기와 발아를 통해 싹을 터야 그들이 지닌 영양소를 얻을 수 있습니다. 일부 곡물, 견과류와 씨앗류는 영양소의 흡수를 방해하는 화합물을 중화시키기 위해 볶기도 합니다. 하지만 볶음은 활성화와 다른 개념이며 이를 저는 '비활성화(deactivation)'로 정의합니다.

구매와 보관

곡물, 콩, 견과류와 씨앗류를 구매할 때 가급적이면 재고품의 회전율이 높은 곳에서 구매하길 권합니다. 산패된 제품을 구매했을 경우에는 반드시 판매처에 알리세요. 곰팡이가 피거나 산패된 씨앗을 사용해서 만든 음식은 건강상 위험요인이 될 수 있으니 피할 것을 권합니다.

곰팡이는 습기로 인해 형성되고 빛, 열기와 공기는 산패를 유발합니다. 이러한 이유로 씨앗은 서늘하고 어두운 곳에 밀폐시켜 보관하는 것이 제일 좋습니다. 여름철이나 습도가 높은 지역에서는 한 번에 소량 구매하여 밀폐용기에 넣어 냉동 보관할 것을 추천합니다.

불리기

옛날부터 씨앗류는 깨끗이 헹군 후, 하루 이상 불려 사용해왔습니다. 불리기를 통해 발효 및 발아 과정이 시작되고, 조리 과정이 빨라질 뿐만 아니라 맛과 식감이 향상되고 소화를 촉진시켜 음식의 영양 가치를 극대화할 수 있습니다.

씨앗을 미지근한 물에 담그면 내재되어 있던 젖산균이 활성화됩니다. 젖산균이 씨앗의 전분을 먹으면 젖산 발효가 유발되면서 수소이온농도(pH)가 낮춰져 발아가 시작됩니다. 이 과정이 시작되면서 휴면상태의 효소들이 깨어나고 씨앗은 활성화됩니다. 익히지 않은 채 활성화된 씨앗은 비타민 C, B2, B5, B6이 풍부하고 칼슘, 철분, 아연의 생체 이용률이 높아집니다. 불리기를 통해 효소, 항산화물질과 단백질의 가용성은 증가하고 영양소의 흡수를 방해하는 화합물은 감소합니다. 그리고 글루텐이 있을 경우 소화를 도와줍니다.

발아

새싹은 비타민 C, 마그네슘, 엽록소와 같은 필수 영양소를 대량 보유하고 있습니다. 이 영양분들은 칼슘 흡수력을 증진시켜줍니다. 한번 불려져서 발아되면, 씨앗들은 지속적으로 새싹을 트면서 영양성분을 더욱 향상시키지만 때로는 추가적인 조리과정을 통해 이 과정이 완성될 때도 있습니다. 다음 페이지에 익히지 않은 채로 섭취해도 괜찮은 새싹과 데치거나 구워야 소화가 더욱 잘 되는 새싹들이 구분되어 있습니다. 새싹은 샐러드나 딥에 뿌려주는 것이 이상적이며 특별한 도구를 필요로 하지 않습니다.

볶기

곡물, 견과류, 씨앗의 소화흡수율을 높이기 위한 또 한 가지 방법은 볶기입니다. 이 방법은 영양소의 흡수를 방해하는 화합물을 비활성화하여 재료의 맛을 높이고 소화하기 쉽게 만들지만 살아있는 효소는 얻기 힘들어집니다. 이런 경우 살아있는 발효 재료나 새싹을 식사에 추가하여 효소를 보충하면 좋습니다.

재료를 불려 활성화한 후 구워서 비활성화시킨다는 것은 얼핏 이해하기 힘들겠지만 일부 사례에서는 불리기만으로 영양소가 높은 음식을 얻기는 어렵습니다.

모든 견과류와 대부분의 씨앗류는(치아시드와 아마씨는 불리기가 필수이기 때문에 제외합니다) 볶기에 적합한 재료이며 불린 후에 혹은 불리는 것 대신에 활용하면 좋습니다. 깍지를 벗긴 수수나 메밀, 아마란스와 같은 통곡물은 불린 후 끈적거릴 수 있어 볶는 것이 더 나을 수 있습니다. 뮤즐리muesil를 먹거나 베이킹을 할 때 으깬 곡물을 사용할 경우 재료를 프라이팬에 가볍게 볶아주면 소화가 더 수월해집니다. 다만, 콩류는 이러한 방법이 적합하지 않습니다.

불리기를 통한 활성화

온기와 수분은 씨앗의 발아를 유발시킵니다. 따라서 씨앗은 미지근한 온도의 정수된 물에 푹 담그는 것이 좋습니다. 콩, 곡물, 견과류, 씨앗류를 간단히 불리거나 발아시키거나 볶을 때 준비할 과정은 다음과 같습니다.

불리는 방법

1 곡물, 콩, 견과류 또는 씨앗류를 차가운 온도의 정수된 물로 헹궈줍니다.
2 재료를 미지근한 정수된 물에 완전히 담그고 레시피에 따라서 약간의 소금, 호밀가루, 산이나 알칼리 성분을 더해줍니다.
3 용기를 덮고 레시피에 명시된 시간 동안 따뜻하게 보관합니다. 산이나 알칼리 성분을 더해주면 콩이나 곡물을 불릴 때 거품이 생길 수 있습니다. 이것은 발효가 제대로 되고 있다는 걸 확인할 수 있는 지표입니다.
4 물을 버리고 재료를 깨끗이 헹궈줍니다. 불려진 재료는 이제 발아되거나 볶거나 먹거나 조리할 준비가 되었습니다.
5 불린 재료를 바로 사용하지 않을 경우 냉장 보관하고 물을 매일 갈아줍니다. 이렇게 하면 3일 이상 보관 가능합니다.

다음 페이지에 명시되어 있는 표에 다양한 재료가 정리되어 있습니다. 대부분 이 책에서 활용하고 있고 일부는 흔한 재료이기 때문에 포함시켰습니다. 여러분은 이제 씨앗을 불리고 발아시켜 소화에 도움을 얻을 수 있다는 것에 더욱 관심이 커질 것입니다.

발아를 통한 활성화

새싹은 익히지 않고 섭취할 때 영양소가 가장 높고 완벽한 식품입니다. 대부분은 유리병에서 배양 가능합니다. 저는 중간 크기나 큰 유리병을 선호합니다. 예를 들면 스테인리스 스크린망 뚜껑이 있는 메이슨자Mason jar가 있습니다. 해바라기씨나 배추속 식물의 씨앗의 경우, 흙에서 발아시키는 것이 어린잎 채소 키우기에 더 적합하지만 이 책에서는 유리병에서 배양하는 것에 집중하겠습니다. 건강식품 매장이나 온라인 주문이 가능한 새싹 배양 전용 용기를 사용할 수 있지만 깨끗한 유리병으로도 충분히 가능합니다. 또한 입구가 넓을수록 공기 순환이 가능해 곰팡이를 최소화할 수 있습니다.

삶아서 재사용 가능한 거친 나일론 망사 천은 병 입구를 덮기에 유용하고 무엇보다 공기 순환이 잘됩니다.

발아 방법

1 불린 곡물, 콩, 견과류나 씨앗류를 병에 넣고 면보나 거즈로 덮어 고무밴드나 스크린망 뚜껑으로 고정시킵니다. 사용하는 천은 되도록 느슨하게 짜여진 것이어야 합니다.
2 유리병의 입구가 바닥을 향하게 하여 65도 각도로 쟁반 위에 올립니다. 그래야 물이 제대로 빠질 수 있고, 병 안의 재료에 공기가 골고루 퍼질 수 있게끔 넓은 표면적을 확보할 수 있습니다. 마른 행주로 병을 감싸 빛을 차단해주세요. 씨앗은 촉촉하게 유지하되 물에 잠기면 안됩니다. 정수된 물로 매일 최소 두 번 헹구어주세요. 날씨가 매우 덥거나 습할 경우 더 자주 해주세요.
3 새싹이 더 많이 자라기를 원한다면 꼬리가 발아되었을 때 행주를 제거하여 빛을 쬐게 해주세요. (약 2일 내지 3일째)
4 발아가 시작되면 키친타월을 깐 깨끗하고 마른 용기에 보관하여 뚜껑을 덮고 약 1주일 정도 냉장 보관하세요.

견과류와 씨앗류 불리기

품질이 좋고 신선한 견과류와 씨앗을 사용할 것을 권합니다. 대부분의 견과류와 씨앗류는 불리면 원래 크기의 1.5배까지 커지게 됩니다. 아마씨와 치아씨드는 본래 크기의 8배의 물을 흡수할 수 있고, 이때 형성되는 겔 성분은 다양하게 활용할 수 있습니다. 다음 페이지에서 소개되는 곡물과 콩과 달리 이 페이지에서 소개하는 견과류와 씨앗류는 눈으로 식별되는 꼬리가 자라나지 않기 때문에 이들을 활성화하기 위해서는 더욱더 충분히 불려야 합니다.

견과류와 씨앗류를 불릴 시간이 부족할 경우, 살짝 데쳐서 껍질을 벗겨내거나 볶으면 됩니다. 이 두 가지 방법은 영양소의 흡수를 방해하는 화합물을 어느 정도 억제시키지만 살아있는 효소 성분을 제공하지 않기 때문에 먹을 때 발효된 유제품이나 채소를 곁들이는 것을 추천합니다.

종류	불리는 시간: 재료 2컵당 씨솔트 1작은술 추가, 미지근한 정수된 물에 담가 따뜻하게 유지	발아 시간: 매일 2-3번씩 헹구기	볶기의 적합성 여부 (익히지 않은 채 또는 한 번 불려 물을 제거한 후)
아몬드	4-12시간	유리병에서 발아 부적합	그대로 섭취하거나 볶거나 말리거나
브라질 너트	4-12시간	유리병에서 발아 부적합	그대로 섭취하거나 볶거나 말리거나
캐슈너트	2-4시간	유리병에서 발아 부적합	그대로 섭취하거나 볶거나 말리거나
껍질을 벗긴 호박씨, 참깨, 해바라기씨	2-3시간	유리병에서 발아 부적합	그대로 섭취하거나 볶거나 말리거나
마카다미아 너트	4-12시간	유리병에서 발아 부적합	그대로 섭취하거나 볶거나 말리거나
호두	4-12시간	유리병에서 발아 부적합	그대로 섭취하거나 볶거나 말리거나
헤이즐넛	4-12시간	유리병에서 발아 부적합	그대로 섭취하거나 볶거나 말리거나
아마씨와 치아씨드	30분	발아 부적합	겔이 형성되면 그대로 사용하거나 겔을 사용하는 레시피 참조
배추속 식물 (래디시, 브로콜리, 케일, 겨자잎)	6-12시간	3-6일이면 긴 꼬리와 초록색 새싹이 생기면서 사용 가능. 원래양 대비 5배까지 생산 가능	그대로 샐러드나 샌드위치에 사용 (그대로 한 움큼 드세요!)

말린 곡물 불리기와 발아시키기

피타아제phytase는 곡물에서 발견할 수 있는 효소로 피틴산에 묶어있는 인을 떨어뜨려주는 역할을 합니다. 이렇게 되면 곡물 내의 철분, 아연, 마그네슘의 생체 이용률이 높아집니다. 피타아제 함량이 높은 곡물은 산성화된 물에 불리기만 해도 충분합니다. 피타아제 함량이 낮은 곡물은 산성화된 물에 피타아제 함량이 높은 곡물이나 밀가루를 조금 첨가하면 됩니다.

    곡물을 불릴 시간이 없다면 미네랄이 풍부한 사골 육수에 조리하여 지방(버터, 기 버터, 오리지방, 계란 노른자나 코코넛 오일 등)을 듬뿍 추가하면 영양소의 흡수를 방해하는 화합물의 효과를 완충할 수 있습니다.

종류	불리는 시간: 재료 2컵당 씨솔트 1작은술 추가, 미지근한 정수된 물에 담가 따뜻하게 유지	발아 시간: 매일 2-3번씩 헹구기	볶기의 적합성 여부 (익히지 않은 채 또는 한 번 불려 물을 제거한 후)
낮은 피타아제 곡물: 냄비에 호밀, 메밀 또는 밀가루 1큰술 추가, 미지근한 물에 담아 덮개로 덮은 후 따뜻하게 유지			
쌀과 수수	8-12시간		익히지 않은 채 또는 불린 후 볶기 정해진 레시피에 따라 조리법 결정
옥수수	8-12시간		정해진 레시피에 따라 조리법 결정
통귀리 또는 압착귀리	8-12시간	2-3일 후 꼬리가 보이면 통귀리만 발아할 것, 압착귀리는 제외	압착귀리만 볶기 정해진 레시피에 따라 조리법 결정
테프	8-12시간		그대로 섭취 또는 볶거나 말리기
높은 피타아제 곡물: 냄비에 레몬즙, 사과식초, 유장, 워터 케피어 또는 콤부차 2작은술 추가, 미지근한 물에 담아 덮개로 덮은 후 따뜻하게 유지			
아마란스	8-12시간		익히지 않은 채 또는 불린 후 볶기 정해진 레시피에 따라 조리법 결정
퀴노아	8-12시간	2-3일 후 꼬리가 보이면	정해진 레시피에 따라 조리법 결정
통메밀	6-8시간		익히지 않은 채 또는 불린 후 볶기
통호밀 또는 압착호밀	8-12시간	2-3일 후 꼬리가 보이면 통호밀만 발아할 것, 압착호밀은 제외	압착호밀만 볶기 정해진 레시피에 따라 조리법 결정
통밀	8-12시간	2-3일 후 꼬리가 보이면	정해진 레시피에 따라 조리법 결정
통보리 또는 납작보리	8-12시간	2-3일 후 꼬리가 보이면 통보리만 발아할 것, 납작보리는 제외	납작보리만 볶기 정해진 레시피에 따라 조리법 결정

말린 콩 불리기와 발아시키기

최근 알려진 지식과 과학 연구에 따르면 콩은 두 가지로 분류됩니다. 수소이온농도(pH)를 낮춰 발효를 촉진시키는 약한 산성의 액체로 불린 종류(Robust)와 다시마 해초나 중탄산나트륨 등의 알칼리 성분을 추가해 소화가 어려운 당 고분자(올리고당)를 걸러낸 종류(Tender)로 나 뉩니다. 콩이나 곡물을 산이나 알칼리 성분에 담가 불릴 때, 거품이 생길 것입니다. 이것은 바람직한 효과이며 발효가 진행되고 있다는 것을 나타내는 증거입니다. 콩을 불릴 시간이 없으면 사골 육수에 조리할 수 있습니다. 다른 대안은 콩 통조림을 사용하는 것입니다. 가공되기 전에 불린 콩을 사용한 제품을 선택할 것을 권합니다.

종류	불리는 시간: 산 또는 알칼리 성분을 추가한 후 미지근한 정수된 물에 담가 덮개를 씌운 후 따뜻하게 유지	발아 시간: 매일 2-3번씩 헹구기	조리 관련
Robust: 재료 1컵당 다시마, 미역, 베이킹 소다 약간 추가			
팥, 볼로티콩, 카넬리니콩, 리마콩, 강낭콩	12-24시간	2-4일 후 통통하고 꼬리가 보일 때	조리 후 소화 잘 됨
대두	24-48시간 - 중간 시점에 물 바꿔주기	3-6일 후 통통하고 꼬리가 보일 때	익히지 않은 채로 먹지 마세요. 새싹이 부드러워질 때까지 조리
Tender: 레몬즙, 사과식초, 유장, 물 또는 콤부차에 불림			
완두콩	8-12시간	2-4일 후 통통하고 꼬리가 보일 때	잘 발아된 후 익히지 않은 채로 먹거나 소화가 더욱 잘되게 조리하기
서리태	12-24시간	2-4일 후 통통하고 꼬리가 보일 때	소화가 더욱 잘되게 조리하기
병아리콩	12-24시간	2-4일 후 통통하고 꼬리가 보일 때	잘 발아된 후 익히지 않은 채로 먹거나 소화가 더욱 잘되게 조리하기
블랙 벨루가 렌틸콩, 빨강, 초록, 갈색 렌틸콩	8-12시간	2-4일 후 통통하고 꼬리가 보일 때	잘 발아된 후 익히지 않은 채로 먹거나 소화가 더욱 잘되게 조리하기
달 (뭉달, 우르드, 찬나(이집트콩) 포함)	4-8시간	2-4일 후 통통하고 꼬리가 보일 때	잘 발아된 후 익히지 않은 채로 먹거나 소화가 더욱 잘되게 조리하기
쪼개서 말린 완두콩	4-8시간	2-4일 후 통통하고 꼬리가 보일 때	잘 발아된 후 익히지 않은 채로 먹거나 소화가 더욱 잘되게 조리하기
녹두	4-8시간	2-4일 후 통통하고 꼬리가 보일 때	잘 발아된 후 익히지 않은 채로 먹거나 소화가 더욱 잘되게 조리하기
동부콩	4-8시간	2-4일 후 통통하고 꼬리가 보일 때	잘 발아된 후 익히지 않은 채로 먹거나 소화가 더욱 잘되게 조리하기

부드러운 귀리 호밀 포리지

The Creamiest Oat and Rye Porridge

요리를 시작하기 전에 충분한 시간을 들여 곡물을 불려놓으면 아주 부드럽고 크리미한 아침식사를 만들 수 있습니다. 귀리가 주식 곡물인 영국 스코틀랜드와 아일랜드에서는 주방 서랍 두 칸 중에 한 칸은 귀리를 보관하는 용도로 또 한 칸은 포리지를 보관하는 용도로 활용합니다. 포리지는 소분해서 보관하고 식기에 먹을 만큼 덜어서 데워 먹습니다.

통귀리는 씹히는 식감이 환상적이고 부드러우면서 담백함이 풍부합니다. 여기에 호밀의 풍미가 더해지면 더욱 맛있고 영양이 풍부한 포리지가 완성됩니다. 불린 견과류와 씨앗 약간에 버터, 숙성 유제 케피어(P135) 또는 발효 크림 등의 토핑을 더하면 소화가 더욱 잘되고 맛도 배가됩니다.

6인분
준비 시간 30-40분 (재료 불리는 시간 별도)

재료
압착귀리 50g
통귀리 100g
통호밀 또는 압착호밀 50g (선택 사항)
정수된 물 875ml
씨솔트 두 꼬집
우유 (필요에 따라)

활성화 전날 밤에 압착귀리와 통귀리, 호밀을 냄비에 넣어 섞은 후, 정수된 물을 완전히 잠길 정도로 부어줍니다. 잘 저은 후 뚜껑을 덮고 실온에 하룻밤 보관합니다.

다음날 불린 곡물에 소금을 더한 후 중불에 약하게 끓입니다. 스퍼틀이나 나무주걱을 사용해 잘 저어주고 부드러우면서 크림 같은 질감이 될 때까지 약불에 30-40분 정도 익힙니다. 농도를 조절하기 위해 필요에 따라 물이나 우유를 추가해줍니다.

따뜻하게 데운 그릇에 국자로 퍼서 담은 다음, 좋아하는 토핑을 추가하세요. 남은 포리지는 구운 견과류나 말린 과일, 우유와 함께 블렌더로 갈아서 스무디나 크림 대신 활용할 수 있습니다.

note 스퍼틀(Spurtle)은 막대기 모양의 스코틀랜드 전통 나무 조리도구입니다. 음식을 저을 때 사용하기 좋고 세척이 편리합니다. 선물로 받은 저의 스퍼틀은 제가 특히 소중히 여기는 도구입니다.

note 곡물이 눌을 경우(탄 것과는 다릅니다) 냄비 뚜껑을 덮고 찬물에 10분간 담가보세요. 다시 뚜껑을 열어 맛보았을 때 탄맛이 나지 않으면 표면층의 죽을 떠서 다른 냄비에 담아 조리하면 됩니다.

아몬드밀크

Almond Milk

아몬드밀크를 직접 만들면 원하는 농도에 맞춰 더욱 풍부한 맛으로 즐길 수 있습니다. 또한 시판용 아몬드밀크와 달리 아몬드를 활성화시켜 자연스럽게 껍질을 벗겨낸다는 장점도 있습니다.

아몬드밀크 젤리는 간단하지만 기분 좋은 식감을 선사합니다. 아몬드밀크에 젤라틴이나 우뭇가사리를 넣고 생강 루바브 슈럽(P95)과 함께 즐겨보세요.

850ml
준비 시간 30분 (재료 불리는 시간 별도)

재료
껍질이 있는 통아몬드 500g
씨솔트 1/2작은술
불림용 정수된 물
요리용 물 850ml

활성화 아몬드와 소금을 물에 담가 8-12시간 불려줍니다.

물을 따라 버리고 아몬드를 잘 헹구어 줍니다.

씻어낸 아몬드의 통통한 쪽을 꼬집으면 껍질이 쉽게 벗겨집니다. 색이 더욱 밝은 아몬드밀크를 만들 수 있고, 껍질에 많이 몰려있는 영양소의 흡수를 방해하는 화합물을 줄일 수 있습니다.

아몬드와 물을 블렌더에 넣어 걸쭉해질 때까지 갈아줍니다. 더욱 진한 아몬드 맛을 원한다면 물을 적게 사용하세요. 내용물을 면포에 넣거나 그대로 체에 두고 걸러줍니다.

면포에 넣어 거를 경우, 면포를 꼭 짜서 남은 아몬드와 물도 걸러냅니다.

아몬드밀크는 밀폐용기에 냉장 보관 시 3-4일까지 사용할 수 있습니다.

note 밀크를 짜낸 후 남은 건더기는 밀폐용기에 냉장 보관하면, 하루 내지 이틀 정도 사용 가능합니다. 포리지에 넣으면 부드러운 맛과 영양도 더할 수 있지요. 스무디나 베이킹에도 활용 가능합니다.

리쥬블락

Rejuvelac

리쥬블락Rejuvelac은 상쾌한 무알코올성 발효 강장제입니다. 뜨거운 여름날에 이 음료를 한잔 들이키면 아주 시원해지지요. 허브 캐슈 페퍼 스프레드(P45)의 스타터로도 사용 가능하고, 곡물을 불릴 때도 사용 가능합니다. 글루텐 프리 리쥬블락을 만들려면 발아 퀴노아나 현미를 사용해보세요.

1.5L
준비 시간 2-3일 (재료 불리는 시간 별도)

재료
통밀 또는 스펠트 통밀 200g
레몬즙 또는 식초 2작은술
정수된 물 1.5L

활성화 전날 밤에 통곡물을 씻어 레몬즙이나 식초를 넣은 물에 푹 담가줍니다.

다음날 물을 따라 버리고 통곡물을 2L 용량의 깨끗한 유리병에 넣습니다. 병 입구를 스크린망 뚜껑이나 거칠거칠한 나일론 망사로 덮어 공기 순환이 잘 되게 합니다.

병을 약 65도의 가파른 각도로 식기 건조대에 거꾸로 세운 후 깨끗한 천으로 덮어 빛을 차단하여 2-3일 정도 보관합니다. 통곡물은 매일 두 번씩 새로운 물로 깨끗이 헹궈줍니다. 헹군 후 유리병에 담아 병을 휘휘 돌려 내용물이 고르게 안착되게 합니다. 통곡물은 촉촉하게 유지하되 물에 잠겨 있으면 안됩니다. 공기 순환이 잘 되면 곰팡이는 안 생깁니다.

통곡물에서 2cm 가량 꼬리가 자라났을 때 리쥬블락을 만들 수 있습니다. 발아된 곡물을 깨끗하고 입구가 넓은 유리병에 1.5L의 정수된 물과 함께 넣습니다. 깨끗한 면보로 덮어 실온에서 2-3일 정도, 혹은 내용물이 상당히 탁해지고 거품이 마구 생길 때까지 발효시킵니다. 감귤향의 신맛과 깨끗한 풍미가 나야 합니다.

note 완성된 음료는 깨끗한 밀폐용기에 걸러내어 냉장 보관하면 7일까지 사용 가능합니다.

note 남은 찌꺼기는 리쥬블락을 다음에 만들 때 다시 사용할 수 있습니다. 하루 만에 거품이 상당히 생길 것입니다. 발아된 통곡물을 수프나 스튜에 넣어 요리할 수 있습니다.

P22 사진 - 색이 탁해지고 발효가 시작된 리쥬블락

아마란스, 초당옥수수 수프

Amaranth and Sweetcorn Soup

속을 달래주고 영양가가 높은 이 수프는 육수의 질과 옥수수의 당도에 따라 풍미가 결정됩니다. 필미열크나 크렘 프레슈와 같은 발효된 유제품과 함께 먹으면 맛있습니다.

4-6인분
준비 시간 40분 (재료 불리는 시간 별도)

재료
아마란스 220g
불림용 정수된 물
레몬즙 2작은술
껍질 벗긴 초당옥수수 2개
기 버터 2큰술
리크 1개
닭 육수 1L
필미열크(P144) 또는 크렘 프레슈(P139) 4큰술
다진 차이브 3작은술
씨솔트 또는 흑소금

활성화 전날 밤 아마란스를 물과 레몬즙에 담그세요. 요리 시작 전 촘촘한 거름망으로 걸러 물을 따라 버리고 잘 헹구어줍니다.

옥수수 알을 털어내어 한쪽에 잠시 둡니다. 큰 냄비에 기 버터를 올려 절반으로 길게 잘라 다진 리크를 중약불에 5-8분 정도 말랑해질 때까지 볶습니다. 냄비에 아마란스와 닭 육수를 넣고 간을 보고 필요하면 소금을 한 꼬집 추가합니다.

냄비 뚜껑을 덮고 끓입니다. 끓기 시작하면 최대한 약하게 불을 낮추고 20-30분 정도 끓여줍니다. 아마란스가 연해지거나 스프가 걸쭉해질 때까지 10분마다 저어줍니다.

옥수수 알을 추가하고 5분간 조리합니다. 수프가 너무 걸쭉하면 닭 육수를 추가합니다. 잘 저은 후 불을 끄고 수프를 잠시 식힙니다.

푸드 프로세서나 핸드 블렌더를 사용하여 스프를 곱게 갈아줍니다. 다시 간을 확인하고 적당히 맞춥니다. 필미열크나 크렘 프레슈와 다진 차이브를 얹어 뜨거운 온도로 서빙합니다.

note 옥수수 알을 털 때 작은 칼날을 알 사이에 넣어 한줄을 밀어냅니다. 한줄을 완전히 밀어낸 후 엄지손가락을 사용해서 새 줄을 옆으로 밀어냅니다. 시간이 좀 들지만 이렇게 하면 알을 온전히 털어낼 수 있고 영양소를 최대한 보존할 수 있습니다.

서리태와 스모키 치폴레 크림 옥수수

Black Turtle Beans
with Smoky Chipotle Creamed Corn

마사 하리나 토르티야(P38)와 곁들여 먹기 좋은 중미 음식입니다. 저는 크렘 프레슈(P139)나 아보카도, 해바라기씨 토마티요 살사(P39)에 고수 한가득, 그리고 그린 토마토, 옥수수 할라페뇨 살사(P72)나 쿠카멜론 피클(P111)을 곁들이는 것도 좋아합니다.

6인분
준비 시간 1시간 반 (재료 불리는 시간 별도)

재료
서리태 280g (조리 시 약 600g의 양으로 불려집니다)
불림용 정수된 물
다시마 5cm 또는 베이킹소다 한 꼬집
올리브오일 3큰술
잘게 다진 양파 3개
말린 오레가노 한 가지 (잎사귀만 사용)
파프리카 가루 1/2작은술
육수 400ml
이탈리안 파슬리 1단 잘게 다진 것
고수 1단 줄기는 잘게 다지고 잎은 거칠게 썬 것
간맞춤용 피시소스나 소금
라임 1개의 즙
흑후추

치폴레 크림 옥수수
말린 치폴레 고추 1-2개
껍질 벗기고 알을 털어낸 초당옥수수 2개
고수 1단 줄기와 뿌리를 다진 것
간맞춤용 굵은 씨솔트
기 버터나 올리브오일 3큰술
껍질 벗기고 구운 통마늘 1개
라임 1개의 즙
크렘 프레슈 또는 케피어 크림 185g

활성화 전날 밤 콩을 미지근한 정수된 물에 불리세요. 요리를 시작할 때 물을 따라버리고, 콩을 잘 헹구어 큰 냄비에 넣은 다음 차가운 물을 부어줍니다. 센불에 냄비를 올려 내용물을 빠르게 끓입니다. 뚜껑을 덮지 않은 상태로 거품을 제거해 줍니다. 거품이 더 이상 생기지 않으면 다시마를 넣습니다. 불을 낮춰 30분간 콩이 연해질 때까지 졸입니다. 불을 끄고 냄비에 콩을 그대로 둡니다.

크고 묵직한 냄비 안에 올리브오일을 넣어 양파가 갈색이 될 때까지 중불에 볶습니다. 오레가노 잎을 넣어 2분간 더 볶다가 파프리카 가루, 다시마를 제거하고 물기를 뺀 콩과 선호하는 육수를 넣습니다. 뚜껑을 덮지 않은 상태로 끓인 후 30-40분 동안 졸입니다. 이때 크림 옥수수를 준비합니다. 콩이 완전히 연해졌을 때 다진 허브를 넣고 피시소스나 씨솔트, 라임즙, 흑후추로 간을 맞춥니다. 살살 저어서 섞으면 요리는 완성됩니다.

프라이팬을 센불에 가열한 후 고추가 부드러워질때까지 골고루 볶아줍니다. 볼에 고추를 옮겨 담고 끓인 물을 고추가 잠길 만큼만 부어줍니다. 10분간 담가두세요. 고추를 볶을 때 사용한 프라이팬을 중불로 달구고 뜨거워지면 초당옥수수, 고수 뿌리와 줄기를 넣어 빠르게 볶아줍니다. 이때 재료가 타지 않게 잘 섞어줍니다. 옥수수알이 갈색으로 변하기 시작하면 불을 끕니다. 내용물의 1/3을 푸드 프로세서나 블렌더에 넣어 크림 같은 농도가 될 때까지 갈아줍니다. 나머지 재료를 넣어 섞고 소금으로 간을 맞춥니다.

고추는 물기를 제거하고 꼭지를 떼어냅니다. 고추를 담갔던 물은 콩요리에 살짝 부어줍니다. 매운 맛을 중화시키려면 씨도 제거합니다. 고추가 반죽처럼 될 때까지 절구로 빻습니다. 원하는 매운 맛의 정도에 따라 사용할 고추의 양을 정합니다. 남은 고추 반죽은 밀폐용기에 넣어 보관합니다.

고추 반죽과 구운 마늘, 라임즙, 크렘 프레슈를 함께 섞습니다. 구운 옥수수 혼합물을 넣어 잘 섞은 후 바로 먹든지 밀폐용기에 담아 냉장 보관하면 1주일까지 사용 가능합니다.

마사 하리나 토르티야

Masa Harina Tortillas

마사는 스페인어로 '반죽'을 의미합니다. 여러 종류의 반죽에 적용되는 단어지만 중미에서 마사는 옥수수 반죽을 뜻하며, 주로 옥수수 토르티야를 만들기 위해 사용됩니다. 마사 하리나(반죽용 옥수수가루)는 말린 옥수수 알인 호미니hominy를 라임워터에 불리고 조리한 후 갈아서 만듭니다. 고대 중미에서부터 내려온 '닉스타말화nixtamalisation' 방식은 옥수수를 알칼리성 라임워터에 불려, 옥수수 성분의 구조를 변형시켜 영양소를 극대화시킵니다. 이 과정을 통해 아미노산을 조절하여 옥수수 알에 내재되어 있는 단백질을 더 쉽게 섭취할 수 있게 됩니다. 또한 라임을 통해 칼슘도 추가됩니다. 이 토르티야는 호주 퍼스Perth 지역에 기반을 둔 훌륭한 셰프 샘 워드Sam Ward로부터 영감을 받았습니다.

작은 토르티야 12장
준비 시간 30분

재료
마사 하리나 150g
소금 넉넉히 한 꼬집
라드 또는 오리 지방 2큰술 (선택 사항)
찬물 250ml

마사 하리나, 소금과 라드를 큰 믹싱볼에 담아 섞습니다. 천천히 찬물을 넣어 섞으면서 부드러운 반죽을 만듭니다. 반죽을 떼어내어 공처럼 동그랗게 빚은 후 납작하게 눌렀을 때 가장자리가 갈라지지 않으면 제대로 된 것입니다. 반죽이 완성되면 왁스칠이 된 천이나 종이로 잘 싸서 냉장 보관하면 1-2일 정도 쓸 수 있지만 저는 요리하기 직전에 만들어 사용하는 것을 선호합니다.

반죽을 12등분합니다. 동그랗게 빚은 후 홍두깨를 사용하여 3mm 두께로 밀거나 (베이킹페이퍼를 반죽의 위아래에 깔아주세요) 베이킹페이퍼를 깐 토르티야 프레스를 사용해 토르티야를 만듭니다.

무쇠 프라이팬이나 철판을 센불로 매우 뜨거워질 때까지 가열합니다. 프라이팬이나 철판에 토르티야를 한 장씩 올려놓고 부풀어올라 갈색이 되고 완전히 구워질 때까지 2분씩 양면을 구워줍니다. 가장자리는 바삭하고 가운데는 말랑말랑할 것입니다.

구워진 토르티야를 접시에 옮겨 담고 마른 천으로 덮어둔 뒤 나머지 토르티야를 굽습니다

토르티야는 따뜻할 때 먹습니다. 미리 만들어 두었다면 먹기 직전에 프라이팬에 굽거나 호일로 싸서 뜨거운 오븐에 5분 가량 데웁니다.

한 번 조리 후 토르티야는 밀폐용기에 1-2일 보관 가능합니다. 냉동 보관 시 1개월까지 보관 가능합니다.

 저는 고품질의 마사 하리나 옥수수 가루를 제공하는 밥스 레드 밀 Bob's Red Mill 브랜드를 좋아합니다. 건강식품 매장이나 온라인에서 찾을 수 있습니다.

아보카도, 해바라기씨 토마티요 살사

Avocado, Sunflower and Tomatillo Salsa

서리태 요리와 훌륭한 조합을 이루는 이 레시피는 유제품을 사용하고 싶지 않을 때, 크렘 프레슈 대신 사용하면 좋습니다. 채소, 생선, 고기와 곁들여도 맛있습니다.

토마티요는 멕시칸 꽈리 husk tomato로 알려져 있습니다. 초록색 혹은 보라색을 띠는 열매가 종이처럼 생긴 껍질로 싸여 있습니다. 토마티요는 실제로 토마토는 아니지만 그린 토마토보다 더 연한 질감을 지니고 있으며 톡 쏘면서 과일 같은 맛이 나 부드러운 살사와 궁합이 좋습니다.

500g
준비 시간 15분 (발아 시간 별도)

재료
크고 잘 익은 단단한 아보카도 1개
활성화된 해바라기씨 90g
초록 또는 빨간 할라페뇨 고추 1개 (선택 사항)
껍질을 제거한 토마티요 2개
씨솔트 1/2작은술
라임즙 1큰술

아보카도를 반으로 잘라 비틀어서 열고 씨앗을 조심스럽게 제거합니다. 아보카도 살을 파낸 후 한입 크기로 자릅니다.

아보카도와 해바라기씨를 믹싱볼에 넣고 섞습니다. 할라페뇨는 기호에 따라 추가합니다.

토마티요를 작게 깍둑 썰어 믹싱볼에 넣습니다.

모든 재료를 섞은 후 바로 먹지 않을 경우에는 밀폐용기에 넣어 보관합니다. (아보카도는 당일에 먹는 게 가장 좋습니다.)

배, 귤, 퀴노아와 아마란스로 채운 오리구이

Quinoa and Amaranth Stuffed Duck with Pear and Mandarin

이 레시피는 저의 절친이 된 안토니오 라모스Antonio Ramos와 합작하여 만들었습니다. 그는 볼리비아에서 수입되는 고품질의 퀴노아와 아마란스에 대한 인식을 높이기 위해 함께 레시피를 개발하자고 제안했죠. 곡물이 지닌 흙내와 같은 풍미는 배의 단맛과 귤향이 완화시켜줍니다. 이 요리는 구운 채소와 잘 어울리며 오리의 기름기를 신맛으로 잡아주는 적채, 아라메 해초, 생강 크라우트(P63), 귤 슈럽 젤리(P96)와도 잘 어울립니다.

넉넉한 4인분
준비 시간 2시간 반 (재료 불리는 시간 별도)

재료
퀴노아 100g
아마란스 55g
불림용 정수된 물
레몬즙 2큰술
오리 1마리 2-2.4kg (내장과 지방 분비선 제거)
씨솔트 1작은술
갓 간 신선한 백후추
닭 육수 125ml
심을 제거하고 4등분으로 자른 서양배 1개
귤 1개의 즙과 껍질 (또는 말린 귤 껍질)
잘게 다진 작은 세이지잎 5장
작은 통세이지잎 12장
메이플 시럽 1큰술

활성화 전날 퀴노아와 아마란스를 헹구어 볼에 넣고 찬물에 충분히 담가줍니다. 레몬즙을 더해 12시간 동안 불립니다.

오븐을 섭씨 190도로 예열합니다. 오리를 냉장고에서 꺼내어 지방 분비선과 꽁무니 부분이 제거되었는지 확인합니다. 그대로 두었을 때 쓴맛이 날 수 있습니다. 만약에 지방 분비선이 그대로 있다면 주방가위나 날카로운 작은 칼을 사용해서 제거합니다. 오리의 겉면과 속을 키친타월로 가볍게 두드려 물기를 제거해 줍니다. 소금과 후추는 준비한 양의 절반을 사용해 오리의 안쪽을 간합니다. 오리의 목을 잡아 몸통 쪽으로 잡아당겨 목과 몸을 잇는 부분에서 최대한 몸에 가깝게 묵직한 칼로 잘라버립니다. 목과 내장은 냉장 또는 냉동 보관하여 나중에 육수나 수프 재료로 사용합니다. 목이 잘린 부분은 몸쪽으로 접어 넣어 구멍을 막아줍니다.

물에 불린 곡물은 촘촘한 거름망으로 걸러 물을 따라 버리고 여러 번 잘 헹구어줍니다. 작은 냄비에 곡물과 닭 육수를 넣어 중불에서 센불로 뚜껑을 연 채로 끓여줍니다. 육수가 절반으로 줄어들 때까지 약 5분간 끓입니다.

촘촘한 거름망으로 곡물만 걸러내고, 이때 육수는 약 60ml 정도 있어야 합니다. 모자랄 경우 닭 육수나 물을 필요한 만큼 넣습니다.

믹싱볼에 곡물, 배, 귤 껍질과 즙, 다진 세이지와 남은 소금, 백후추를 넣고 섞습니다. 오리의 목을 바닥으로 향하게 하여 몸통을 세우고 큰 숟가락을 사용해 곡물과 과일 혼합물로 몸통을 채웁니다. 오리를 바로 세워 몸통에 조심스럽게 육수를 붓습니다. 껍질을 당기고 구멍을 덮어 꼬치나 이쑤시개로 고정시켜줍니다. 오리 몸통 안에서 곡물이 잘 익을 수 있게 열과 수분이 빠져나가지 않도록 구멍이 없게끔 신경 쓰세요. 껍질에 곡물이 달라붙어 있을 경우 떼내어 버리면 됩니다.

큰 구이용 팬에 오리를 올려 놓고 30분 동안 오븐에서 로스팅해줍니다. 오븐에서 오리를 꺼내 팬에 고인 육즙을 오리에 발라줍니다. 미리 500ml 용량의 내열성 유리병을 준비해서 액체화된 지방을 조심스레 걸러서 따라 넣습니다. 유리병을 한쪽으로 치워 놓고 오븐 온도를 섭씨 180도로 내린 후 오리를 30분 더 로스팅해줍니다. 오리에 육즙을 바르고 지방을 병에 걸러주는 것을 한 번 더 해줍니다. 오리를 다시 오븐에 넣고 40분간 로스팅해줍니다. 메이플 시럽, 통세이지잎을 추가한 후 20분을 더 로스팅합니다. 오리가 금빛 갈색을 띠거나 껍질이 바삭해지면 완성된 것입니다. 몸통 안의 곡물이 익었는지 확인하기 위해 오리를 오븐에서 꺼낸 후 고정했던 부분을 풀고 곡물을 조금 꺼내 맛을 봅니다. 곡물이 부드럽게 잘 익으면 됩니다.

지방을 걸러낸 후 유리병의 내용물이 다 식으면 뚜껑을 덮고 냉장 보관합니다.

오리를 호일과 행주로 가볍게 덮은 후 10-15분간 레스팅해 줍니다. 날카로운 칼을 사용해 오리를 가슴살, 다리살, 허벅지살로 분할합니다. 구운 채소, 아삭아삭한 샐러드와 발효 음식 한두 가지를 더 곁들여 먹습니다.

note 식힌 오리 지방과 육즙은 응고되어 지방은 고체화되고 유리병 바닥에 겔이 형성됩니다. 고체화된 지방은 나중에 요리할 때 사용할 수 있고 겔 부분은 그레이비소스, 육수나 수프, 소스에 사용하거나 채소 찜 소스로 또는 뜨거운 사워도우 토스트에 버터와 함께 발라먹을 수 있습니다.

메이플 시럽과 세이지잎을 곁들인 배, 파스닙, 치폴리니 양파 구이

Maple and Sage Roasted Pear, Parsnips and Cipollini Onions

겨울에 먹을 수 있는 훌륭한 사이드 디쉬로 앞서 소개한 오리구이 레시피와 잘 어울립니다. 달콤하고 끈적거리며 씹히는 맛이 좋습니다. 치폴리니는 이탈리아어로 작은 양파를 뜻합니다. 샬롯Shallots을 대신 사용할 수도 있습니다.

4인분
준비 시간 1시간 25분

재료
큰 파스닙 2개 반으로 가르거나 길게 4등분한 것
오리 지방 2큰술
심을 제거하고 4등분한 큰 서양배 1개
치폴리니 양파 또는 샬롯 8개
씨솔트와 갓 간 흑후추
작은 세이지잎 12장
메이플 시럽 1큰술
페드로 히메네스Pedro Ximenex 포도품종 셰리 비니거 또는 다른 셰리 비니거 2작은술

오븐을 섭씨 180도로 예열합니다. 파스닙은 소금으로 충분히 간을 한 물에 10분 동안 삶은 후 물을 따라 버립니다.

파스닙, 오리 지방, 배, 양파를 로스팅팬에 넣고 소금과 후추로 간을 합니다. 잘 버무린 후 배와 파스닙의 절단 부분이 로스팅팬의 바닥을 닿게 나열합니다.

30-45분 동안 구워서 파스닙이 연해지고 금빛에 가까운 갈색이 되면 오븐에서 꺼냅니다.

세이지잎, 메이플 시럽, 페드로 히메네스 비니거를 넣습니다. 잘 버무린 후 다시 오븐에 넣어 15-20분 더 구워줍니다. 채소와 배가 엿처럼 끈적거리고 근사하게 코팅이 되면 완성된 것입니다.

일본식
표고버섯
현미보리밥

Shiitake Mushrooms, Brown Rice and Barley

이 레시피는 기분 좋은 식감과 몸을 따뜻하게 해주는 특성이 있어 추운 날씨에 제격입니다. 발효 음식 한두 가지를 더해 같이 먹거나, 누룩소금 닭구이(P225)와 곁들이면 좋습니다. 아삭한 하얀 무김치(P70)나 일본식 오이와 무 간장 절임(P124), 우메스 생강초절임(P123)과도 잘 어울립니다.

4인분
준비 시간 1시간 반 (재료 불리는 시간 별도)

재료
잘 헹군 현미 110g
잘 헹군 껍질 벗긴 통보리 100g
정수된 물
레몬즙 또는 식초 2작은술
말린 표고버섯 5개
다시마 6cm
씨솔트 1/2작은술

활성화 전날 밤 현미와 보리를 볼에 넣어 정수된 물과 레몬즙에 담가 둡니다.

말린 표고버섯을 작은 볼에 넣고 물에 담가줍니다. 하룻밤 불려줍니다.

다음날 다시마를 물에 30-60분 불려줍니다. 다시마를 건져내어 3-4등분으로 잘라줍니다. 다시마 물은 버리지 마세요. 표고버섯을 건져내고 밑동을 떼어버립니다. 여기서는 물을 버리지 마세요. 버섯은 4등분 하거나 한입 크기로 자릅니다. 현미와 보리를 잘 헹구어주고 담갔던 물은 따라버립니다.

곡물, 버섯, 다시마와 소금을 작은 냄비에 넣고 섞습니다. 버섯과 다시마를 담갔던 물을 재료 위로 약 4cm 높이로 차게 붓습니다. 모자를 경우 정수된 물을 추가합니다.

냄비를 중불에 올려 끓입니다. 재료가 끓기 시작하면 불을 낮추어 뚜껑을 덮지 않고 50분 동안 현미와 보리가 잘 익을 때까지 약하게 졸여줍니다. 내용물이 타지 않게 주의하되 저어주지는 않습니다. 필요시 물을 추가합니다.

불을 끄고 뚜껑을 덮어 20-30분 동안 뜸을 들입니다. 나무 주걱으로 잘 섞어 먹습니다.

허브 캐슈 페퍼 스프레드

Herbed Cashew and Pepper Spread

유제품이 첨가되지 않은 이 스프레드의 매혹적인 풍미는 재료를 단순히 섞은 것 이상을 뛰어넘습니다. 저는 허브를 사용하지 않고 마카다미아 너트와 누룩소금으로 비슷한 스프레드를 만들기도 합니다. 이 캐슈 스프레드보다는 식감이 더 거칠지만 매우 맛있습니다. 이 캐슈 스프레드는 씨솔트 크리스피 브레드(P184)와 완벽하게 어울리며 딜 피클, 아삭한 샐러드 잎 쌈, 당근 또는 래디시 피클과도 잘 어울립니다.

약 330g
18-24시간 소요 (재료 불리는 시간 별도)

재료
캐슈 310g
활성화와 블렌딩을 위한 정수된 물
활성화를 위한 소금 1작은술
고운 씨솔트 1/2작은술
거칠게 간 흑후추 1/2작은술
로즈마리 가지 1개 잎만 떼어 잘게 다진 것
타임 가지 1개 잎만 떼어 잘게 다진 것
리쥬블락(P33), 콤부차, 워터 케피어 또는 딜 오이 피클(P106)이나 누룩소금(P223)을 담갔던 소금물 1작은술

활성화 만들기 전에 캐슈를 정수된 물과 소금 1작은술에 2-8시간 담가줍니다. 물을 따라 버리고 불린 캐슈를 물로 잘 헹굽니다.

블렌더나 푸드 프로세서에 씨솔트와 후추, 허브와 리쥬블락 또는 선호하는 컬쳐와 함께 넣어 갈아줍니다. 잘 갈리지 않을 경우 물을 조금씩 추가해서 걸쭉하면서도 부드럽고 크림 같은 질감이 될 때까지 갈아줍니다. 스패출러로 긁어 깨끗한 유리병에 담습니다.

면보로 덮고 실온에 18-24시간 보관하여 발효시킵니다. 이후 아무 때나 먹을 수 있습니다.

이 스프레드는 밀폐용기에 넣어 냉장고에 2-3주 보관할 수 있습니다. 발효 과정이 계속 진행되면서 풍미가 좋아지고 더욱 복잡하면서 시큼한 맛이 더해집니다.

note 견과류는 곰팡이에 특별히 취약하므로 소금과 함께 불리면 이를 예방할 수 있습니다. 보관용기를 깨끗이 유지하고 깨끗한 조리도구를 사용할 것을 권합니다.

캐슈와 시트러스
아마자케 크림

Cashew and Citrus Amazke Cream

아마자케는 일본의 전통 발효 쌀 음료입니다. 효소가 풍부하며 달달한 맛이 좋습니다. 이 레시피는 아마자케를 현대적으로 활용하는 방법입니다. 크림의 시트러스 성분은 아마자케의 당도와 균형을 이루는 한편, 발아된 캐슈는 크림과 같은 부드러움을 제공하여 발효 살구 스프레드(P156)나 마카다미아 바나나 팬케이크(P56)와 완벽하게 어울리는 비유제품입니다.

약 700ml
준비 시간 15분 (재료 불리는 시간 별도)

재료
캐슈 100g
불림용 정수된 물
활성화를 위한 소금 1/2작은술
아마자케 200ml (P236 참조 또는 완제품 사용)
물 185ml
레몬 1/2개의 껍질 제스트
레몬즙 1큰술 (필요시 더 사용)
천연 바닐라 추출물 1/2작은술
씨솔트 한 꼬집
메이플 시럽 60ml (선택 사항)

활성화 정수된 물에 캐슈를 담근 후 소금을 넣고 저어줍니다. 2-8시간 정도 불린 후 물을 따라버리고 캐슈를 물로 잘 헹구어줍니다.

아마자케, 물, 레몬 제스트와 즙을 바닐라, 소금과 잘 저어 섞습니다. 혼합물의 1/4을 블렌더나 푸드 프로세서에 넣어 갈아줍니다. 처음에는 낮은 속도로 시작하다가 속도를 높이면서 캐슈를 몇 개씩 추가해줍니다.

서서히 아마자케 혼합물을 더 넣어 아주 고운 크림이 될 때까지 갈아줍니다. 맛을 보고 간을 맞춥니다. 더 단맛을 원하면 메이플 시럽을, 단맛을 완화시키려면 레몬즙을 더 넣어도 좋습니다.

바로 사용할 것이 아니면 밀폐용기에 넣어 냉장 보관 시 5일까지 사용 가능합니다.

호두 빠떼

Walnut Pâté

1984년 저의 첫 레스토랑을 열었을 때부터 곡물을 사용하지 않는 이 비건 빠떼를 만들기 시작했습니다. 디너 파티에 딱이며 버섯 샐러리 피클(P107), 씨솔트 크리스피 브레드(P184)나 따뜻한 사워도우 빵과 같이 먹으면 아주 맛있습니다. 간단하게 만들지만 맛은 어마어마한 빠떼입니다.

약 700g
준비 시간 35분

재료
기 버터 또는 올리브오일 50g
다진 갈색 양파 4개
말린 오레가노 넉넉히 한 꼬집 또는 신선한 세이지잎 1/2 줄기
닭 또는 야채 육수 500ml (필요시 더 사용 가능)
타히니(껍질이 남아 있는 참깨로 만든 것) 65g
레몬즙 2큰술
타마리 간장 2큰술 (간맞춤용으로 더 사용 가능)
불리거나 구운 또는 바삭한 호두 250g

크고 깊은 프라이팬에 기 버터 또는 올리브오일을 넣고 중불로 가열합니다. 양파를 넣어 10분 동안 투명해지고, 부드럽고 살짝 갈색이 될 때까지 볶아줍니다.

오레가노와 육수를 넣고 액체가 절반 가량으로 줄어들 때까지 뭉근하게 끓여줍니다. 타히니tahini를 섞어 넣고 걸쭉하게 만듭니다. 레몬즙, 타마리, 호두를 넣고 저어줍니다.

불을 끄고 프라이팬과 내용물을 잠시 식힙니다. 블렌더나 푸드 프로세서에 넣어 거친 질감으로 갈아줍니다. 원하는 농도를 맞추기 위해서 육수나 물을 살짝 추가합니다.

익히지 않은 채소나 바삭한 크래커와 함께 따뜻하게 또는 차갑게 먹을 수 있습니다. 밀폐용기에 담아 냉장 보관 시 10일까지 사용 가능합니다.

호박씨 귀리
누에콩 샐러드

Broad Bean Salad with Pepitas and Oats

누에콩만큼 봄이 왔음을 알려주는 재료도 없습니다. 이 레시피는 어느 계절에나 활용할 수 있는 기본 샐러드 레시피입니다. 누에콩 대신 그 시기에 풍부한 제철 재료를 사용하면 됩니다. 예를 들면 여름에는 신선한 납작콩이나 초당옥수수, 가을에는 버섯, 겨울에는 브로콜리나 콜리플라워, 그 외에 선호하는 발아 재료를 사용해도 좋습니다. 허브 콤부차 비네그레트는 이미 맛있는 샐러드에 풍부한 맛을 더해줍니다. 비네그레트를 사용한다면 마늘은 사용할 필요가 없습니다.

6-8인분
준비 시간 30분 (재료 불리는 시간 별도)

재료
통귀리 100g
호박씨 60g
재료 활성화를 위한 정수된 물
레몬즙 1/2작은술
신선한 누에콩 500g
브로콜리 새싹 20g
엑스트라 버진 올리브오일 1큰술
작은 마늘 1쪽 으깬 후 잘게 다진 것
간맞춤용 통흑후추
민트 1/4 단 잎만 잘게 다진 것
이탈리안 파슬리 1/4단 잎만 잘게 다진 것
간맞춤용 셀틱 씨솔트
겨자잎 또는 잎사귀 채소 한 움큼 (선택 사항)

서빙용
허브 콤부차 비네그레트 (P167)

활성화 전날 밤 귀리와 호박씨를 각자 정수된 물에 불려주세요. 귀리에는 레몬즙을, 호박씨에는 씨솔트 한 꼬집을 더해주세요. 다음날 물을 따라 버리고 각자 잘 헹군 후 물을 또 따라내어 버려주세요.

냄비에 살짝 소금으로 간한 물을 끓여 불린 귀리를 넣습니다. 귀리가 연해질 때까지 3-4분 정도 끓입니다. 물을 잘 걸러내 찬물에 헹군 후 서빙 디쉬에 담습니다. 불린 호박씨도 같이 서빙 디쉬에 넣고 한쪽으로 치운 후 누에콩을 준비합니다.

꼬투리에서 누에콩을 빼냅니다. 소금물을 냄비에 끓인 후 누에콩을 넣습니다. 3-4분 동안 은은하게 끓인 후 물을 따라 버리고 얼음물에 완전히 담급니다. (이렇게 하면 선명한 초록색을 유지할 수 있습니다.)

누에콩의 껍질을 벗겨 연하고 밝은 알맹이만 사용합니다. 브로콜리 새싹과 나머지 샐러드 재료와 함께 서빙 디쉬에 담습니다.

브로콜리 새싹이 부스러지지 않게 가볍게 재료들을 섞어 허브 콤부차 비네그레트를 곁들여 실온으로 서빙합니다.

당근과 펜넬, 발아곡물 샐러드

Heirloom Carrot, Fennel and Sprouted Grain Salad

신선한 생펜넬 잎줄기와 래디시 무순으로 만들어 약간 알싸한 맛과 더불어 꼭꼭 씹히고 아삭하기도 한 이 샐러드는 오렌지 주니퍼 비트 절임(P104)과 잘 어울립니다. 셰브르 치즈(P221)나 센불에 구운 메이플, 펜넬과 통후추 채끝등심(P244)과도 환상의 조합을 자랑합니다. 기호에 따라 집에서 직접 재배했거나 마트에서 구매한 발아곡물로 만들 수 있습니다.

4-6인분
준비 시간 30분 (재료 불리기, 발아시키는 시간 별도)

재료
익히지 않은 스펠트 통밀 115g
말린 벨루가 렌틸콩 55g
한입 크기의 쐐기 모양으로 썬 다양한 색상의 당근 4개
얇게 썬 중간 크기 펜넬 뿌리 1개 또는 작은 펜넬 뿌리 2개
레몬 1개의 제스트
굵은 씨솔트 1/2작은술
간맞춤용 과일향이 나는 엑스트라 버진 올리브오일 3큰술
천연 발효 레드와인 식초 1큰술
다진 펜넬 잎줄기 2작은술
래디시 무순 약간

활성화 스펠트 통밀과 벨루가 렌틸콩을 각자 발아시키세요.

당근과 펜넬을 서빙 볼에 넣어 레몬 제스트, 소금, 올리브오일과 식초와 함께 잘 버무립니다.

냄비에 소금물을 끓여 활성화된 발아 스펠트 밀을 넣어 연하면서도 씹히는 식감이 있을 때까지 20분 동안 조리합니다. 물을 따라 버리고 발아 스펠트 밀을 찬물에 헹군 후 채소에 추가합니다.

냄비에 생수를 넣어 끓인 후 발아 렌틸콩을 약 5분간 끓여줍니다. 물을 따라 버리고 찬물에 헹구고 서빙 볼에 넣습니다. 모든 재료를 함께 버무리고 먹기 직전 다진 펜넬 잎줄기와 익히지 않은 래디시 무순을 추가합니다.

모로코식 퀴노아와 구운 초당옥수수, 크렘 프레슈

Moroccan Quinoa with Charred Sweetcorn and Créme Fraîche

발아 퀴노아는 빠른 시간에 조리됩니다. 식감은 매우 가벼워지고 약간 견과류맛이 나기도 하며 달달하고 불향이 느껴지는 구운 옥수수와 멋지게 궁합을 이룹니다. 이 훌륭한 냄비 요리는 비트 크바스(P112)와 같이 즐기거나 소금에 절인 생선구이(P250)에 곁들이면 좋습니다. 그린 토마토, 옥수수 할라페뇨 살사(P72)와 함께 훌륭한 한끼 식사가 되기도 합니다.

4-6인분
준비 시간 40분 (재료 불리기, 발아시키는 시간 별도)

재료
퀴노아 200g
호박씨 120g (선택 사항)
기 버터 2큰술
알갱이만 발라낸 초당옥수수 1개
올리브오일 2큰술 (필요시 더 사용 가능)
잘게 다진 적양파 1개
잘게 다진 마늘 2쪽
줄기와 잎을 분리하여 뿌리를 잘게 다진 고수 1단
닭, 생선, 채소 육수 또는 끓인 물 250ml
볶은 후 간 고수씨 2작은술
잘게 다진 이탈리안 파슬리 1단
씨솔트와 갓 간 후추
서빙용 레몬 조각
크렘 프레슈 또는 케피어 크림 65g

활성화 퀴노아를 발아시키세요. 사용할 경우 전날 밤 호박씨도 불려줍니다.

손가락을 사용해 옥수수 알맹이에 기 버터를 골고루 묻혀 줍니다. 깊고 묵직한 프라이팬을 중불에서 센불로 가열합니다. 프라이팬이 뜨거워지면 옥수수를 넣어 10초간 볶은 후 나무 주걱으로 섞어주면서 1-2분 더 알맹이가 갈색으로 그을려질 때까지 볶습니다. 서빙 디쉬에 담아 한쪽에 잠시 둡니다.

프라이팬을 키친타월로 닦아낸 후 올리브오일을 넣어 다시 중불에 가열합니다. 양파를 6-8분간 투명하고 연해질 때까지 재빨리 볶습니다. 마늘과 고수 뿌리를 추가해서 2분 더 볶습니다. 재료를 계속 섞어주면서 퀴노아를 넣고 필요하면 올리브오일을 조금 더 넣습니다. 퀴노아는 익으면 투명해집니다.

팔팔 끓는 뜨거운 육수 125ml를 프라이팬에 붓고 잘 섞어 퀴노아가 육수를 흡수할 수 있게 합니다. 향신료와 나머지 육수를 넣어 프라이팬 뚜껑을 덮습니다. 중불에서 약한 불로 퀴노아가 육수를 다 흡수할 때까지 뭉근하게 5분 정도 졸여줍니다.

불을 끈 후 서빙 디쉬에 담아 몇 분간 식혀줍니다. 나머지 옥수수와 신선한 허브를 섞어 넣고 간을 맞춥니다. 레몬 조각과 크렘 프레슈 한 스푼과 호박씨와 함께 먹습니다.

바삭한 견과류와 씨앗

Crisp and Crunchy Nuts and Seeds

간편하고 영양이 풍부한 이 바삭바삭한 간식은 샐러드, 수프, 샌드위치의 맛을 더욱 올려 줍니다. 조금만 먹어도 충분하지만 저절로 손이 가 늘 더 많이 먹게 됩니다. 견과류와 씨앗이 활성화되려면 섭씨 43도 미만의 온도를 최대한 유지해서 견과류와 씨앗을 완벽히 말려야 소화를 돕고 영양 가치를 높여주는 살아있는 효소가 생깁니다. 음식 건조기를 사용하면 가장 효율적이고 경제적이지만, 건조기가 없을 경우 오븐을 사용하여 말린 후 발아된 또는 발효된 재료와 같이 사용하여 효소 성분을 추가할 수 있습니다.

4컵
준비 시간 건조기 사용 시 12-24시간
오븐 사용 시 30-40분 (재료 불리는 시간 별도)

재료
견과류나 씨앗 4컵 (좋아하는 종류를 사용하되 종류별로 구분해서 준비하고 재료별로 1컵당 소금 1작은술을 넣어줍니다)
씨솔트 1큰술
활성화용 정수된 물

활성화 견과류와 씨앗을 각자 종류별로 다른 그릇에 담습니다. 각 그릇에 소금을 넣고 정수된 물을 충분히 부은 후 천으로 덮어 밤새 불려줍니다. 다음날 물을 따라 버린 후 헹구고 꼼꼼히 물기를 제거합니다.

건조기 사용 시 각 견과류와 씨앗을 종류별로 건조기 판에 고르게 펼친 후 온도를 섭씨 43도로 맞춥니다. 완전히 말려질 때까지 건조시킵니다. 견과류와 씨앗 종류에 따라 12시간 내지 24시간이 소요됩니다.

오븐을 사용해서 비활성화하기 오븐을 섭씨 120도로 예열합니다. 각 견과류와 씨앗을 종류별로 오븐판에 고르게 펼친 후 오븐에 넣습니다. 15분마다 뒤집어주고 고소한 냄새가 나고 황금빛 갈색을 띠기 시작하면 오븐에서 꺼냅니다. 식히면 완벽히 바삭해집니다.

밀폐용기에 담아 냉장 보관 시 1주일 동안 사용 가능하며 냉동 보관 시 1개월 사용 가능합니다.

note 씨솔트를 넣으면 재료를 불릴 때 병원성 균류의 침입을 막고 미네랄과 맛을 더해줍니다. 견과류 1컵당 1작은술 비율을 기준으로 합니다. 소금을 사용하지 않는다면 불리는 시간을 절반으로 줄이거나 냉장고 안에서 불립니다.

메밀 수수 해바라기씨 필라프

Buckwheat, Millet and Sunflower Seed Pilau

필라프는 전통적으로 쌀로 만든 인도, 중동식 요리로 다른 곡물을 사용해서 만들어도 좋습니다. 전통 레시피의 경우 재료를 골고루 구운 후 지방과 뜨거운 육수를 더해 가볍고 푹신하게 만듭니다. 파슬리를 곁들이면 풍미가 좋은 사이드 디쉬로 기막히게 맛있습니다. 저는 많이 만들어 일주일 내내 먹는 것을 좋아합니다. 필미열크나 요구르트 한 숟갈과 곁들여도 좋고 계란 프라이, 김치(P66)와 함께 먹어도 좋습니다.

사이드 디쉬로 6-8인분
준비 시간 45분

재료
기 버터 또는 코코넛 오일 1큰술
껍질을 벗긴 생 메밀 100g
껍질을 벗긴 수수 100g
해바라기씨 75g
팔팔 끓인 간하지 않은 육수 또는 물 750ml
씨솔트 1/2작은술
다진 파슬리잎 30g (선택사항)

볶아서 비활성화하기 기 버터를 묵직한 소스팬에 넣고 가열시킵니다. 메밀, 수수, 해바라기씨를 넣어 재빠르게 볶습니다. 갈색이 될 때까지 멈추지 않고 볶아줍니다. 끓인 육수를 조심스레 넣습니다. 뜨거운 김에 데이지 않도록 조심하세요. 소금을 넣고 뚜껑을 덮습니다.

가장 약한 불에 20분, 육수가 다 흡수될 때까지 졸입니다. 불을 끄고 뚜껑을 덮은 채로 10분 동안 둡니다.

뚜껑을 열고 포크를 사용해 부드럽게 섞어 곡물의 푹신한 식감을 살립니다. 파슬리를 뿌립니다.

호박, 밤, 아몬드
현미 주먹밥

Pumpkin, Chestnut and Almond Brown Rice Balls

12개
준비 시간 1시간 반

재료
현미쌀 220g
물 500ml
씨솔트 넉넉히 한 꼬집
3cm 조각으로 썬 호박 (겨울 호박) 120g
껍질을 벗겨 큼지막하게 자른 밤 12개 (깐밤으로 대체 가능)
거칠게 썰어 볶은 아몬드나 바삭한 아몬드 80g

저는 주먹밥을 매우 좋아합니다. 이 현미 주먹밥은 특히 식감과 맛의 조화가 뛰어납니다. 가을 도시락 메뉴로 제격이며 볶은 깨 미소 된장 드레싱에 찍어 먹거나 피클과 함께 드세요.

현미를 찬물에 잘 씻어 물을 따라 버립니다. 냄비에 현미, 물, 소금, 호박, 밤을 넣습니다. 뚜껑을 덮고 센불에 팔팔 끓입니다. 조리 중 뚜껑을 열지 마세요.

불을 아주 약하게 내려 45분 동안 조리합니다. 45분이 지나면 불을 끄고 10분 동안 뜸을 들입니다.

나무 주걱이나 큰 주걱을 사용해 현미, 호박, 밤을 조심스럽게 섞고 크고 얕은 그릇이나 쟁반에 담아 손으로 만질 수 있을 정도로 식힙니다.

아몬드를 그릇에 펼쳐놓고 손을 물에 살짝 적시고 현미밥을 12등분하여 동그랗게 빚습니다. 현미밥 덩어리를 다진 아몬드 위에 굴려 골고루 묻힙니다. 조금 더 식혀서 먹어도 되고 따뜻한 상태에서 먹어도 됩니다. 볶은 깨 미소된장 드레싱과 같이 드세요.

볶은 깨
미소 된장 드레싱

Toasted Sesame and Miso Dressing

450ml
준비 시간 35분

재료
참깨 75g
미림 2큰술
미소 된장 또는 겐마이(현미) 미소 된장 75g
쌀식초 2큰술
다시(가쓰오부시, 다시마, 멸치로 우려낸 국물) 80ml

일본식 전통 드레싱으로 껍질콩과 함께 먹습니다. 이 드레싱으로 간단한 요리를 특별하게 바꿀 수 있지요. 곡물이나 생선요리와 잘 어울리고 특히 적색 치커리와 같은 쌉싸름한 채소와 아주 잘 어울립니다.

볶아서 비활성화하기 작은 프라이팬에 참깨를 넣고 황금빛 갈색이 될 때까지 볶습니다. 참깨를 절구나 푸드 프로세서를 사용해서 갈아줍니다. 미림과 미소 된장을 넣고 계속 갈아줍니다. 쌀식초와 다시를 천천히 뿌려 농도를 조절합니다.

밀폐된 용기에 담아 보관하고 사용하기 전에 농도를 확인해보고 필요하면 다시나 물을 넣어 농도를 묽게 조절합니다.

말리의 마카다미아 바나나 팬케이크

Marly's Toasted Macadamia and Banana Pancakes

이 팬케이크 레시피는 저를 개인 셰프로 고용한 말리에게 해줬던 레시피를 변형한 것입니다. 이 레시피는 곡물과 유제품이 들어가지 않기 때문에 일반 팬케이크와는 다른 조리법을 사용합니다. 발효 살구 스프레드(P156)나 캐슈와 시트러스 아마자케 크림(P46)과 함께 먹어보세요. 한 가지 재료로 만든 구운 견과류 버터라면, 마카다미아 버터 대신 쓸 수 있습니다.

팬케이크 10-12장
약 1시간 10분 소요

재료
구운 마카다미아 버터
마카다미아 500g

마카다미아 바나나 팬케이크
계란 4개
구운 마카다미아 버터 120g
잘 익은 바나나 큰 사이즈 2개, 작은 사이즈 3개
물 125ml
씨솔트 한 꼬집
계피가루 한 꼬집
씨를 긁어낸 바닐라빈 1개
기 버터 또는 마카다미아 오일

굽기를 통한 비활성화 마카다미아 버터를 만듭니다. 오븐을 섭씨 120도로 예열하고 베이킹팬에 마카다미아를 올려 놓습니다. 베이킹팬을 오븐에 넣어 마카다미아가 황금빛 갈색이 될 때까지 20-30분 굽습니다. 실온에 식힌 후 푸드 프로세서에 넣어 부드러운 반죽으로 갈아줍니다. 팬케이크에 필요한 만큼을 소분하고 나머지는 깨끗한 유리병에 담아 냉장 보관합니다. 밀폐용기에 냉장 보관하면 1개월 이상 사용할 수 있습니다.

모든 팬케이크 재료를 블렌더나 푸드 프로세서에 넣고 갈아줍니다.

오븐을 중불로 예열하고 깨끗한 행주로 덮은 선반을 옆에 준비합니다.

약 14cm 크기의 무쇠 프라이팬을 중불에 가열합니다. (무쇠팬은 오븐 그릴 위에 옮겨 사용할 예정이니 오븐에 사용할 수 있는 손잡이가 달린 것을 사용하세요.) 팬이 뜨겁게 달구어지면 키친타월로 닦아줍니다. 약간의 기 버터를 약간 넣고 후 팬을 살짝 들어 불과 거리를 둔 후, 팬케이크 반죽을 3mm 두께로 골고루 부어줍니다. 팬을 돌려서 반죽이 전체적으로 퍼지게 합니다. 바닥이 황금빛 갈색을 띠고 가장자리가 살짝 올라올 때까지 중불에 굽습니다.

프라이팬을 오븐 그릴로 잠시 옮겨 반죽이 약 2분간 표면이 마르면서 갈색이 되기 직전까지 두었다가 다시 불 위(스토브, 가스레인지)로 프라이팬을 옮긴 후 뒤집개를 사용하여 조심스럽게 팬케이크를 뒤집습니다.

팬케이크가 갈색이 될 때까지 2분간 굽습니다. 팬케이크를 선반에 옮긴 다음 행주로 덮어줍니다. 프라이팬을 키친타월로 닦아낸 후 기 버터를 약간 넣어주고 나머지 반죽을 굽습니다.

팬케이크는 따뜻하게 또는 차갑게 해서 선호하는 토핑과 함께 먹을 수 있습니다. 한번 구운 팬케이크는 밀폐용기에 넣고 냉장고에 3-4일까지 보관할 수 있고 뜨거운 팬에 살짝 데워 먹으면 됩니다.

Chapter. 2

Capture

보존

야생과 자연의 재료 활용하기

EMPLOY WHAT IS WILD AND FREE

이 장에서는 신선한 원료에서 발견되는 유익한 박테리아와 효모 또는 이들의 조합으로 자연적으로 발생하는 미생물을 보존하는 과정을 살펴봅니다. 이 과정은 주로 '자연 발효wild fermentation'로 알려져 있습니다. 채소와 과일에 존재하며 자연 젖산을 만들어내는 박테리아를 보전하는 방법과 식초와 슈럽(북미 초기 이주자들의 전통 음료)을 만들 때 기초 재료로 활용할 수 있는, 과일을 기반으로 한 저알코올 음료를 만드는 방법을 알아봅니다.

젖산균(락토바실러스)Lactobacillus 또는 젖산을 생성하는 박테리아lactic acid producing bacteria(LAB)는 산소 상태에서는 물론 무산소 상태에서도 생존할 수 있습니다. 내염성(소금기에 잘 견디어 내는 성질)이 있으면서 탄수화물(당)을 섭취하는 박테리아는 젖산, 초산, 이산화탄소를 만들어냅니다. 박테리아가 만들어낸 산성 환경에서는 부패 미생물이 살아 남기 어려워 재료를 잘 보호하고 보존할 수 있습니다. 반면 같은 환경에서 증식한 유익한 미생물은 다양하고 복잡한 맛의 살아있는 프로바이오틱스 식품을 만들어냅니다.

약간의 소금, 시간, 그리고 어마어마한 양의 자연 박테리아가 채소의 식감, 맛, 영양에 얼마나 큰 변화를 주는지 놀라울 따름입니다. 저는 적채를 사용해 발효를 시작해 볼 것을 권장합니다. 양배추를 발효시키면 맛있고 복합적인 산미와 다량의 프로바이오틱을 접할 수 있습니다. 산 농도가 진해지면서 보라색에서 핑크색으로 변하는데 이는 발효 과정이 진행되고 있다는 증거입니다.

알코올을 만들기 위해서는 자연 발효 효모가 필요합니다. 자연 발효 효모(야생효모)는 탄수화물(당) 섭취가 가능한 환경에서 산소 없이도 생존이 가능합니다. 당을 섭취하면서 알코올과 이산화탄소가 생성됩니다. 여기서 말하는 알코올은 1차 발효를 거친 저도수 알코올입니다. 이 가볍고 발포성이 있는 음료는 숙취를 걱정하지 않을 정도로 적당히 즐기기에 좋습니다.

식초를 만들려면 항상 알코올을 시작 재료로 사용해야 합니다. 알코올을 공기에 노출시키면 초산균(초산을 생성하는 박테리아)이 알코올(에탄올)을 산화해 초산(식초)으로 빠르게 전환시킵니다. 방부제가 첨가되지 않은 와인을 공기에 노출시키면 와인은 빠르게 시큼해지는데 이는 공기 중에 있는 초산균 때문입니다. 표면적이 넉넉하고 입구가 넓은 용기를 사용하면 이 과정을 촉진시킬 수 있습니다.

채소의 무산소 발효 방법

젖산을 생성하는 박테리아인 젖산균을 활용할 때, 곰팡이와 효모의 성장을 억제하고 싶다면 공기 노출을 차단하는 것이 필수입니다. 그렇게 해야 빛깔이 아름답고, 아삭한 식감과 복합적인 맛을 지닌 피클을 만들어낼 수 있습니다.

양배추와 같이 지상에서 자라나는 단단한 채소나 토양에 존재하는 미생물들과 직접적으로 접촉하며 땅속에서 자라는 뿌리채소들을 사용하면 가장 만족스러운 결과를 얻을 수 있으며 발효 음식 입문자에게 추천하는 방법입니다.

해야 할 일

발효는 매우 간단하고 다용도로 활용할 수 있는 조리 과정입니다. 그리고 잘라서 액체를 추출할 수 있는 생채소는 거의 모두 발효할 수 있다고 보면 됩니다. 수분함량이 높은 오이와 같이 통으로 쓸만한 재료나 채소는 제 3장(P98)에서 다루는 소금물 절이기를 통한 발효가 더 적합합니다. 이 장에서 나오는 레시피들을 한두 번 성공한다면 당장 가진 재료를 가지고 여러분이 만들 수 있는 젖산 발효 음식의 범위는 무한대로 넓혀집니다.

1 오래되었거나 흙이 묻은 채소 잎을 떼어줍니다.
2 찬물에 씻어 잘 헹굽니다. 줄기나 양배추류의 심, 뿌리채소의 꼭지를 제거합니다. 준비된 채소의 무게에 따라 필요한 소금의 양을 정합니다. 말랑말랑한 채소의 경우 소금을 더 넣는 게 좋습니다.
3 채소를 채썰거나 깍둑썰기를 합니다. 조각이 작을수록 소금으로 절이면 수분을 배출하기가 쉬워집니다. 저는 아삭아삭한 식감을 선호해서 간혹 큰 조각으로도 썰어 사용합니다.
4 채소를 비반응성 용기(스테인리스, 세라믹, 유리 또는 에나멜 코팅 메탈 볼 등 재료를 넣었을 때 화학적 반응을 일으키지 않는 소재로 만든 용기)에 넣고 채소 무게의 0.5~3%에 해당하는 씨솔트를 뿌려줍니다. 이 장에 소개될 레시피에는 2%로 기재되어 있는데, 저는 이 정도가 좋은 출발점이라고 생각합니다. 소금을 채소에 골고루 버무립니다. 채소의 수분이 빠지기 시작할 때까지 계속 버무립니다. 생각보다 오래 걸린다면 볼을 덮은 채로 30-60분을 두었다가 다시 버무리기 시작합니다. 채소를 한 움큼 쥐었을 때 수분이 빠져나오고 채소가 말랑말랑해졌다면 완성된 것입니다.
5 소금에 절인 채소와 채소에서 빠져 나온 수분(액체)을 유리병에 담습니다. 내용물을 꾹꾹 눌러 빈틈없이 담습니다. 채소를 최대한 눌러 공기를 빼고 자체에서 나온 수분에 완전히 담기게 하는 것이 포인트입니다.
6 재료와 유리병의 입구 사이에 약 2cm 정도 높이의 공간을 남겨두세요. 발효 과정 중 이산화탄소가 생성되면서 내용물이 부풀어 오를 것입니다.
7 원한다면 채소 스토퍼(P19 참조) 또는 에어락 스타일 airlock-style의 뚜껑을 사용하세요. 혹은 채소가 액체에 완전히 잠기게 한 다음 뚜껑을 단단하게 닫습니다.
8 유리병에 담근 날짜와 채소 종류를 적은 라벨을 붙입니다. 액체가 샐 수 있으니 쟁반 위에 유리병을 올려 놓고 직사광선을 피해 섭씨 15도에서 25도 온도의 서늘한 장소에서 보관합니다.

산막효모

채소가 담긴 액체에 하얀색 막이 형성될 수 있습니다. 이것은 산막효모로, 인체에 무해하지만 더 확산될 경우 채소의 맛을 상하게 할 수 있습니다. 조심스럽게 막을 최대한 걷어낸 후 3% 농도의 소금물(P103 참조)을 넣어 줍니다. 걷어내지 못한 산막효모를 분해시킬 만큼의 소금물을 부은 후, 다시 뚜껑을 닫고 보관합니다.

눈여겨 볼 것들

처음에 발효시킨 재료는 원래 모습 그대로를 유지하다가 며칠이 지나면 젖산균이 채소의 당을 섭취하기 시작하면서 발생한 이산화탄소로 발포 현상이 일어나기 시작합니다. 정확한 타이밍은 채소와 액체의 비율, 온도에 따라 정해집니다. 온도가 높을수록 발효가 더 빨리 진행되고 산미가 높아집니다. 하루 이틀만에 거품이 보이기 시작하면 좀 더 서늘한 장소로 옮기는 것을 추천합니다.

에어락 뚜껑을 사용할 경우 에어락에 있는 물을 통해 발효 과정에서 생성된 가스가 빠져나가는 것을 볼 수 있습니다. 밀폐 용기를 사용할 경우 가스가 축적되므로 가끔 뚜껑을 살짝 열어 가스를 배출시킨 후 다시 닫는 것도 방법입니다. 만약 온도가 너무 높으면 뚜껑이 팽창하여 터질 수도 있습니다.

사용한 채소가 보라색, 핑크색 또는 빨간색일 경우 산도가 높아지면서 원색으로부터 아주 밝은 핑크색으로 변하는 것을 볼 수 있습니다.

가스로 인해 채소가 액체 위로 떠오를 경우 채소의 색이 갈변될 수 있습니다. 이것은 산화작용이 일어났음을 보여주는 것이고 꼭 부패된 것은 아닙니다. 조심스레 뚜껑을 열어보고 역겨운 냄새나 점액질 또는 곰팡이가 보이면 내용물을 버리고 경험으로 삼습니다. 강한 냄새가 나면 산화된 내용물을 제거하거나 깨끗한 조리도구를 사용해 채소를 다시 액체 밑으로 눌러 가스를 배출해 준 후 더 단단하게 뚜껑을 닫고 발효 과정을 계속 진행합니다.

이틀마다 내용물을 확인해 채소가 완전히 액체에 잠겨 있는지 봅니다.

언제 완성되나요?

완성 여부는 여러분의 입맛에 달려 있습니다. 발효를 시작한 초반 며칠 동안은 무해하지만 톡 쏘는 냄새와 맛이 매력적으로 다가오지 않을 수 있습니다. 한 4일 정도 지나면 산미가 축적되고 이때 맛보기 시작하면 됩니다. 여러분의 입맛에 맛있다고 느껴지면 유리병을 냉장고로 옮기세요. 시간이 지나면서 젖산 발효가 지속되고 산도가 높아지면서 맛은 더욱 풍부해집니다.

유리병에서 꺼내기

유리병에서 내용물을 꺼낼 때 항상 깨끗한 조리도구를 사용해 필요한 만큼만 덜어냅니다. 사용하지 않은 내용물은 다시 유리병에 넣지 않습니다. 이렇게 하면 오염을 막을 수 있습니다. 유리병 안쪽을 발효 액체를 묻힌 마른 천으로 닦은 후, 깨끗한 숟가락을 사용해서 내용물이 액체에 푹 잠기도록 눌러줍니다. 유리병이 1/3 정도 비면 더 작은 용기에 옮겨 담아도 좋습니다.

완성 후

발효 과정을 시작하게 해준 미생물들은 증식하면서 산을 계속 생성합니다. 이들이 살아남기 어려울 정도의 산이 축적되면 이 미생물들은 죽고, 높아진 산성 환경에 내성이 있는 미생물로 대체됩니다. 우리의 위는 발효한 채소와 비슷한 pH 1.5에서 3 정도의 산도를 지니고 있습니다. 채소를 좀 더 오랫동안 발효시키면 pH 2.7 내지 3에 달하게 됩니다. 이렇게 되면 살아있는 박테리아가 우리의 소화기 계통을 지나 생존 확률이 높아지면서 대장에서 제대로 활성화될 수 있습니다.

적채, 아라메 해초, 생강 크라우트

Red Cabbage, Arame and Ginger Kraut

전통 사우어크라우트(양배추나 적채, 소금, 그리고 캐러웨이 같은 향신료로 만드는 간단한 발효 음식)의 일종으로 곁들이는 음식들의 기름기와 균형을 잡아줍니다. 저는 특히 계란이 듬뿍 들어간 아침식사와 항상 같이 먹습니다. 아라메 해초와 같이 미네랄이 풍부한 해초류를 식단에 첨가하면 영양분이 배가되며 생강은 활기찬 매력을 선사합니다.

1.5L
유리병 1개, 준비 시간 7-30일

재료
아라메 해초 5g
적채 1통 (2kg 짜리)
잘게 다지거나 채로 간 큰 생강 1개
고운 씨솔트 40g

넉넉히 준비한 미지근한 물에 아라메 해초를 15분간 담가줍니다.

양배추를 다듬은 후 4등분합니다. 섬유질이 풍부한 심은 제거합니다. 양배추를 3mm 두께로 썰어 큰 용기에 담습니다. 생강과 씨솔트도 믹싱볼에 넣습니다. 양배추를 소금에 버무리면서 손으로 꽉 쥐어 수분이 충분히 빠져나오게 합니다.

아라메 해초를 채에 걸러 물은 따라버립니다. 양배추와 잘 섞어줍니다.

보존 깨끗한 병에 버무린 양배추를 꽉 채웁니다. 양배추를 단단하게 눌러 내려주고 위에 양배추를 계속 올리고 눌러 양배추가 액체에 완전히 잠기게 합니다. 유리병 입구와 액체 사이에 최소 2cm 높이의 공간을 둡니다. 채소 스토퍼 또는 에어록 뚜껑을 사용하거나 채소를 액체 밑으로 누른 후 뚜껑을 단단히 닫습니다. 유리병에 라벨을 붙이고 접시나 쟁반에 올려 보관합니다.

서늘한 곳에 7-30일간 발효시킵니다. 서서히 거품이 보이기 시작할 것입니다. 처음에는 적게 일다가 점차 많아질 것입니다. 거품이 가라앉기 시작하면 이때부터 맛을 볼 수 있습니다. 저는 약 한 달 정도 지났을 때가 양배추의 신맛이 적기에 이르는 시기라고 봅니다. 하지만 계속 맛을 보면서 여러분이 선호하는 맛을 찾길 권합니다. 맛이 알맞다고 생각되면 냉장고에 넣어서 보관합니다. 약 12개월 동안 냉장 보관할 수 있습니다.

note 유리병을 바닥에 두고 깨끗한 손으로 주먹을 쥐어 체중을 실어 채소를 누르면 액체에 완전히 잠기게 할 수 있습니다.

P65 사진 - 반숙 계란, 사워도우 토스트와 적채 아라메 해초 생강 크라우트

김치
Kimchi

김치는 한국의 국민 음식으로 한국인은 연평균 약 18kg의 김치를 섭취합니다. 김치라고 하면 보통은 빨갛고 매워 보이는 색깔과 배추, 무, 생강과 마늘 등의 재료가 기본적으로 떠오르지만 공식적으로 기록된 가짓수만 해도 187개가 됩니다. 김치는 계란이 들어간 요리와 잘 어울리고 만두소로 써도 좋습니다. 고추를 좋아하지 않는다면 생강의 알싸한 맛이 매력적인 백김치 양념을 추천합니다. 시판용 김치에는 흔히 설탕이 첨가되지만 저는 신선한 과일을 갈아서 단맛을 내는 전통 방식을 선호합니다. 아래 양념은 이 다음에 소개되는 레시피에서 자유롭게 변형해서 활용할 수 있습니다.

클래식 김치
Classic Kimchi

2L
준비기간 7-30일

재료
배추 큰 것 1통
씨솔트 50g
무 큰 것 1개
당근 큰 것 2개
파 1단
쪽파 1단
빨간 김치 양념 또는 백김치 양념

김치는 강렬한 냄새를 자랑하지만 식감과 맛 때문에 제가 즐겨먹는 발효 음식 중 하나입니다. 배추와 무의 크기에 따라 양이 정해지니 주의하세요.

큰 믹싱볼에 배추와 씨솔트를 넣어 버무립니다. 배추의 수분이 배출되기 시작하고 연해질 때까지 소금을 꼼꼼히 문질러줍니다. 덮개로 덮어주고 실온에 하룻밤 보관합니다.

다음날 차가운 온도의 흐르는 물에 배추를 헹굽니다. 무와 당근은 길게 채 썰어 준비하고 파와 쪽파도 잘게 썰어 준비합니다. 물기를 잘 짜낸 후 나머지 재료와 섞습니다.

양념을 재료에 잘 문질러 줍니다. 양념에 들어 있는 소금이 채소에 있는 수분을 배출해줄 것입니다.

보존 소독한 유리병에 김치를 담습니다. 배추를 최대한 눌러 양념과 배추에서 빠져 나온 수분에 완전히 잠기게 합니다. 내용물에서 테두리까지 약 2cm 높이 정도의 공간을 확보합니다.

유리병 뚜껑을 닫고 주방에 7-30일간 보관합니다. 7일째부터 맛보기 시작해서 만족스러운 맛이 나오면 냉장고에 넣으세요. 냉장고에 넣은 후 12개월까지 보관 가능합니다.

note 빨간 김치양념을 만질 때는 일회용 장갑을 사용할 것을 권합니다. 매운 고추가 피부에 닿아 자극을 받을 수 있습니다.

빨간 김치 양념

Red Kimchi Paste

약 450g
준비 시간 10분

재료
간맞춤용 한국 고춧가루 30g
깐마늘 6-8쪽
껍질을 벗겨 4등분한 양파 1개
껍질을 벗기지 않은 채로 심을 제거한 청사과 1개
껍질을 벗기지 않은 채로 심을 제거한 배 1개
액젓 4큰술

모든 재료를 푸드 프로세서 또는 블렌더에 넣어 곱게 갈아줍니다. 양념을 바로 사용하거나 밀폐용기에 7일까지 숙성시켜 사용할 수 있습니다. 이후 12개월까지 냉장 보관해서 필요할 때 사용할 수 있습니다.

액젓: 시중의 모든 액젓이 자연 발효 과정을 거쳐 생산되는 것은 아닙니다. 구입할 때는 오로지 생선과 소금으로만 기재한 제품을 고를 것을 추천합니다. 향이 깔끔하고 너무 비리지 않아야 합니다.

note 비건 김치를 만들 경우 액젓 대신 흰쌀누룩 미소 된장이나 겐마이(현미) 미소 된장 3큰술을 사용할 수 있습니다.

백김치 양념

White Kimchi Paste

약 450g
준비시간 10분

재료
파 1단
다진 생강 30g
깐마늘 6-8쪽
껍질을 벗겨서 4등분한 양파 1개
껍질을 벗기지 않은 채로 심을 제거한 청사과 1개
껍질을 벗기지 않은 채로 심을 제거한 배 1개
액젓 4큰술

파의 흰 부분을 숭덩숭덩 썰어 푸드 프로세서나 블렌더에 넣습니다. 김치 재료를 모두 곱게 갈아줍니다.

비건 김치를 만들 경우에는 액젓이나 새우젓 대신 씨솔트 2큰술을 사용하면 됩니다.

아삭한 하얀 무김치
(깍두기)

Crisp White Radish Kimchi

풍부한 수분과 아삭함이 매력적인 김치를 원한다면 깍두기가 제격입니다. 큰 덩어리 그대로 먹어도 좋고 메인 요리에 따라 알맞게 썰어 먹어도 좋습니다. 깍두기가 발효되면서 파는 초록빛을 잃습니다. 흰 부분만 사용하는 것도 방법이 되며 백김치 양념과 사용해도 잘 어울립니다.

1.5L 유리병을 채울 수 있는 양
준비기간 7-30일

재료
무 큰 것 1개
씨솔트 2큰술
파 1/2단
빨간 김치 양념 또는 백김치 양념

무는 깍둑 썰어 준비하고 준비된 무와 소금을 큰 용기에 넣어 버무립니다. 손으로 무에 소금을 잘 문질러줍니다. 무 위에 접시 2-3개를 올려놓고 이 상태로 1시간을 둡니다.

무를 절인 물은 따로 병에 넣어 나중에 채소 주스나 수프에 사용할 용도로 보관합니다. 차가운 물에 무를 헹구고 물기를 잘 뺍니다. 무를 다시 용기에 담아 썰어서 준비한 파와 빨간 김치 양념 또는 백김치 양념을 넣어 잘 버무립니다.

보존 깨끗한 유리병에 무를 담습니다. 주먹이나 절구공이를 사용해서 공기를 최대한 밀어냅니다. 뚜껑을 단단히 닫아 병을 밀봉하고 서늘한 곳에 7-30일 동안 보관합니다. 7일째부터 맛을 보기 시작해서 만족스러운 맛을 내기 시작하면 냉장고에 넣습니다. 냉장고에서 12개월까지 보관 가능합니다.

P68 사진 - 왼쪽

아삭한 오이김치
(오이소박이)

Crunchy Cucumber Kimchi

여름에 바로 해서 먹을 수 있는 김치입니다. 만든 날 바로 먹거나 발효하기 시작할 때 먹습니다. 너무 오래 두면 색깔의 선명도가 떨어지고 오이의 아삭함도 떨어집니다. 차갑게 먹어야 더 맛있습니다.

2L 유리병을 채울 수 있는 양
준비 기간 5-10일 (양념을 미리 준비할 경우)

재료
김칫소
쪽파 1 단
곱게 다진 생강 30g
무 1/2개
당근 2개
빨간 김치 양념 또는 백김치 양념

오이 8개
씨솔트 2큰술

큰 용기 안에 김칫소 재료를 넣어 손으로 버무립니다. 채소에 양념이 잘 밸 수 있도록 양념이 부드러워질 때까지 치대어 줍니다.

보존 아주 깨끗한 병에 김칫소를 넣고 눌러서 공기를 뺍니다. 병을 닫고 실온에 3-5일 정도 두세요. 거품이 일면서 발효될 것입니다. 5-10일째 되는 날이면 오이를 채울 수 있는 상태가 됩니다.

김치를 담글 준비가 되면 오이를 씻고 끝부분을 잘 문질러 씻습니다. 오이의 꼭지 부분은 남겨 두고 가로로 한 번, 세로로 한 번씩 길게 칼집을 냅니다. 이렇게 오이에 칼집을 내서 소를 채울 수 있게 준비합니다.

오이를 믹싱볼에 넣어 씨솔트를 뿌리고 접시 몇 개로 눌러줍니다. 수분이 빠져나올 때까지 1시간 정도 그대로 둡니다. 오이를 절였던 소금물은 유리병에 따로 담아 나중에 채소 주스 또는 수프에 사용할 용도로 보관합니다. 오이를 헹구고 물기를 짜냅니다.

오이에 소를 채웁니다. 김칫소 일부를 오이의 겉표면에도 문질러 줍니다.

P69 사진

그린 토마토, 옥수수 할라페뇨 살사

Green Tomato, Corn and Jalapeño Salsa

이 재료들은 남아메리카 토종의 여름철 재료로 저는 남미 음식들과 곁들이는 것을 좋아합니다. 만약 빨간 토마토를 사용한다면 발효시키지 말고 신선한 상태로 먹어야 합니다. 이 크리스피하고 짭조름하고 신맛나는 살사소스는 서리태와 스모키 치폴레 크림 옥수수(P36), 마사 하리나 토르티야(P38)와 궁합이 좋습니다.

700ml 병을 채울 수 있는 양
준비 시간 3-7일

재료

껍질을 벗긴 초당옥수수 1개
단단하고 큰 그린 토마토 4개 한입 크기로 썬 것
초록 또는 빨간 할라페뇨 고추 1개 채썬 것
신선한 고수 줄기 2큰술 썰어서 준비 (잎사귀는 다른 요리에 사용하도록 남겨둡니다)
씨솔트 2작은술 또는 피시소스 2큰술
엑스트라 버진 올리브오일 2큰술

옥수수 알맹이를 통째로 뽑기 위해 알맹이 사이에 작고 날카로운 칼을 꼽아 오른쪽으로 돌린 후, 반대 방향으로 칼날을 대 알맹이를 뽑습니다. 한줄이 다 뽑히면 엄지손가락을 사용해서 옆으로 한줄씩 알맹이를 뽑아줍니다.

할라페뇨는 맛을 보고 얼마나 매운지 확인해보세요. 매운 정도의 편차가 심하기 때문에 준비한 것을 다 쓰지 않아도 될 수 있습니다. 모든 재료를 큰 용기에 넣고 바닥에 액체가 고일 때까지 잘 버무립니다.

보존 깨끗하게 준비한 유리병 안에 채소와 채소에서 빠져나온 액체로 채웁니다. 채소가 액체에 완전히 잠기도록 옥수수 껍질을 접어서 만든 채소 스토퍼로 눌러 줍니다. 병 입구와 내용물 사이에 2cm 정도 높이의 공간을 남겨둡니다. 액체가 흘러나올 수 있기 때문에 유리병 뚜껑을 단단히 닫아서 접시나 쟁반 위에 올려 놓습니다. 서늘한 곳에 3-7일 발효시킵니다. 3일째부터 맛을 볼 수 있습니다. 맛이 만족스러우면 냉장고로 옮깁니다. 12개월 동안 냉장 보관 가능합니다.

note 이 레시피와 오른쪽 페이지에 있는 레시피는 아주 더운 여름철에 만들어 먹습니다. 둘 다 옥수수와 망고 같은 고당/고전분 재료를 사용합니다. 이들은 알코올성으로 변환될 수 있으니 더운 날씨일 때 낮에는 냉장고에, 조금 서늘해진 저녁에는 실온에 보관하는 것이 중요합니다.

P37 사진 위 – 마사 하리나 토르티야와 함께

핑거라임, 그린망고 처트니
Finger Lime and Green Mango Chutney

이 처트니는 삶은 생선이나 닭고기 요리의 맛을 환상적으로 만들어주며 열대 지방의 햇살을 떠올리게 하는 맛입니다. 아주 맵고 시며 약간의 단맛도 납니다. 그린망고는 베트남이나 태국 식품점에서 구할 수 있습니다. 망고를 고를 때는 익지 않은 단단한 것으로 고르세요. 매점 직원에게 샐러드에 사용할 신 망고를 달라고 요청해도 됩니다. 핑거라임은 작은 캐비어와 같이 생긴 알맹이가 수백 개씩 들어가 있는데 씹으면 팡 터지는 식감이 즐거움을 줍니다.

600ml 유리병을 채울 수 있는 양
준비 시간 4-7일

재료
핑거라임 3개 또는 과즙이 풍부한 라임 2개
햇생강 100g 곱게 채썬 것
태국 고추 작은 것 3개
레몬그라스 줄기 3개
피시소스 3큰술
팜슈거 또는 옅은 갈색의 마스코바도 설탕 1큰술
껍질을 벗기고 씨를 제거한 후 한입 크기로 썬 익지 않은 신 그린망고 큰 것 3개

핑거라임을 갈라내어 알맹이를 긁어냅니다. 씨앗은 모두 제거합니다. 알맹이를 큰 용기에 담습니다. 라임을 사용할 경우 반으로 갈라 용기 안에 즙을 짜내고 채썬 생강과 잘게 다진 고추를 넣어줍니다. 고추는 아주 매울 수 있으니 기호에 따라 적절히 사용하세요.

작고 날카로운 칼을 사용해서 레몬그라스의 끝부분을 잘라낸 후 길게 가릅니다. 섬유질이 풍부한 껍질은 제거합니다. 껍질은 보관했다가 육수나 커리를 만들 때 사용할 수 있습니다. 안의 연한 부분을 잘게 다진 후 용기에 넣습니다. 피시소스를 넣고 팜슈거와 망고를 넣어 살살 버무립니다.

보존 아주 깨끗한 유리병에 혼합물을 넣습니다. 공기방울은 조심스럽게 눌러 제거합니다. 유리병 입구를 닦아낸 후 뚜껑을 닫습니다. 이대로 먹어도 되고 며칠 동안 발효시켜도 됩니다.

실온에 2-3일 둡니다. 만약 낮 온도가 섭씨 28도 이상일 경우 낮에는 냉장고에 넣고 밤에는 실온에 3-4일간 발효시킵니다. 왼쪽 페이지 노트를 참고하세요. 발효 과정이 진행될 때 거품이 생기는데 이때 유리병을 냉장고에 넣습니다. 한 달까지 보관 가능합니다.

일본식 매실 절임

PRESERVED JAPANESE PLUMS

빼놓을 수 없는 일본식 절임 레시피로 3가지를 들 수 있습니다. 시큼하고 짠 우메보시(매실 절임), 우메스(매실 식초), 그리고 시소 절임(적차조기 절임)입니다. 약용음식이기도 한 이 음식들은 일본의 가정에서 주로 쓰는 식재료입니다.

일본에서 우메보시는 전통적으로 주먹밥 속재료로 활용해왔으며, 방부제 역할을 해주는 음식입니다. 쌀을 신선하고 촉촉하게 유지시켜주고 특유의 맛도 매력적입니다. 시큼하며 짠맛이 나는 우메보시는 아주 유용한 음식으로 사랑받고 있습니다. 소량을 사용하더라도 어느 요리에나 아주 풍부하고 짭짤한 맛을 더해줍니다. 현미밥을 지을 때 우메보시 한 개를 냄비에 넣어보세요. 시소, 오이, 새우, 아보카도와 함께 바삭한 김에 싸서 먹어도 환상적입니다. 매실 과육을 반차(볶은 녹차)에 더하면 식이요법으로 구역질, 두통, 피로에도 도움이 됩니다.

우메스는 우메보시를 만들 때 생성되는 액체입니다. 식초라고 부르지만 알코올 또는 초산균이 없기 때문에 엄밀히 따지면 식초는 아닙니다. 우메스는 요리에 어떤 맛을 더 추가하고 싶을 때 제가 자주 사용하는 재료입니다. 콩과 채소 요리, 삶은 옥수수나 양배추 요리와 사용하면 좋습니다.

매실나무 Prunus mume는 아시아 토종 나무로 살구나무와 크게 다르지 않습니다. 신 매실은 초여름에 푸른빛을 띠고 익기 전에 수확합니다. 만약 매실나무가 주변에 없다면 단단한 초록색 살구를 대신 사용해서 개인적으로는 '아프리보시 apriboshi'라고 부르는 절임 음식을 만들 수 있습니다.

빨간 시소잎을 추가하면 아름다운 붉은색을 띠게 됩니다. 시소는 청과물상이나 아시안 식품점에서 구할 수 있고 직접 재배하기도 쉽습니다. 다만 시간이 좀 걸립니다. 우메보시는 따뜻한 계절인 봄부터 초여름, 매실이 제철일 때 만듭니다.

매실 한 개, 우메스, 시소잎
한때 초록색이었다가 시소의 영향으로 붉은색을 띠게 된 매실과 바닥에 고인 우메보시 식초

우메보시, 우메스, 시소 절임

Umeboshi, Umesu and Pickled Shiso Leaves

우메보시 약 1.25kg
우메스 약 1L
시소 절임 250ml
준비 시간 4-5주

재료
단단하고 흠집 없는 초록 매실 2.5kg
씨솔트 200g
빨간 시소잎 200g

도구
입구가 넓고 누름뚜껑이 있는 5L 용량의 사기 그릇
면보
2.5kg 무게의 돌 또는 큰 병 또는 8퍼센트 소금물로 채운 지퍼락백 (만약 백이 터질 경우 내용물의 염분을 희석시킬 수 있으므로 반드시 소금물을 사용하세요)
스크린망 또는 나무 선반 또는 쟁반에 올릴 김밥말이용 대나무 김발 4개

매실을 다듬어 꼭지, 잎사귀를 떼어내면서 흠집이 있는 매실을 걸러냅니다. 흠집이 있는 매실은 병원성 박테리아가 내재되어 있을 가능성이 있어 음식을 상하게 할 수 있습니다. 매실을 깊은 용기에 물과 함께 담급니다. 서늘한 곳에서 하룻밤 불립니다.

다음날 물을 따라 버린 후 매실을 씨솔트와 함께 사기 그릇 안에 층층이 쌓습니다. 깨끗한 면보를 매실과 닿게 사기그릇 입구에 걸치고 남은 천은 사기그릇 밖으로 늘어뜨립니다. 누름뚜껑이나 접시를 매실 위에 올린 후 그 위에 누름돌을 올려줍니다. 면보를 한겹 더 씌운 후 고무밴드로 사기그릇에 고정시켜 입구를 덮습니다.

담금 섭씨 18-24도 온도의 서늘한 장소에 2-3일간 둡니다. 2-3일이 지나면 면보와 뚜껑을 들어 매실이 액체에 잠겨 있는지 확인합니다. 그렇지 않을 경우 매실을 저어 소금에 버무립니다. 무게를 더 실어 열매 자체에서 배출된 액체에 매실이 완전히 잠기게 합니다. 면보를 다시 고정해줍니다. 12일 정도 더 둡니다.

12일째가 되면 면보와 뚜껑을 들어 시소잎을 위에 깔아줍니다. 소금물 밑으로 내려가게 눌러준 후 다시 천으로 덮고 누름돌로 무게를 실어줍니다. 크기가 작은 매실일 경우 14일 정도, 조금 더 클 경우 21일 정도 더 보관합니다. 며칠에 한 번씩 상태를 확인합니다. 곰팡이가 생기면 조심히 제거한 후 곰팡이에 닿았던 시소잎도 버린 다음 다시 덮고 누름돌을 올려줍니다.

다음 단계에서는 화창한 날씨가 필요합니다. 따뜻한 바람이 부는 날이 이상적입니다. 화창한 날 아침, 사기 그릇의 천과 누름돌을 제거합니다. 시소잎을 걸러내 깨끗한 볼 안에 담아 한쪽에 잠시 둡니다. 매실도 볼에 걸러내어 스크린망이나 나무 선반, 혹은 쟁반 위에 시소잎과 함께 펼쳐 놓습니다. 햇빛이 잘 드는 야외에 하루 종일 두어 공기 중에 건조시킵니다. 늦은 오후가 되면 선반을 다시 실내로 들여와 사기 그릇에 매실과 시소잎을 다시 담습니다. 하룻밤 정도 둡니다. 이렇게 공기 중에서 건조한 후 사기 그릇에 다시 담는 과정을 두 번 더 하세요. 만약 화창한 날씨가 이어지지 않더라도 당황하지 마세요. 이 단계는 꼭 연속하여 진행하지 않아도 됩니다.

세 번째 차례이자 공기 건조의 마지막 날에 매실은 부드러워지고 주름이 생겼을 것이며, 시소잎은 말라있을 것입니다. 액체는 뚜껑이 꽉 닫히는 병에 넣으세요. 이것이 바로 우메스입니다. 냉장 보관시 12개월 이상 사용할 수 있습니다.

매실과 시소잎을 별도의 유리병에 각자 나눠 담습니다. 뚜껑을 꽉 닫은 후, 냉장고에 보관합니다. 날씨가 추울 경우 실온 보관해도 됩니다. 이렇게 만든 매실은 수 년 동안 보관할 수 있습니다.

효모로 음료 만들기

CAPTURING YEASTS FOR BREWING

저는 맛있는 와인 한두 잔이나 리얼 에일Real ale, 피트향이 가득한 스카치 위스키를 즐겨 왔고 또 좋아하지만, 술을 직접 만드는 일은 계획하지 않았습니다. 몇 년 전 음식 활동가이자 발효의 부활을 이끈 미국인 저술가 산도르 카츠Sandor Katz의 동부 호주 강의 투어를 위해 컨츄리 와인 한두 종류를 만들어 달라는 부탁을 받기 전까지는 말입니다. 저는 술을 만드는 것이 생각보다 재미있고 간단하다는 것을 알게 되었습니다. 비싼 장비나 연구실에서 만들어진 효모를 살 필요가 없었지요. 그리고 이제는 술을 만드는 일에 완전히 꽂혔답니다.

제대로 된 환경(공기, 충분한 온기, 수분, 당분의 공급 등)에서 음식과 공기에 존재하는 야생 효모는 당분을 알코올로 전환시켜줍니다. 당분이 많을수록 알코올 성분도 늘어납니다. 야생 효모의 초기 포집은 공기가 있는 곳에서 이루어지는 반면, 알코올 생성은 밀폐된 환경을 필요로 합니다. 갓 만들어낸 음료는 알코올 성분이 낮고 단맛도 약간 나는 동시에 너무 자극적이지 않은 매우 맛있는 청량 음료입니다. 홈집이 난 과일이나 나무 틈새에 고인 수액 또는 꿀이 젖으면 알코올로 전환됩니다. 동물, 곤충 그리고 사람들은 이 향정신성의 자연의 선물을 오랫동안 사용해왔습니다. 더 많은 양을 얻고 싶다는 갈망으로 우리는 발효와 인연이 닿게 되었고, 이를 보관하기 위한 용기를 찾기 위해 여정을 시작하게 됐습니다.

효모는 단일세포 곰팡이로, 당분을 알코올로 전환시키고 이산화탄소를 배출합니다. 번식하기 위해 산소가 필요하지만 무산소성 환경에서만 더 높은 수준의 알코올을 생성합니다. 여기서 언급되는 효모는 자연에서 생성되는 효모를 뜻합니다. 야생 효모wild yeasts는 천연 당분이 있는 조건과 초기에 산소가 자연스럽게 공급되는 곳에서 풍부합니다.

거품이 마구 생기고 효모향이 나면 발효가 진행되고 있다는 뜻입니다. 이 단계에서 음료 맛을 보고 약간의 발포성과 알코올 맛이 느껴지는지 확인해보세요. 꽤나 단맛이 날 것입니다. 음료에 아직 발효되지 않은 당분이 남아 있다면 한 번 더 발효를 시켜서 더 높은 수준의 알코올과 복잡한 맛을 만들어낼 수 있습니다. 저는 주로 소다나 벅(bug)은 1차 발효 단계에서 마시고 좀 더 자극적인 맛을 위해 미드(mead, 꿀술)나 사이다는 2차 발효 과정을 거칩니다. 2차 발효는 소독한 목이 좁은 용기에 미드나 사이다를 걸러내어 밀봉하는 것을 의미합니다. 목이 좁은 용기를 사용하면 표면적이 줄어들고 에어락을 통해 발효 과정에서 생성된 이산화탄소를 배출할 수 있습니다. 몇 주가 지나면 발효 과정이 둔화된 것이 보이기 시작하다가 (대략 1분 안에 에어락을 통과하는 공기방울이 한 개 이하 정도) 아예 멈춘 것을 확인할 수 있을 것입니다. 이때 음료를 다시 랙킹racking하면(오른쪽 페이지 참조) 산소가 주입되어 효모가 다시 활성화됩니다. 이렇게 하면 더욱 드라이하고 알코올 도수가 높은 음료가 탄생합니다.

발효 음료 보틀링 및 보관 방법

모든 유리 도구, 에어락, 깔때기, 호스는 사용하기 전에 끓는 물에 소독해야 합니다. 만약 달콤한 음료를 보틀링한다면 상당량의 발포화를 예상해야 합니다. 코르크나 병뚜껑이 펑 하고 튀어나오거나 병이 터져버리면 크게 위험합니다. 이는 박테리아와 효모를 밀봉한 병에 넣어 발효시키는 모든 음료에 해당됩니다. 탄산의 농도는 음료에 따라 크게 다르며 탄산의 수준은 음료에 있는 박테리아나 효모에 공급되는 당분과 직결되어 있습니다. 이 미생물들은 이산화탄소를 생성하고 그 과정에서 병 안에는 압력이 축적됩니다. 너무 높은 온도에 장시간 방치하면 병이 터질 수 있으니 주의해야합니다.

안전 수칙

* 묵직한 유리병을 사용하거나, 탄산음료가 담겨 있던 병을 세척해서 쓰는 것도 적합합니다. 플라스틱 페트병 Polyethylene terephthalate(PET)을 재사용하면, 음료의 발포성을 측정하는 데 도움이 됩니다. 페트병을 꽉 잡았을 때 단단하면 냉장고에 넣거나 트림시켜줘야 할 때가 된 것입니다.(오른쪽 글 참조)
* 음료 맛을 보고 단맛이 느껴지지 않으면 밀봉합니다. 병을 끝까지 채우지 마세요. 병은 직사광선을 피해 서늘한 장소에 보관하고 흔들지 마세요.

1차 발효 도구

* 비반응성 용기, 사기 그릇 또는 세라믹(납 성분이 들어가지 않은 유약처리된)이나 유리 볼(충분한 표면적으로 효모를 보존시키기에 좋고, 힘차게 젓기에 충분한 깊이)
* 발효 용기를 세워둘 수 있는 쟁반, 용기를 덮을 수 있는 촘촘한 짜임의 깨끗한 천과 끈 또는 고무밴드
* 손잡이가 긴 나무 주걱이나 음료를 저을 때 쓰는 스틱
* 거름망과 촘촘한 면보, 목이 넓은 깔때기, 목이 좁은 스윙 보틀

랙킹

랙킹은 발효 음료를 사이포닝(siphoning: 관을 사용해 대기의 압력을 이용하여 액체를 하나의 용기에서 다른 용기로 옮기는 방법)하여 한 용기에서 다른 용기로 옮기면서 침전물을 걸러내는 과정을 말합니다. 이렇게 하면 효모가 재활성화되어 남은 당분을 알코올로 전환시켜 음료의 단맛이 줄어듭니다. 음료가 담긴 병을 빈 병보다 높게 들어올려 랙킹 케인이나 호스를 침전물 바로 위까지 삽입한 후 반대편에서 빨아주어 액체가 이동하게 합니다. (한 모금 마셔 보고 당도가 어느 정도인지 체크합니다. 좀 더 위생적인 방법을 원한다면 랙킹 케인을 사용하세요.)

2차 발효 도구

* 에어락과 호환이 되는 뚜껑 있는 유리병이나 플라곤 flagon(포도주 등을 담는 손잡이가 달린 큰 병-옮긴이), 그라울러 growler(맥주 담는 그릇-옮긴이), 카보이 carboy(주로 1차 발효가 끝난 후, 쓰는 발효 통 혹은 큰 유리병을 일컫는 말-옮긴이)와 같은 발효 용기
* 에어락 장치, 브루워의 사이폰(랙킹 케인) 또는 플라스틱 튜브(1m 길이, 1cm 지름 정도), 목이 좁은 스윙 보틀 또는 탄산음료용 플라스틱 페트병

병 트림시키기 및 개봉하기

병이 폭발하는 것을 막기 위해 주기적으로 '트림'(가스 방출)을 시켜주는 것이 중요합니다. 병을 조심스럽게 다루고 뚜껑은 천천히 열어주세요. 자칫하면 내용물을 뒤집어쓸 수 있습니다. 병을 열 때는 음료를 받아낼 수 있게 밑에 항아리 모양의 그릇을 받치세요. 그릇 위에 병을 거꾸로 세워 가스가 병 바닥으로 몰리게 합니다. 천천히 뚜껑을 열어 음료가 조금 흘러나오게 하면서 병을 바로 세워줍니다. 항아리에 흐른 음료는 필요한 만큼 사용하고 나머지는 병에 다시 따라 넣으세요. 병을 다시 밀봉하고 냉장고에 넣습니다.

생강 벅 스타터

Ginger Bug Starter

진저에일을 좋아한다면 이 스타터를 만들어 유지하는 데 관심이 생길 것입니다. 껍질을 벗기지 않은 신선한 유기농 생강을 사용하세요. 생강 껍질에 필요한 미생물이 있습니다. 생강 벅은 알코올 도수가 낮은 생강 맥주부터 과일을 기반으로 한 소다까지 다양한 음료를 만드는 데 사용할 수 있습니다.

625ml 병을 채울 수 있는 양

준비 시간 1주일

재료

껍질을 벗기지 않은 채 곱게 간 유기농 생강 5-7큰술

마스코바도 흑설탕 5-7큰술

정수된 물 100ml (추가로 250-350ml)

먼저 생강의 흙을 씻거나 털어냅니다. 약 5-7일 동안 매일 바로 간 생강 1큰술이 필요합니다.

목이 넓은 병을 준비합니다. 간 생강 1큰술, 마스코바도 흑설탕 1큰술, 그리고 물 100ml를 병 안에 담아 설탕이 잘 녹을 때까지 저어줍니다.

보존 병을 깨끗한 천으로 덮어 서늘하고 어두운 장소에 5-7일 보관합니다. 이 기간 중 매일 나무 숟가락을 사용해 자주 저어주고 바로 갈아 준비한 생강 1큰술과 마스코바도 흑설탕 1큰술, 그리고 정수된 물 50ml를 추가합니다. 4일째 되는 날 거품이 힘차게 일어나기 시작할 것입니다(주변 환경의 온도에 따라 다를 수 있습니다). 이것은 음료가 활성화되어 사용이 가능하다는 증거입니다.

음료를 정기적으로 사용할 계획이고, 주변 온도가 낮다면 실온 보관하면서 매일 간 생강과 설탕 1큰술, 그리고 정수된 물 50ml를 추가합니다.

혹은 스타터를 밀봉된 유리병에 담아 냉장고에 넣고 일주일에 한 번씩 위에 나온 재료를 그대로 추가해줍니다. 벅을 사용할 준비가 되면 냉장고에서 병을 꺼내 재료를 추가해주고(이전에 넣었던 양만큼) 거품이 일고 활성화될 때까지 천으로 덮어둡니다. 이렇게 하면 스타터를 무기한으로 보관할 수 있습니다.

내추럴 소다
1차 발효

Natural Sodas First Fermentation

뜨거운 여름날, 너무 달지 않으면서 톡 쏘는 차가운 음료를 마다할 사람이 있을까요? 내추럴 소다는 우리가 청량음료 soft drink로 알고 있는 음료들의 선조격이며, 과일 맛이 나고 약간 달면서 당분을 섭취하며 이산화탄소를 생성한 유익 미생물이 만들어낸 스파클링 탄산이 들어 있습니다. 내추럴 소다는 정말 만들기 쉽습니다. 깨끗한 물, 과일, 허브, 향신료나 차, 생강 스타터나 1차 발효된 워터 케피어(P151), 콤부차(P160) 또는 준(P161)과 같은 스타터 컬처만 있으면 됩니다.

음료를 젖산 발효시키면 재료에 있는 당분은 미생물이 거의 섭취하게 됩니다.

1L 유리병을 채울 수 있는 양
준비 기간 2-3일

재료
거르고 활성화된 생강 벅 스타터 125ml 또는 워터
　케피어, 콤부차, 준, 유청
당분이 첨가된 허브 차나 과일 주스 2L
신선한 과일: 으깬 딸기 1/2컵, 씨앗을 제거하고 다진
　체리, 간 배 또는 잘게 다진 멜론 (선택 사항)
향긋한 허브 또는 꽃: 민트, 식용 라벤더,
　엘더플라워, 장미잎 (선택 사항)

주입 큰 용기 안에 생강 벅 스타터나 원하는 발효 재료, 당분이 첨가된 차를 넣고 섞습니다. 과일과 허브는 선택사항입니다.

보존 짜임이 촘촘한 천으로 덮은 후 서늘하고 햇빛이 들지 않는 곳에 2-3일 동안 보관합니다. 하루에 몇 번씩 저어줍니다. 거품이 활발하게 생기기 시작하면 걸러서 병에 넣을 때가 된 것입니다.

냉장 보관 후 3-4일 안에 사용하세요. 더 숙성되면 알코올 성분이 생깁니다. 하루에 한 번 병을 트림시켜주어 탄산 농도를 확인하고 과다하게 생긴 가스를 배출해주는 것을 잊지 마세요.

note 아이들이 마실 용도라면 장기간 젖산 발효 시 알코올 농도가 높아지는 것을 주의하세요.

매운 강황, 라임, 후추 벅 맥주 1차 발효

Hot Turmeric, Lime and Pepper Bug Beer First Fermentation

화끈하고 강렬한 강황 벅 맥주는 차갑게 마시는 게 제일 좋습니다. 장이 예민한 편이라면 소화불량을 일으킬 수 있는 후추는 사용하지 마세요.

1L 유리병 두 개를 채울 수 있는 양
준비 시간 2-4일

재료
찬물 2L
원당 220g
껍질째 세척 후 곱게 다진 생강 200g
껍질째 세척 후 곱게 다진 강황 20g
통백후추 2작은술 (흑후추를 사용해도 됩니다.)
라임 1개의 즙
활성화된 생강 벅 스타터 125ml

냄비에 물 1L를 넣고 끓인 후 불을 끕니다. 생강 벅 스타터를 제외한 모든 재료를 넣고 잘 젓습니다. 뚜껑을 덮은 후 1시간 동안 식히면서 우려냅니다.

나머지 물 1L를 냄비에 붓습니다. 맛을 보면서 필요하면 설탕, 생강, 강황과 후추를 추가합니다.

우려낸 액체를 걸러 사기 그릇이나 큰 볼에 넣습니다. 액체를 손가락에 묻혀 손등에 발라 체온보다 높지 않은지 확인합니다. 나무주걱을 사용해 생강 벅 스타터를 힘차게 저으며 넣어줍니다.

보존 깨끗한 행주로 덮은 후 서늘하고 어두운 장소에 2-4일, 거품이 활발하게 일어날 때까지 보관합니다.

하루에 두세 번 나무주걱을 사용해서 한 방향으로 소용돌이가 생길 정도로 저은 후 반대 방향으로도 저어 줍니다. 이렇게 저으면 액체에 공기 접촉을 늘려 효모 활성화에 도움이 됩니다. 액체에서 거품이 활발하게 일어나기 시작하면 스윙 보틀 유리병 두 개를 채워 바로 냉장고에 넣습니다. 알코올이 약간 들어간 맥주를 만들 경우, 서늘한 실온에 1-4일 보관합니다. 거품이 더 많이 올라오게 될 것입니다. 유리병을 트림시키고 냉장고에 넣습니다. 매일 트림시켜주고 2주 내로 섭취하세요.

벌꿀술
(미드)

Local Honey Mead

벌꿀술(미드)은 아주 오래된 발효주입니다. 향이 좋은 알코올성 음료로 1차 발효 시 달고 가볍지만, 2차 발효 후 숙성시키면 드라이하고 알코올 성분이 높아집니다. 벌꿀술은 전통적으로 밀랍을 물에 담궈 벌집을 채취한 후 남은 것을 최대한 활용하여 만들었습니다. 벌집의 위치와 벌들이 꿀을 채취해온 꽃의 품종에 따라 꿀의 맛이 달라집니다. 기호에 따라 꿀을 선택하길 추천합니다. 저는 도심 속 작은 정원에서 벌집을 소유하고 있는 친구 요랜드Yolande 덕분에 운좋게 로컬 꿀을 얻을 수 있었습니다. 우리는 여름 햇빛 속에서 이 가볍고 달달한 알코올 음료를 벌컥벌컥 마시면서 그녀의 벌들에게 감사함을 표할 겁니다.

약 4L
1차 발효 후 바로 섭취 가능

재료
살균 처리 되지 않은 생꿀 1kg
미지근한 정수된 물 4L
햇빛에 말린 아황산 및 오일프리 건포도 45g
에어락 채우기용 보드카나 진 등의 무색투명한 증류주 2작은술

꿀과 미지근한 (40도-100도 미만) 온도의 정수된 물 1L를 크고 넓은 용기나 사기 그릇, 세라믹 혹은 유리 볼에 부어줍니다. 효모를 보존하기 위해 최대한 표면적이 넓고 깊이가 있는 용기를 사용해야합니다. 나무주걱을 사용해서 꿀이 녹을 때까지 계속 저어줍니다. 나머지 물과 건포도를 넣고 소용돌이가 생길 때까지 힘차게 저은 후 반대편으로 저어 줍니다. 이렇게 저으면 액체에 공기 접촉을 늘려 효모 활성화에 도움이 됩니다.

보존 깨끗한 행주로 덮어 햇빛을 피해 실온에 3-7일 보관합니다. 매일 최소 4번 저어줍니다. 많이 할수록 좋습니다. 위에 언급한대로 소용돌이를 만들며 저어줍니다. 3일째 내지 4일째가 되면 거품이 일기 시작할 것입니다. 5-7일째가 되면 거품이 상당히 늘어 있을 것입니다. 온도에 따라 시간은 달라질 수 있습니다.

원한다면 이제 2차 발효를 할 수 있습니다. 4L 정도의 목이 좁은 주전자 또는 병에 옮겨 담습니다. 3중 에어락을 붙인 후 약간의 증류주로 채웁니다. 이렇게 하면 공기, 먼지, 벌레, 곰팡이를 막을 수 있습니다.

에어락을 통과하는 공기방울이 1분에 한 개 미만일 정도로, 발효 과정이 느려질 때까지 실온에 보관합니다. 이 과정은 약 4-6주 정도 걸립니다. 이 시점에서 달달하고 약간의 알코올 성분이 함유된 맛있는 음료를 보틀링 및 냉장 보관합니다. 한 달 동안 섭취 가능하고 매일 병을 트림시켜주는 것을 잊지 마세요.(P79 참조).

note 소독된 플라곤에 사이포닝을 하여 3차 발효를 통해 드라이한 음료를 만들 수 있습니다. 벌꿀술 또는 사이다가 2차 (또는 3차) 발효 되었을 때 보틀링을 하여 숙성시킬 수 있습니다. 숙성도에 따라 술의 특징이 변합니다. 냉장 보관하거나 서늘한 곳에서 보관하고 선호하는 맛에 달했을 때 마시기 시작하세요.

천연 발효 스크럼피

Wild Fermented Scrumpy

가을에 만들 수 있는 음료로 스크럼피를 만들어 놓으면 겨우내 즐길 수 있습니다. 이 음료는 남서부 영국에서 즐겨 마시는 음료입니다. 주로 탄산이 없으며 드라이하고 도수가 꽤 센 편입니다.

  영국과 호주에서는 알코올성 발효 사과주스를 '사이다'라고 부릅니다. 미국에서는 사과주스를 '사이다'라고 부르고 알코올성 사이다를 '하드 사이다'라고 부릅니다.

  착즙기가 있다면 사과 주스를 직접 간단하게 만들 수 있습니다. 당도가 높고 잘 익은 사과와 시큼한 청사과가 균형 있게 어우러져 최고의 맛을 선사할 것입니다.

약 4L

1차 발효 후 섭취 가능

재료

사과주스 4L (달고 신 빨간 사과와 청사과로 짜낸 혼합 주스)
원당 110g
에어락을 채울 증류주 2작은술

6-8L 용량의 용기에 사과주스와 설탕을 담습니다. 나무주걱을 사용해서 설탕이 녹을 때까지 소용돌이를 만든 후 반대 방향으로 저어줍니다. 이렇게 저으면 액체와 공기 접촉을 늘려 효모 활성화를 도와줍니다.

보존 면보로 덮고 끈을 사용해 단단히 고정시켜줍니다. 직사광선을 피해 실온에 3-4일 보관합니다. 매일 최소 4번 사이다를 저어주고 위에 설명한대로 소용돌이를 만들어 저어 줍니다.

액체에서 거품이 일기 시작하면 발효가 진행되고 있다는 증거입니다. 이때 마셔도 되고 깔때기로 액체를 따라 2차 발효를 할 수 있습니다. 4L 용량의 목이 좁은 병에 옮겨 담으세요. 삼중 에어락을 약간의 증류주로 채워 사용하세요. 이렇게 하면 산소, 먼지, 벌레, 곰팡이를 차단해 줍니다.

병을 실온에 14-45일, 햇빛을 피해 보관합니다. 스크럼피에 거품이 활기차게 일고 에어락을 통해 이산화탄소가 병을 빠져나오는 것을 볼 수 있을 것입니다. 에어락을 통해 빠져나가는 공기방울이 1분에 한 개 미만 수준으로 발효가 느려졌을 때 음료는 약간 발효가 된 상태이며 마실 수 있습니다. 스크럼피를 깨끗한 스윙 보틀로 옮겨 담아 냉장고에 보관합니다. 한 달에 걸쳐 마실 수 있으며 가스가 축적되는 것을 막기 위해 매일 보틀을 트림시켜주는 것을 잊지 마세요.

 사과에 무른 부분이 있으면 도려내 스크럼피에 곰팡이가 생기는 것을 방지합니다.

살구, 복숭아 과실주 1차 발효

Apricot and Peach Fruit Wine First Fermentation

알코올 성분이 살짝 들어간 달달한 과실주는 뜨거운 여름날에 딱입니다. 제철 과일 중에서 잘 익은 과일과 살짝 덜 익어 산도가 있는 과일을 섞어 사용하면 좋습니다.

3L
준비 시간 4-6일

재료

원당 660g
가볍게 우려낸 홍차 1L
복숭아 2kg 씨앗을 제거하고 4등분한 것
살구 2kg 씨앗을 제거하고 4등분한 것
정수된 물 2L

걸러낸 차와 설탕을 볼에 넣어 설탕이 다 녹을 때까지 저어 줍니다. 홈집이 없고 잘 익은 복숭아와 살구를 넓고 깊은 사기그릇이나 볼에 담습니다. 설탕을 더한 차를 과일에 붓고 물을 저어 넣습니다.

보존 깨끗한 행주로 덮어 서늘한 장소에 4-5일 보관합니다. 가능한 자주 매일 5-6회 이상 나무주걱으로 저어 소용돌이를 만든 후 반대 방향으로 젓기를 반복해줍니다. 이렇게 하면 액체의 공기 접촉이 늘어나 효모 활성화를 촉진합니다.

3일 또는 4일째 되는 날이면 음료에 거품이 나기 시작합니다. 6일째 되면 거품양이 많아집니다. 이틀 정도 계속 젓고 냄새를 맡아보면서 거품이 줄어드는지 봅니다. 거품이 줄어들면 발효가 느려지고있다는 표시입니다. 본인의 코를 믿으세요. 과실향과 맛있는 냄새가 나면 지체하지 말고 다음 단계로 넘어갑니다. 촘촘한 거름망으로 걸러내어 볼에 담습니다. 액체를 최대한 많이 짜내세요. 걸러낸 와인을 스윙 보틀에 담아 냉장고에 보관합니다.

1-2주 내로 마시면 제일 맛있습니다. 탄산이 과다 발생하는 것을 막기 위해 매일 병을 열어줍니다.

초산균 보존하기: 식초

CAPTURING ACETOBACTER: VINEGAR

식초Vinegar는 프랑스어로 '신 포도주'라는 뜻을 지닌 단어 'Vinaigre'에서 유래했으며 'Vin'은 포도주, 'Aigre'는 신맛을 의미합니다. 비네거Vinegar는 바로 신맛이 나는 자연 발효 와인 식초입니다. 방부제가 들어있지 않은 알코올은 식초로 전환시킬 수 있습니다. 알코올을 발효할 때 효모가 만든 이산화탄소는 액체의 표면에 보호막을 형성해주지만, 발효 과정이 끝나면 공기에 항상 존재하는 초산균이 치고 들어옵니다. 와인에 첨가된 방부제가 이 침입자로부터 보호하는 역할을 해줍니다. 식초로 전환된 후에도 미량의 알코올 성분은 남아있지만, 말 그대로 아주 적은 수치입니다.

식초가 만들어지는 과정은 굉장히 쉽고, 또 자연스럽게 발생하는 현상입니다. 다만 만드는 기간이 수개월 정도 걸리고 숙성되고 누그러지는 데는 수년이 걸리기 때문에 서두를 필요는 없습니다. 대량으로 만들어 시간이 지날수록 맛있게 변하는 식초의 맛을 즐기기를 추천합니다.

시판용으로 제조된 요즘 식초는 전통 방식을 활용하는 경우가 드뭅니다. 어떤 식초들의 라벨에는 '살아있는 컬쳐' 또는 '자연 발효'라고 적혀 있습니다. 침전물이나 젤라틴 같은 성분(초모)이 있는지 확인해보세요. 이는 초산균이 있다는 표시입니다.

초모Vinegar mother는 박테리아와 효모의 공생 집합체(symbiotic community of bacteria and yeasts – SCOBY)입니다. 다른 스코비(SCOBY)와 다르게 초모는 방부제가 들어있지 않은 알코올로 직접 만들 수 있습니다. 초모는 번식하기 위해 공기를 필요로 하는 초산균이 포함된 젤라틴 성분입니다.

오른쪽 페이지의 레시피를 한번 시도해보세요. 일단 술이 식초로 변했다는 것을 알게 되면, 산소를 배제하기 위해 그것을 목이 좁은 병에 넣으세요. 한편 아세토박터균에 장기간 노출되면 아세트산이 물로 대사되고, 이산화탄소 농도와 산도가 너무 낮아져서 원치 않는 박테리아 침입자가 들어올 수 있습니다.

초산균은 공기에 충분히 노출된 알코올이면 종류와 상관없이 침투하기 때문에 초모가 굳이 필요한 것은 아닙니다. 하지만 초모를 활용하면 짧은 시간에 식초를 만들 수 있고 초모가 병원균이나 곰팡이를 예방해줍니다. 초모가 확보되면 이것을 활용해서 계속 식초를 만들 수 있습니다. 고대 치유자들은 소량의 식초를 잘 섭취하고 활용했으며 최근의 연구 결과 또한 그 가치를 입증해주고 있습니다.

초모

Vinegar Mother

초모를 직접 만드는 것은 간단하면서 보람 있는 작업입니다. 방부제 없는 알코올, 레드 와인이나 화이트 와인, 샴페인, 셰리 와인, 사이다나 벌꿀술만 있으면 가능합니다. 가장 맛있는 술이 가장 맛있는 식초를 만들어준다는 것을 기억하세요. 와인에 방부제가 포함되었다면 초모를 만드는 데 방해가 될 수 있습니다. 만들어진 초모는 사용했던 알코올과 비슷한 색을 띠게 될 것입니다. 다른 술에 옮겨 식초 스타터로 사용할 수 있습니다.

약 300ml
준비 시간 2주에서 3개월

재료
방부제가 없는 좋은 품질의 술 375ml
넓고 얕은 용기 또는 사기 그릇

보존 술을 볼이나 사기 그릇에 따릅니다. 깨끗한 행주나 면보로 이중으로 느슨하게 덮어줍니다. 직사광선을 피해 섭씨 23-25도 범위의 온도에서 보관합니다. 첫 일주일 동안은 하루에 한두 번 잘 저어준 후 2주에서 3개월간 발효하도록 놔둡니다. 초모가 만들어지는 기간은 정확한 온도, 술의 품질, 그리고 공기에 따라 정해집니다. 용기를 2주마다 확인하고 건드리지는 마세요. 액체 표면이나 용기 바닥에 젤라틴 성분의 형성 여부를 확인하세요. 2개월 이상도 걸릴 수 있고 서늘한 기후에서는 더 오래 걸릴 수 있으니 인내심을 가지세요!

초모를 만든 후 술의 냄새와 맛을 봅니다. 아마 매우 시큼할 것입니다.

초모를 병에 옮겨 담아 만들고 있던 식초로 덮어줍니다. 앞으로 식초를 만들 때 사용할 수 있는 스타터입니다. 만약에 초모를 재사용하고 싶으면 깨끗하고 밀봉이 잘되는 병에 식초 125ml와 함께 담아주세요. 이렇게 하면 냉장 여부와 상관없이 오래 보관할 수 있습니다.

남은 식초는 목이 좁고 단단한 뚜껑이 있는 아주 깨끗한 병에 넣으세요. 서늘하고 어두운 곳에 보관하여 3-6개월간, 혹은 몇 년 동안 숙성시킵니다. 시간이 지날수록 맛이 누그러질 것입니다.

초모와 레드 와인 식초
Vinegar Mother and Red Wine Vinegar

스크럼피 식초

Scrumpy Vinegar

스크럼피는 사과를 재료로 현지에서 소량으로 만드는 맛있는 전통 사이다입니다. 서머셋, 도싯, 데본, 콘월과 같은 영국에서 가장 유명한 사과 생산지와 같이 언급됩니다. 생산자에 따라 스크럼피의 색, 투명도, 알코올 성분은 차이가 있습니다. 집에서 만든 톡 쏘는 사이다로도 이 사과 사이다 식초를 만들 수 있습니다.

약 1.5L
준비 시간 약 3개월

재료
스크럼피(P85) 또는 방부제 없는 알코올성 드라이
    사이다 1.5L

스크럼피나 사이다를 아주 깨끗하고 입구가 넓은 병에 따르세요. 거품기로 잘 저어준 후 촘촘이 짠 두꺼운 천으로 입구를 덮고 남는 부분은 옆으로 늘어뜨려줍니다.

보존 천을 고정시킨 후 병을 섭씨 23-35도 온도의 장소에서 1-2주 보관합니다. 이틀마다 저어준 후 4-8주 동안은 건드리지 마세요.

천을 걷어 맛을 보세요. 이 단계에 알코올 성분이 남아 있을 수 있지만 식초 맛도 나기 시작합니다. 다시 천으로 덮은 후 같은 장소에 병을 6-12주 보관하세요. 이 기간이 지나면 식초 맛이 상당해집니다. 단단한 뚜껑이 있는 목이 좁은 병으로 옮겨 담고 찬장에 보관합니다. 잘 밀봉된 병에 보관하면 무기한으로 사용할 수 있으며 숙성할수록 맛이 누그러집니다.

 술에서 식초로 전환하는 과정을 촉진시키고 싶다면 자연 발효된 식초나 초모 50ml를 추가하여 우려내면 됩니다.

샴페인 식초

Champagne Vinegar

약 650ml

준비 시간 3개월, 최상의 상태에 이르려면 6-12개월

재료

품질 좋은 샴페인 750ml

초모 또는 자연 발효된 화이트 와인 식초 125ml

남은 샴페인을 활용하기에 좋은 방법입니다. 좋은 샴페인을 사용하면 더 좋은 식초를 만들 수 있습니다. 첫 며칠 동안은 신경을 쓰다가 이후에는 자연스럽게 숙성되도록 놔둡니다.

보존 입구가 넓은 용기에 샴페인과 초모 또는 식초를 잘 저어 섞습니다. 깨끗한 행주로 느슨하게 덮어 섭씨 23-35도 온도의 서늘하고 어두운 곳에 보관합니다. 첫 며칠 동안은 틈틈이 확인하며 잘 저어주고 냄새를 맡습니다. 온도와 공기 노출도에 따라 몇 주 내지 몇 달이 지나면 술보다 식초 냄새가 강해질 것입니다. 식초가 완성되면 완연한 식초 맛이 날 것입니다. 촘촘한 거름망을 사용해 초모를 걸러내세요. 초모를 재사용하고 싶으면 P89 내용을 참조하세요.

남은 식초를 목이 좁은 깨끗한 병에 옮겨 담으세요. 이때 최대한 채워 공기가 거의 안 들어가도록 하세요. 서늘하고 어두운 장소에 몇 개월 또는 수 년간 보관하세요. 시간이 지날수록 맛이 누그러집니다.

강황 토닉

Fiery Turmeric Tonic

약 500ml

준비 시간 2-4주

재료

양파 30g

깐 통마늘 4-5쪽

곱게 간 서양고추냉이 뿌리 3큰술

곱게 간 생강 3큰술

레몬 1/4개의 제스트와 즙

곱게 간 신선한 강황 뿌리 1큰술

반으로 갈라 씨를 제거한 매운 빨간 고추 1개

천연 꿀 60ml

담금용 사과 사이다 식초 500ml

몸을 따뜻하게 해주고 면역력을 강화시키는 강장제이자 효과 좋은 소화제이며 막힌 코를 뚫어주기 때문에 독감과 겨울철 질병 예방에 좋습니다. 오래전부터 전해 내려온 이 레시피는 샷잔에 마시거나 따뜻한 물에 희석해서 마십니다. 소화 기능이 안 좋다면 고추는 넣지 마세요.

양파와 통마늘을 곱게 다집니다.

보존 아주 깨끗한 유리병에 식초를 제외한 모든 재료를 넣고 섞습니다. 재료가 완전히 잠길 수 있도록 사과 사이다 식초를 뿌려줍니다. 뚜껑을 단단히 닫습니다.

실온(섭씨 23-25도가 이상적입니다)에 2-4주 동안 보관하고 하루에 한 번 병을 흔들어줍니다. 촘촘한 거름망을 사용해 내용물을 볼에 걸러내세요. 걸러낸 재료는 요리할 때 사용하거나 퇴비로 사용하세요. 토닉을 유리병에 옮겨 담은 후 밀봉하세요. 병에 천을 덮고 서늘하고 어두운 장소에 12개월 이상 보관하세요.

note 마요네즈나 샐러드 드레싱에 토닉을 약간 섞어보세요.

초대 이주민들의 슈럽
Early Settlers' Shrub

슈럽은 식민지 시대에 북미 초기 이주자들이 만들어 먹던 전통 음료입니다. 달콤하고 톡 쏘는 과일 농축액으로 식초와 함께 보존되지요. 물이나 술과 섞으면 상쾌한 음료가 됩니다. 주로 과일과 식초, 설탕으로 만들며 잘 익은 과일과 다른 감미료로 천연의 맛을 낼 수도 있습니다. 슈럽은 제철 과일을 보존하고 남는 수확물을 처리하기에 좋습니다. 슈럽을 마실 때 물이나 탄산수, 워터 케피어에 한두 스푼을 탑니다. 또는 육류 글레이즈나 샐러드 드레싱으로, P96에 나오는 젤리를 만들 때도 사용할 수 있습니다.

슈럽은 정말 쉽게 만들 수 있고 한 번 만들면 몇 달씩 사용할 수 있습니다. 요리에 특색을 주고 싶을 때 사용할 수 있고, 언제든지 시원한 음료로 즐길 수 있습니다. 신선한 허브를 추가해주면 더욱 맛있고 술과 섞으면 훌륭한 음료가 탄생합니다. 또한 슈럽을 탄 물을 얼려 뜨거운 여름날에 딱 좋은 새콤달콤한 얼음도 만들 수 있습니다. 귤 슈럽 젤리(P96)는 오리구이와 잘 어울립니다.

생베리 슈럽
Raw Berry Shrub

이 아름다운 슈럽을 탄산수와 얼음, 신선한 민트잎 그리고 원하는 과일과 섞으세요. 제철 베리류는 다 사용할 수 있지만 어두운 색의 베리를 사용하면 진한 색감을 낼 수 있고, 메이플 시럽을 쓰면 슈럽이 너무 갈색을 띠는 것을 막아줍니다.

약 1L
준비 시간 약 1개월

재료
블루베리, 블랙베리, 라즈베리와 같은
어두운 색의 베리 1.1kg
메이플 시럽 500ml
자연 발효된 샴페인 식초 또는 직접 만들었거나
　구입한 사과 사이다 식초 500ml

모든 재료를 대형 그릇에 넣어 섞습니다. 깨끗한 행주로 덮고 실온에 하룻밤 재워둡니다.

다음날 촘촘한 거름망으로 걸러내고 숟가락의 뒷면으로 과즙을 최대한 짜냅니다. 맛을 보세요. 이때 꽤 달콤하고 신맛이 나야 합니다.

주전자나 깔때기를 사용해 깨끗하게 소독된 병에 담으세요.

서늘하고 어두운 장소에 3-4주 동안 보관하면서 틈틈이 맛을 봅니다. 신맛이 좀 누그러지면 냉장 보관하세요. 12개월 이상 사용할 수 있습니다.

생강 루바브 슈럽

Ginger Rhubarb Shrub

저는 조리된 루바브의 색, 식감, 맛을 선호하는 편입니다. 부드럽고 크림 같은 달콤한 코코넛 커스터드나 판나코타, 필미열크, 아이스크림과 바삭한 견과류와 완벽한 조화를 이룹니다. 루바브잎은 독성이 있기 때문에 모두 제거합니다.

약 600ml
준비 시간 20분

재료
기 버터 1작은술
메이플 시럽 2큰술
씻은 후 다진 루바브 줄기 7개
다진 생강 1/2작은술
물 60ml
샴페인 또는 화이트 와인 식초 1큰술

기 버터와 메이플 시럽을 프라이팬에 넣어 거품이 일고 걸쭉해질 때까지 조리합니다. 루바브를 넣고 살살 섞어 프라이팬에 골고루 펴줍니다. 중불에서 센불로 약 4분 동안 조리해줍니다.

생강과 물을 더하고 프라이팬에 뚜껑을 덮습니다. 2분 동안 루바브가 완전히 익고 연해지고 실처럼 될 때까지 조리하세요. 불을 끄고 실온에서 식힙니다. 식초를 넣고 저은 후 작은 유리병에 넣어 밀봉합니다. 냉장 보관하고 1개월 내로 섭취합니다.

생귤 슈럽

Raw Mandarin Shrub

이 레시피는 제철일 때 모은 귤 껍질을 사용해서 만듭니다. 이렇게 하면 귤맛을 일년 내내 즐길 수 있습니다. 저는 견디기 힘든 더울 날씨일 때 이 슈럽을 얼음물에 타 민트잎 몇장을 추가해서 마시는 것을 특히 좋아합니다.

약 1L
준비 시간 20 분

재료
원당 660g
귤 6개의 껍질
레몬 1개의 제스트
귤즙 750ml
샴페인 식초 또는 화이트 와인 식초 500ml

설탕과 귤 껍질을 푸드 프로세서나 블렌더에 넣고 10초 동안 거친 식감이 남아 있게 갈아줍니다. 볼에 담아 레몬 제스트, 귤즙과 식초를 넣어 설탕이 다 녹을 때까지 잘 저어줍니다. 깨끗한 행주로 덮어 하룻밤 실온에 보관하여 우려냅니다.

다음날 내용물을 촘촘한 거름망으로 걸러내어 액체를 따로 보관합니다. 액체를 소독한 유리병에 넣어 밀봉한 후 냉장시킵니다. 슈럽은 바로 사용 가능하고 3-4주 숙성시키면 맛이 누그러집니다. 12개월 이상 보관 가능합니다.

귤 슈럽 젤리

Mandarin Shrub Jelly

산도가 높은 재료로 젤리를 만드는 것은 까다로울 수 있기 때문에 슈럽을 신선한 주스로 희석하고 약간의 젤라틴을 추가하여 만드는 것을 추천합니다. 이 상쾌한 젤리는 배, 귤, 퀴노아와 아마란스로 채운 오리구이(P40)와 잘 어울립니다.

6인분

준비 시간 12-24시간

재료

오가닉 리프 젤라틴 20g
갓 짜낸 귤 주스 550ml
생강즙 1큰술
생귤 슈럽 100ml

젤라틴을 작은 그릇에 넣어 찬물에 10분 동안 담가 둡니다.

주스와 귤 슈럽을 작은 냄비에 넣고 중불에 액체가 끓지 않을 정도로 가열합니다. 불을 끄고 5분 동안 놔둡니다.

젤라틴을 걸러내어 꽉 짠 후 뜨거운 주스와 귤 슈럽에 넣어 완전히 녹을 때까지 살살 저어줍니다.

혼합물을 작은 그릇 또는 몰드에 나눠 담아 냉장고에 12-24시간 동안 굳을 때까지 보관합니다. 먹기 전에 꺼내어 몰드를 따뜻한 물에 30초간 넣어두면 뒤집어서 젤리를 뺄 때 수월합니다.

베리 슈럽 칵테일

Berry Shrub Cocktail

술과 슈럽은 오래된 친구처럼 잘 어울리고 섞어도 어색하지 않습니다. 이 칵테일은 화려하면서 강렬합니다. 좀 더 천천히 즐길 칵테일을 원한다면 미네랄워터나 주스로 희석해서 드세요. 복숭아 등의 핵과는 슈럽의 재료로 훌륭하며 화이트 럼과 잘 어울립니다.

1잔

준비 시간 2분

재료

진 30ml
베르무트 20ml
생베리 슈럽 10ml
얼음조각 한줌
가니쉬용 베리 몇 알
얇게 벗긴 시트러스 제스트
가니쉬용 과일 다진 것 또는 으깬 민트잎 몇 장

가니쉬를 제외한 재료를 칵테일 쉐이커나 병에 넣어 섞습니다. 뚜껑을 고정하고 잘 흔들어줍니다. 유리잔에 내용물을 따르고 베리, 시트러스 제스트, 다진 신선한 과일이나 민트잎을 으깨서 얹습니다.

귤 슈럽 젤리
Mandarin Shrub Jelly

Chapter. 3

Steep

담금

담그다

SUBMERGE

이 장에서는 재료를 소금물에 담아 발효시키는 과정을 다룹니다. 이 발효 과정은 젖산균이 증식하기에 이상적인 무산소성 환경을 형성해 시간이 지날수록 젖산균이 재료를 효과적으로 보존할 수 있게 합니다. 이는 제 2장 보존(P58)에서 소개한 건식 소금 절임을 통해 컬쳐를 보존한 것과 비슷한 과정입니다. 소금이 채소에 있는 수분을 끌어내는 것이지요. 담그기 방법은 건조 절임 방식이 적합하지 않거나 다진 양배추와 같이 물기가 많은 재료를 사용할 때 좋습니다.

스티핑은 아주 단단하거나 통째로 쓸 수 있는 재료를 소금에 절일 경우 배출되는 자체 수분으로 재료가 온전히 잠겨 공기가 차단될 수 있습니다. 재료가 액체에 완전히 잠기면 외부 물질이 침투할 가능성이 매우 낮아져 젖산균이 안전하게 발효를 진행할 수 있습니다.

소금에 절이기, 소금물에 담그기

이 장에서 나오는 레시피는 대부분 3%, 5% 농도의 소금물을 사용합니다. 5% 소금물을 만들려면 물 1L, 소금 50g이 필요합니다. 짠맛이 다소 강하게 느껴질 수 있지만 소금 함량은 발효 과정 내내 달라집니다. 소금이 채소에서 수분을 끌어내기 때문에 산도가 변화하고 신맛이 짠맛을 완화합니다.

소금물을 사용하는 것은 어쩌면 자연 발효를 가장 간단하게 할 수 있는 방법으로 단단하고 큼직하게 썰어낸 통채소와 일부 과일에 적합한 방법입니다. 재료를 소금물에 담글 때는 직사광선을 피한 섭씨 15도에서 24도의 온도가 최적의 환경입니다.

온도가 낮을수록, 더 오랫동안 담글수록 식감과 복합적인 맛이 잘 나타난다는 점을 기억하세요. 좀 더 순한 맛을 원한다면 가능한 빨리 먹으면 좋습니다.

좋은 품질의 신선한 채소를 사용하면 식감과 맛이 잘 보존됩니다. 재료를 잘 씻고 다듬어 준비합니다. 작은 채소 조각은 용기의 빈틈을 채우기에 좋습니다. 이렇게 하면 채소와 소금물의 비율이 증가해 젖산균 비중도 높아져 더욱 맛있는 발효 음식을 즐길 수 있습니다. 채소가 발효되면 소금물은 버리지 마세요. 유익한 프로바이오틱이 풍부하게 들어있어 소스, 드레싱, 여름철 수프, 칵테일에 활용하거나 그냥 마실 수도 있습니다.

용기에 담기와 채우기

이 장에서 제시한 용량은 지침으로만 활용하세요, 유리병을 최대한 빽빽하게 채우기 위해 필요한 양만큼 사용하세요. 여기서 중요한 것은 양이 아니라 젖산균과 액체 비율을 확보하는 것입니다. 재료를 담글 때는 적당량의 소금물을 사용하세요.

재료와 원하는 향신료, 양념으로 유리병을 최대한 빽빽하게 채우세요. 식은 소금물에 재료가 완전히 잠기게 하세요.

누름돌이나 채소 스토퍼를 사용하면 내용물이 액체에 푹 잠기게 할 수 있습니다.(P19 참조) 남는 소금물은 냉장 보관하여 재료를 담가놓은 병에서 소금물이 흘러나오면 보충 용도로 사용할 수 있습니다. 또는 필요에 따라 산막효모를 제거하는 데에 사용할 수 있습니다.(P61 참조) 뚜껑을 단단히 닫고 유리병을 쟁반이나 볼 안에 올려놓고 서늘하고 어두운 장소에서 7-10일간 발효시킵니다. 3일째 되는 날 거품이 생기기 시작하는 것을 볼 수 있습니다. 거품은 점점 증가해서 끓는 것처럼 보이기도 할 것입니다. 축적된 가스를 배출하기 위해 뚜껑을 살짝 열어주거나 에어락 뚜껑을 사용하면 공기유입을 차단하면서 이산화탄소를 배출할 수 있습니다. 발효된 채소는 유리병 그대로 냉장고에 넣어 숙성시킵니다. 바로 먹을 수도 있으니 맛을 본 후 결정하세요. 올리브와 감귤류 과일청의 경우 시간이 더 걸릴 수 있습니다.

보관

열지 않은 상태의 자연 발효된 채소는 12개월 이상 보관할 수 있습니다. 보관 환경의 온도가 낮을수록 장기간 보관이 가능합니다. 가능성은 낮지만 채소 위로 밝은 색의 곰팡이가 혹시 있는지 확인하세요. 만약 곰팡이가 생겼다면 내용물을 다 버리세요.

한 번 용기를 연 피클은 냉장 보관하면 수개월 동안 먹을 수 있습니다. 채소를 담글 액체가 부족하다면 5% 농도의 차가운 소금물을 추가해 하루 정도 실온에 두어 다시 발효 과정을 시작하세요. 거품이 생겼다가(살아있는 컬쳐가 당분을 섭취하면서 이산화탄소가 생성되고 있다는 신호) 줄어들면 산도 증가했다는 것을 의미하므로 냉장고에 넣어 보관하면 됩니다.

오렌지 주니퍼 비트 절임

Brined Beetroot with Orange and Juniper

비트와 셀러리는 절이면 훨씬 맛있어지고 아삭하면서 기분 좋은 식감을 지닙니다. 비트의 당도가 높기 때문에 발효 과정에서 알코올 생성을 최소화할 수 있도록 큼직하게 썰어주세요. 절인 비트는 깍둑썰기하여 수프나 캐서롤에 토핑으로 또는 P48에 나오는 누에콩 샐러드와 함께 먹거나 치즈플래터와 곁들일 수 있습니다.

1.5L 병을 채울 수 있는 양
준비 시간 약 3주

재료
정수된 물 1L
씨솔트 50g
5cm 길이로 썬 셀러리 5대
비트 6-8개 껍질을 벗겨 큼직하게 썬 것
월계수잎 2장
오렌지 1개의 제스트
절구로 살짝 으깬 주니퍼 베리 1/2작은술
통후추 1/2작은술

큰 냄비에 물 250ml을 넣고 끓입니다. 소금을 넣고 저어서 녹입니다. 나머지 물을 넣고 불을 끈 후 소금물을 실온에 식히세요.

셀러리와 비트를 월계수잎, 오렌지 제스트, 주니퍼 베리, 통후추와 함께 유리병 안에 넣습니다. 빈틈이 없도록 재료를 빽빽하게 넣어 유리병을 꽉 채우세요.

담금 식은 소금물을 재료를 모두 덮을 만큼 따라주세요. 재료와 병 입구 사이의 거리가 1-2cm 높이가 되도록 공간을 남겨둡니다. 접은 행주 위에 유리병을 올려 놓고 톡톡 두드려 공기방울을 제거합니다. 뚜껑을 단단히 닫고 흘러나오는 액체를 받을 수 있게 쟁반 위에 올려놓습니다.

직사광선을 피해 섭씨 18-24도 온도의 서늘한 장소에 7-21일, 또는 거품이 활발하게 일어날 때까지 보관합니다. 거품이 줄어들면 절임 채소를 먹을 수 있습니다. 좀 더 신맛을 원한다면 1-2주 더 숙성시키세요. 원하는 정도로 절여지면 냉장고에 넣어 발효 과정을 늦추세요. 이렇게 하면 6-12개월 동안 보관 가능합니다.

note P10의 사진은 발효가 되기 전의 비트입니다. 오른쪽 사진은 발효 과정을 거쳐 색깔이 고르게 변한 비트 절임입니다.

딜 오이 피클

Dill-Pickled Cucumbers

포도 나뭇잎, 서양고추냉이잎, 오크 나뭇잎이나 녹찻잎처럼 타닌이 풍부한 재료를 오이 피클을 담을 때 넣어주면 오이의 아삭함을 유지할 수 있습니다. 이 오이 피클은 치즈, 사워도우 빵과 곁들이면 좋습니다. 작게 깍둑 썰어 수프나 캐서롤 토핑으로 활용하거나 샐러드에 넣으면 상큼하면서 톡 쏘는 맛을 더해줄 수 있습니다. 피클을 만든 후 남은 마늘과 딜이 함유된 소금물은 허브 캐슈 페퍼 스프레드(P45)를 만들 때 스타터로 사용할 수 있습니다.

2L 유리병을 채울 수 있는 양
준비 시간 약 10일

재료
정수된 물 2L
씨솔트 100g
신선한 포도 나뭇잎 15장 또는 서양고추냉이잎 2장 또는 녹찻잎 1작은술
깐 마늘 8쪽
씻고 물기를 제거한 딜 2단
통흑후추 20알
매운 빨간 고추 2개 (선택 사항)
겨자씨 2작은술
서양고추냉이 한 조각 또는 씻어서 물기를 제거한 작은 당근 3개
끝부분을 손질한 후 씻어서 물기를 제거한 작은 오이 12개
길게 자른 셀러리 줄기 3개

녹찻잎을 사용할 경우 물 300ml를 끓인 후 찻잎을 넣습니다. 5분간 우려낸 후 찻잎을 걸러내 버립니다.

큰 냄비에 물 200ml를 데워 소금물을 만듭니다. 물이 끓으면 소금을 넣고 녹을 때까지 젓습니다. 불을 끄고 나머지 물을 넣어 식힙니다. 녹차를 사용할 경우 우려낸 물을 바로 넣습니다.

깨끗한 2L 유리병에 마늘 4쪽, 딜 한 단, 향신료와 서양고추냉이의 1/3을 넣습니다. 포도 나뭇잎이나 서양고추냉이잎을 쓸 경우 재료의 절반을 현 단계에서 병에 넣습니다.

담금 오이 절반을 향신료 위에 세로로 세워 넣습니다. 남은 셀러리, 마늘, 딜과 향신료를 사용해 최대한 빈틈없이 넣습니다. 내용물과 병의 입구까지 약 5cm 정도 높이의 공간을 남겨두고 소금물을 붓습니다. 나머지 잎으로 덮어주고 모든 재료가 소금물에 잠기도록 합니다. 뚜껑을 단단히 닫아줍니다.

섭씨 15-22도의 서늘한 곳에 3-10일간 보관합니다. 낮은 온도에 10일 이상 두면 가장 좋은 결과를 얻을 수 있습니다. 시간이 지나면 소금물에 거품이 일고 탁해지며 오이는 아삭하고 신맛을 냅니다. 맛을 본 후 만족스러우면 유리병을 냉장고에 넣고 6-12개월 동안 먹을 수 있습니다. 사용하지 않고 남은 소금물은 다른 용도를 위해 보관하든가 필요시 추가해주세요.

note 오이는 꽃이 피는 꼭지 부분에 펙틴 소화 효소Pectin-digesting enzyme가 다량으로 함유되어 있어 시간이 지나면 말랑말랑해지는 경향이 있습니다. 손질할 때 끝 부분을 긁어내어 깨끗이 씻고 물기를 제거합니다.

버섯 셀러리 피클

Pickled Mushrooms and Celery

부드럽고 연한 버섯과 아삭한 셀러리 피클은 제가 매우 좋아하는 피클입니다. 가을의 제철 버섯 아무거나 사용할 수 있습니다. 가능하면 자연산을 구입하세요. 간식으로 먹어도 좋고 표고버섯 호두 미소 된장 우동(P229)과 같이 먹어도 좋습니다. 밝은 색의 씁쓸한 녹색 채소와도 잘 어울립니다. 호박, 밤, 아몬드, 현미 주먹밥(P54)을 먹을 때 전채요리로도 좋습니다.

1L 유리병을 채울 수 있는 양
준비 시간 7-10일

재료
물 500ml
씨솔트 25g
흙을 잘 털어낸 크고 단단한 표고버섯, 포토벨로 버섯, 송이버섯 4-5개씩
씻은 후 5cm 길이로 썬 셀러리 3-4줄기
통핑크후추 1작은술

냄비에 물 100ml를 끓인 후 소금을 넣습니다. 소금이 완전히 녹게 저은 후 불을 끕니다. 나머지 물을 붓고 실온에 식힙니다.

깨끗한 유리병 안에 채소와 통후추를 빽빽하게 채우세요. (송이버섯을 쓸 경우 솔잎을 같이 넣어도 됩니다.) 내용물과 병의 입구 사이에 1-2cm 길이 정도의 공간을 남겨두고 소금물을 부어 모든 재료가 잠길 만큼 붓습니다. 채소 스토퍼를 사용해서 모든 재료가 소금물에 잘 잠겨 있게 합니다. 뚜껑을 단단히 닫고 흘러나오는 소금물을 받을 수 있게 쟁반 위에 올려놓습니다.

담금 직사광선을 피해 섭씨 15-22도의 서늘한 곳에 5-7일 동안 보관합니다. 거품이 마구 일다가 줄어듭니다. 거품이 줄어들면 절임 채소는 맛볼 준비가 된 것입니다. 더욱 신맛을 선호하면 1-2주 더 보관하세요. 만족스러운 맛이 나면 냉장고에 넣어 발효 속도를 늦춰줍니다. 이렇게 담은 피클은 3개월 정도 보관할 수 있습니다.

쿠카멜론 피클

Mexican 'Popping' Cucumbers

쿠카멜론은 멕시코 미니 오이입니다. 즙이 풍부한 동시에 아삭하고 매콤한 쿠카멜론 피클은 먹기 시작하면 멈추기 어렵고 팝콘처럼 자꾸 손이 갑니다. 서리태 요리(P36)나 아마란스 초당옥수수 수프(P34)와 잘 어울립니다. 발효된 소금물은 드레싱을 만들 때 훌륭한 재료가 되며 탄산수와 섞으면 맛있고 매콤짭조름한 음료가 됩니다.

오이 크기에 따라 600ml 유리병을 채울 수 있는 양
준비 시간 약 10일

재료
물 500ml
씨솔트 25g
쿠카멜론 500g
말린 과히요guajillo 고추 1개
말린 안초ancho 고추 1/4-1개
반을 가른 깐 마늘 5쪽
깨끗하게 씻어 흙을 제거한 고수 뿌리 3개
씻은 후 10cm 길이로 자른 셀러리 2-3줄기

물 100ml를 끓이고 씨솔트를 넣으세요. 잘 저어 소금이 완전히 녹으면 불을 끕니다. 남은 물을 넣어 식혀줍니다.

물이 식는 동안 과도로 오이의 끝부분을 손질합니다. 오이를 찬물에 씻은 후 키친타월을 사용해 물기를 제거해줍니다.

작은 프라이팬에 고추 색이 변하면서 부풀어 오를 때까지 구워줍니다. 안초 고추는 사이즈가 큰 편으로 한 개를 통째로 쓰지 않고 약간만 사용해도 충분할 수 있습니다.

담금 깨끗한 병에 오이, 고추, 마늘, 고수 뿌리를 넣으세요. 셀러리는 마지막으로 넣으면서 빈틈을 채워주세요. 내용물과 병 입구 사이에 1-2cm 높이의 공간을 남기고 모든 재료가 잠길 만큼 소금물을 붓습니다. 뚜껑을 단단히 닫고 흘러나오는 소금물을 받을 수 있게 쟁반 위에 올려놓습니다.

실온에 5-10일 보관합니다. 섭씨 20도 미만의 추운 기후일 경우 좀 더 길게 보관합니다. 피클이 완성되면 소금물은 어두운 색을 띠면서 탁해지고 거품이 생기며 오이는 아삭하면서 신맛을 냅니다. 맛을 보고 만족스러우면 냉장고에 넣고 먹기 시작합니다. 3-6개월간 보관 가능합니다.

note 고추의 매운 정도는 스코빌 지수로 잽니다. 이 레시피에 사용하는 고추들은 1,000에서 5,000 스코빌로 적당히 매운 정도입니다. 매운 맛을 선호한다면 100,000에서 350,000 스코빌의 하바네로 고추를 사용해도 됩니다. 발효 과정에서 산도가 높아지면서 매운 맛은 어느 정도 완화됩니다.

비트 크바스

Beet Kvass

크바스Kvass는 동유럽의 전통 음료로 호밀빵을 발효해서 만듭니다. 이 음료는 비트나 과일로도 만들 수 있습니다. 비트로 만든 크바스는 프로바이오틱이 가득하며 흙내와 약간 짜고 신맛이 나는 강장제입니다. 비트는 당분 함량이 높기 때문에 효모 활성화가 잘 되어 거품이 많이 생깁니다. 다른 레시피와 비교했을 때 채소량은 적고 물 비중이 큰 편입니다. 그렇다고 자연 발효가 일어나지 않는 것은 아니지만, 시간이 조금 더 걸릴 뿐입니다.

저는 비트 크바스로 하루를 시작 하는 것을 좋아합니다. 신맛을 완화시키려면 물로 희석하면 되고, 드레싱이나 과일 스무디에 한 샷을 넣어도 좋습니다.

2L
준비 시간 2-3주

재료
비트 3개
고운 씨솔트 20g
정수된 물 2L

비트의 지저분한 부분은 잘라 버리세요. 껍질은 벗기지 않습니다. 찬물에 씻고 물기를 제거하세요. 비트를 6-8조각으로 잘라주세요. 너무 작게 썰면 당분에 노출되기 쉬워 알코올이 생성될 수 있기 때문에 약 6cm 정도 크기가 가장 좋습니다.

아주 깨끗한 2L 용량의 유리병에 비트를 담습니다. 큰 볼에 소금과 물을 넣고 섞습니다. 소금물을 비트에 붓고 병 입구에 약 2cm 높이의 공간이 남게 합니다. 뚜껑을 닫은 후 쟁반에 올려 놓아 흘러나오는 액체를 받을 수 있게 합니다.

담금 직사광선을 피해 섭씨 23-30도 범위 안에 온도가 유지되는 장소에 2주 정도 보관합니다. (저는 3-4주 정도 숙성시키는 것을 좋아합니다.) 처음에 비트는 병 아래로 가라앉았다가 이산화탄소 농도가 늘어나면서 점차 위로 뜨기 시작합니다. 2주 후면 크바스는 거품도 많아지고 기분 좋은 신맛을 냅니다. 유리병에 내용물을 걸러낸 후 냉장 보관하면 4개월 이상 사용 가능합니다. 비트 조각은 바로 먹거나 잘라서 샐러드에 더하거나 퇴비로도 쓸 수 있습니다.

note 크바스의 나트륨 함량은 1%로 낮은 편이므로 산막효모가 침투할 수 있습니다. 병을 잘 지켜보며 하얀 막이 생기면 바로 제거해주세요.

중국식 시트러스와
향신료 절임

Preserved Chinese Citrus and Spice

메이어 레몬Meyer lemon은 일반 레몬보다 껍질이 부드러운 금빛이고 조금 더 단맛이 납니다. 중국이 원산지인 메이어 레몬은 귤과 레몬의 교배종으로 추정됩니다. 절여서 얇게 썬 메이어 레몬은 배, 귤, 퀴노아와 아마란스로 채운 오리구이(P40)와 같이 기름진 육류 요리나 간단한 돼지고기 구이에 곁들여주면 완벽합니다. 중국식 채소 볶음에 레몬 절임 몇 조각을 추가하면 요리가 한 단계 업그레이드 될 것입니다.

1L 유리병을 채울 수 있는 양
준비 시간 약 12주

재료
찬물 500ml
씨솔트 25g
껍질이 얇은 귤 900g
메이어 레몬 270g (일반 레몬도 가능)
라임 1개의 즙
스타아니스 2개
간 사천 통후추(화자오) 한 꼬집
생강 100g을 갈아서 낸 생강즙 (짜낸 생강즙은 약 3 1/2작은술 양입니다)

냄비에 물 100ml를 넣고 끓인 후 소금을 넣습니다. 소금이 완전히 녹을 때까지 저은 후 불을 끄고 나머지 물을 부어줍니다. 실온에 식혀줍니다.

담금 레몬과 귤은 가로로 반을 갈라 씨를 제거해 준비합니다. 아주 깨끗한 유리병에 절단된 부분이 바닥을 향하게 레몬과 귤을 넣고 라임 주스, 향신료, 생강즙을 함께 쌓아 넣습니다. 재료들을 눌러 내린 후 식힌 소금물을 내용물과 병 입구 사이에 2cm 높이 정도의 공간을 남기고 붓습니다.

뚜껑을 단단히 봉합니다. 직사광선을 피해 섭씨 15-22도의 서늘한 장소에 8-122주 가량 보관합니다. 실온에서 12개월까지 보관 가능합니다.

레몬 절임을 사용할 때 껍질을 얇게 도려낸 후 과일을 다지세요. 중동요리에 사용되는 레몬 절임과 다르게 메이어 레몬은 일반 레몬보다 쓴맛이 덜해 껍질과 과일을 모두 사용할 수 있습니다.

인도식 라임 피클

Indian Lime Pickle

많은 사랑을 받는 라임 피클은 인도식 커리와 곁들이는 전통 음식입니다. 신선한 기 버터와 향신료를 사용해서 만들면 영양분과 맛이 풍부하다는 것을 보장할 수 있습니다. 맵기 정도는 여러분의 기호에 맞게 조절할 수 있습니다. 활용도가 다양한 라임 피클은 하드 치즈와 어울리머 오이 필미열크 라이타(P145)와 수수 이들리 또는 도사(P198)와 궁합이 좋습니다.

300ml 병 4개를 채울 수 있는 양
준비 시간 6주 (숙성할수록 맛있음)

재료
과즙이 풍부한 라임 1.2kg
고운 씨솔트 100g

향신료 믹스
기 버터 또는 겨자씨유 2큰술
호로파씨 1/2작은술
검정 겨자씨 1작은술
간 강황 2작은술
간맞춤용 거칠게 간 매운 고춧가루 1 1/2큰술
파프리카 가루 1큰술
팜슈거 1 1/4큰술

라임을 씻고 물기를 제거해 준비한 뒤 6개 정도 반으로 갈라 깨끗한 볼에 즙을 짜냅니다. 나머지 라임은 한입 크기의 반달모양 조각으로 투박하게 썬 후 즙에다 추가합니다. 씨솔트를 넣고 잘 섞습니다.

담금 깨끗한 유리병에 옮겨 담아 소금을 탄 주스에 완전히 담가 눌러줍니다. 뚜껑을 닫고 실온에 3주 동안 보관합니다.

피클을 만들 준비가 되면 유리병 안의 내용물을 볼에 전부 따라 담고 향신료 믹스를 준비합니다.

기 버터나 겨자씨유를 작고 묵직한 프라이팬에 중불로 연기가 나기 전까지 가열합니다. 호로파씨, 검정 겨자씨를 넣어 향이 나고 겨자씨가 터지기 시작할 때까지 볶습니다.

볶은 씨앗을 절구나 향신료 그라인더에 넣은 후 강황을 추가해줍니다. 모두 갈아줍니다. 고춧가루, 파프리카와 팜슈거를 넣고 섞습니다.

양념을 라임과 잘 섞습니다. 깨끗한 유리병 4개에 나누어 담은 후 모두 단단히 밀봉합니다.

서늘한 곳에서 2주 보관한 뒤에 냉장고에 넣으면 12개월 이상 사용 가능합니다.

P201 사진 - 도사와 다른 재료 소와 함께

금귤 카시아 월계수 피클

Kumquat, Cassia and Bay

금귤은 껍질은 달콤한 반면 알맹이는 시고 씁니다. 금귤의 달콤한 맛, 카시아 껍질과 월계수잎이 지닌 특유의 매력을 발효 과정을 통해 발현시킬 수 있습니다. 카시아 껍질은 친척 격인 계피보다 흙내와 나무향이 더욱 깊은 맛을 냅니다. 얇게 썰어내면 아주 아름다운 금귤 절임은 어느 요리에나 보석 같은 색감과 신맛을 더해줍니다.

금귤을 썰어 닭고기속을 채우고 소금물을 발라준 후 구워보세요. 얇게 썰어서 인제라 플랫브레드(P204)나 라브네(P213), 소프트 치즈(P218-221)와 같이 먹어도 좋습니다.

1L 유리병을 채울 수 있는 양
준비 시간 약 12주

재료
물 400ml
씨솔트 20g
흠집 없는 금귤 500g
카시아 또는 계피스틱 2개
월계수잎 8장

물 100ml를 끓이세요. 소금을 더해주고 잘 저어서 녹이세요. 남은 물을 다 넣고 끓인 뒤 식혀주세요.

담금 깨끗한 유리병에 금귤, 카시아와 월계수잎을 넣고 공기가 최대한 빠지도록 꾹 눌러주세요. 식힌 소금물을 내용물과 병 입구 사이에 2cm 높이 정도의 공간이 남게 부어주세요. 뚜껑을 닫고 발효 중에 소금물이 흘러나올 수 있으니 쟁반에 올려 놓으세요.

직사광선을 피해 섭씨 15-22도의 서늘한 곳에 8-12주간 보관합니다. 냉장시킬 필요는 없지만 유리병을 깨끗하게 유지하고 양이 줄어들면 작은 밀폐용기로 옮겨 담으세요. 이렇게 하면 12개월 이상 사용할 수 있습니다.

먹기 전에 금귤을 반으로 갈라 씨앗을 제거하세요.

센마이즈케
순무 절임

One Thousand Slices Senmaizuke

이 레시피는 제 방식대로 만든 센마이즈케(얇게 저민 순무를 쌀식초에 다시마와 함께 절인 것)입니다. '센마이'는 일어로 천겹을 뜻하고 '즈케'는 절임을 의미합니다. 얇은 순무의 두께를 일컫는 용어입니다. 일반 소금물 대신 매실 식초 우메스를, 다시마 대신 빨간 시소잎을 사용해 아름다운 색감을 만들어냈습니다.

400ml 유리병을 채울 수 있는 양
준비 시간 약 2주

재료

껍질을 벗겨 2-3mm 두께로 동그랗게 썬 수박무
  또는 하얀 순무 큰 것 2개 또는 작은 것 12개
우메보시(P76) 만들 때 나온 우메스 또는 첨가물
  없는 시판 우메스 100ml
쌀조청 2큰술
빨간 시소잎 20장
씨앗을 제거한 우메보시 매실 4개 (선택 사항)

무 또는 순무를 큰 용기나 사기 그릇 안에 넣습니다.

우메스, 조청, 시소잎 그리고 우메보시를 용기 안에 넣습니다. 모든 재료를 섞고 식초와 조청을 무 또는 순무에 잘 발라줍니다.

담금 다음 단계로 세라믹 또는 유리 볼에 무와 시소잎을 겹겹이 쌓으세요. 시소잎이 골고루 분포되게 신경써서 넣어주세요. 누름뚜껑이나 접시로 덮고 누름돌을 올려 액체에 무가 완전히 잠기게 눌러줍니다. 실온에 3-4일 동안 보관합니다.

내용물을 유리병으로 옮겨 담은 후 최대한 틈이 없도록 만드세요.

내용물과 병 입구 사이에 2cm 높이 정도의 공간을 두고 액체를 채워주세요. 액체를 다 사용하지 않을 수 있으니 남는 것은 따로 보관해서 샐러드 드레싱이나 간장 베이스 소스를 만들 때 사용하세요.

실온에 10일 이상 보관했다가 냉장고에 넣으세요. 이렇게 하면 12개월까지 보관할 수 있습니다.

미니 당근, 카다멈 피클

Dutch Carrot and Cardamom Pickle

피클로 담근 후에도 이 작은 당근들은 단맛과 기분 좋은 아삭함이 남아있습니다. 카다멈과 후추 향은 인도풍 요리와 잘 어울리기도 하지만 지친 오후에 활력을 불어주는 간식으로도 딱입니다. 가끔은 크림빵보다도 훨씬 나은 선택이죠!

1L 유리병을 채울 수 있는 양
준비 시간 21일

재료
정수된 물 500ml
씨솔트 25g
잘 씻고 꼭지를 잘라낸 작고 다양한 색깔의 미니 당근 20개
절구로 살짝 빻은 녹색 카다멈 껍질째 20개
통후추 믹스 1/2작은술

큰 냄비에 물 250ml를 끓입니다. 소금을 넣고 녹을 때까지 저어줍니다. 나머지 물을 마저 넣은 후 불을 끄고 실온에서 소금물을 식힙니다.

살짝 빻은 카다멈, 후추와 함께 당근을 유리병에 넣습니다. 병을 최대한 빽빽하게 채우세요. 남는 공간 없이 유리병 안을 빽빽하게 채우는 것이 가장 중요합니다.

담금 재료가 완전히 잠길 만큼 유리병에 식힌 소금물을 붓습니다. 내용물과 병 입구까지 1-2cm 정도의 공간을 남겨 주세요. 접은 행주에 병을 두드리며 공기방울을 최대한 빼주고 뚜껑을 단단히 닫아줍니다. 발효 과정에서 액체가 흘러나올 수 있기 때문에 쟁반 위에 유리병을 올려놓습니다.

직사광선을 피해 섭씨 15-22도의 서늘한 장소에 7-21일 동안, 거품이 활발하게 생길 때까지 보관합니다. 거품이 누그러지면 절인 채소는 먹을 수 있습니다. 신맛을 선호한다면 1-2주 더 숙성시킵니다.

만족스러운 맛을 내기 시작하면 유리병을 냉장고에 넣어 발효 속도를 늦춥니다. 이 피클은 12개월 동안 보관 가능합니다.

note 보라색 당근을 쓸 경우 발효 과정 중 다른 채소들을 물들일 수 있으니 주의하세요.

그린 올리브

Green Olives

저는 올리브를 무척 좋아하는데 특히 아삭한 식감이 약간 있는 올리브를 좋아합니다. 훌륭한 간식이 되기도 하고 지중해식이나 중동 요리에 추가하면 정말 맛있습니다. 혹시 생올리브를 맛본 적이 있다면 그 끔찍한 맛에 놀라셨을 겁니다. 이는 자연이 생존 보호 기능으로 올리브에 선사한, 쓴맛이 나는 독성 성분인 올유로핀oleuropein이 들어있기 때문입니다. 올리브를 절이는 방법은 다양한데 모두 올유로핀을 줄이는 것에 중점을 두고 있습니다.

거의 1년 동안 올리브를 절인 후 양념을 하면 맛이 향상됩니다. 올리브를 절이기 전에 칼집을 내야 하는데 이렇게 하면 올리브가 좀 말랑말랑해집니다. 개인적으로는 아삭한 올리브를 좋아하지만요.

1L 유리병 2개를 채울 수 있는 양

준비 시간 12-18 개월

재료

흠집 없고 손상되지 않은 신선한 올리브 1-2kg
 (오른쪽 페이지 노트 참조)
통핑크후추, 주니퍼 베리, 신선한 또는 말린 고추,
 씨트러스 제스트, 월계수잎, 로즈마리 가지, 타임,
 세이지 가지

5% 소금물

찬물 1L
물 1L당 씨솔트 50g

찬물에 올리브를 잘 씻으면서 손질합니다. 잎, 줄기, 손상된 올리브는 버리세요.

크고 깨끗한 유리병에 올리브를 넣고 찬물을 부어 완전히 잠기게 합니다. 깨끗한 천 또는 면보로 유리병을 덮고 서늘한 곳에 2-3주 둡니다. 이때 6-12시간마다 물을 갈아줍니다. 이렇게 하면 올리브의 쓴맛이 줄어듭니다.

올리브를 크기별로 구별하여 나눕니다. 작은 올리브가 큰 것보다 더욱 빨리 절여집니다.

5% 씨솔트 소금물을 만들고 실온에 식힙니다. 식힌 소금물을 유리병에 완전히 채웁니다. 채소 스토퍼, 깨끗한 조약돌이나 작은 접시로 눌러 올리브가 완전히 소금물에 잠기게 합니다. 유리병을 단단히 밀봉하고 발효 과정 중 빠져나올 수 있는 소금물을 받아내기 위해 쟁반 위에 올려놓습니다.

담금 냉장고 말고 섭씨 15-22도의 서늘한 장소에 놓고 8-10개월 동안 발효시킵니다. 쓴맛을 내는 성분이 올리브에서 빠져나오면서 소금물 색이 어두워집니다.

매달 소금물의 표면을 확인해 산막효모 생성 여부를 확인하고 만약 생겼을 경우 제거하세요(오른쪽 페이지 노트 참고).

두 달에 한 번씩 소금물을 125ml만 남기고 따라 버리세요. 새로운 5% 소금물로 채우세요. 남긴 소금물이 추가 발효에 필요한 젖산균을 제공합니다.

8-10개월이 지나면 올리브를 맛보세요. 아삭하고 맛있을 겁니다. 마지막 5% 소금물을 만들고 이때 원하는 양념을 추가하세요.

뚜껑을 닫고 직사광선을 피해 서늘한 곳에서 보관합니다. 뚜껑을 한 번 열면 냉장고에 넣어 12개월까지 보관 가능합니다.

소금물을 만들기 위해 물을 끓인 후 소금을 넣어 다 녹을 때까지 저어줍니다. 사용하기 전에는 완전히 식혀줘야 합니다. 사용하지 않고 남은 소금물은 병에 넣어 냉장 보관합니다. 발효 중 액체가 새어나오거나 산막효모를 제거해야 할 때 이 소금물로 병을 채워줍니다.

note **올리브 구매하기** 가을에 그린 올리브를 확보하는 것이 좋습니다. 올리브 재배 지역에서 산다면 나무를 골라 직접 수확할 수 있겠지요. 유기농 청과물 매장에서 올리브를 구매할 때는 흠집이 없는지 잘 확인하세요. 작은 베이지색 흉터나 구멍을 확인하는 것도 도움이 됩니다. 이는 파리 유충이 침입한 흔적일 수 있으므로 구멍이 있는 올리브는 버려주세요.

note **산막효모 제거하기** 소금물 표면에 얇은 하얀 막이 형성된다면 뚜껑을 열어 신선한 5% 소금물을 넘쳐 흐르게 부어 산막효모를 씻어냅니다. 뚜껑과 유리병 테두리를 닦고 다시 닫습니다. 산막효모는 인체에 해롭지 않지만 놔둘 경우 올리브의 맛을 변질시킬 수 있습니다.

새콤달콤 연한 생강초절임

(가리쇼가 *Gari shoga*)

Sweet and Sour Tender Ginger

이 일본식 생강 절임은 연하고 맛이 강하지 않은 햇생강으로 만듭니다. 생강은 최대한 얇게 썰어주세요.

    품질 좋은 가리쇼가는 연한 핑크색을 띱니다. 시중에서 구입할 때는 색이 지나치게 밝은 핑크색을 띤다면 라벨에 첨가물이 적혀있는지 잘 확인하세요. 가리쇼가는 만드는 방법이 매우 쉽고 오랫동안 즐길 수 있습니다. 가리쇼가는 스시와 잘 어울리지만 간단한 쌀밥, 채소, 소금에 절인 생선구이(P250)와도 잘 어울립니다.

500ml 유리병을 채울 수 있는 양
준비 시간 1-4 주

재료

껍질을 벗기지 않은 단단한 햇생강 200g
고운 씨솔트 1큰술
쌀조청 150ml
직접 만들거나 구매한 자연 발효 현미 식초 200ml

생강을 씻고 흙을 긁어냅니다. 연한 줄기가 달려있으면 사용할 수 없기 때문에 5cm 길이로 잘라줍니다.

자른 줄기는 소금과 함께 큰 용기에 담아 둡니다. 날카로운 칼이나 슬라이서를 사용해 생강을 종이 두께만큼 얇게 썰어주세요.

생강을 썰면서 바로 볼에 넣어 소금과 버무립니다. 이렇게 하면 산화작용을 막아 색을 유지할 수 있습니다. 한 시간 정도 소금에 절여두면 소금으로 인해 수분이 빠져나와 생강이 연해집니다.

담금 쌀조청과 식초를 작은 냄비에 넣어 끓입니다. 불을 끄고 생강에 부어줍니다. 살짝 식힌 후 아주 깨끗한 유리병에 생강을 담습니다. 단단히 밀봉하고 48시간 실온에 보관한 후 냉장고에 넣습니다. 12개월까지 사용 가능하고 시간이 지날수록 맛은 누그러집니다.

note 햇생강은 껍질이 거의 없습니다. 옅은 색을 띠며 매우 연하고 즙이 많습니다. 성숙한 생강은 색이 더 어둡고 껍질도 있습니다. 즙이 거의 나오지 않으며 맛이 너무 강하고 잘랐을 때 눈에 보이는 섬유질이 있습니다.

우메스 생강초절임
(베니쇼가 Beni Shoga)

Umesu-Pickled Ginger

일본식 우메스 생강절임은 성숙한 생강 mature ginger으로 만듭니다. 햇생강보다 색깔이 어둡고, 두꺼운 껍질과 강한 맛, 거친 식감을 지니고 있습니다. 베니쇼가의 빨간 색깔은 우메보시를 만들 때 사용한 시소잎을 담근 소금물에서 나옵니다. 우메보시(P76)를 만들 때 우메스(매실 식초)가 생겼다면 이 레시피에 활용하기 좋습니다.

상큼하게 톡 쏘는 맛의 생강 절임은 일식 밥이나 면요리에 잘 어울리고 튀긴 음식의 기름기를 완화시켜줍니다. 생선과도 훌륭한 궁합을 이룹니다. 펜넬 주니퍼 오렌지 가다랑어 절임(P246)과 함께 드세요.

300ml 유리병을 채울 수 있는 양
준비 기간 1주

재료
껍질을 벗기지 않은 통생강 160g
우메보시(P76)를 만들고 남은 우메스 또는
 첨가물이 없는 시판용 우메스 125ml

작은 숟가락이나 과도로 생강의 껍질을 긁어낸 후 잘 씻어 물기를 제거합니다.

날카로운 칼로 생강을 5mm 가량 뿌리줄기를 따라 둥글게 썰어주세요. 썰어낸 생강을 5mm 길이로 채썰고 깨끗한 병에 담아주세요.

담금 식초를 유리병 안에 붓고 공기방울을 제거한 후 생강이 완전히 식초에 잠기도록 눌러줍니다. 뚜껑을 단단하게 닫고 실온에 1주 동안 둡니다. 절인 생강은 냉장 보관하면 12개월 이상 보관 가능합니다.

 생강초절임을 만들면서 생긴 생강 우메스도 활용할 수 있습니다. 삶은 양배추에 뿌려 먹으면 맛있습니다.

일본식 오이와 무 간장 절임

(쇼유즈케 *Shoyuzuke*)

Quick-Pickled Cucumber and Radish

쇼유즈케는 일본식 전통 절임 음식입니다. 오이와 무를 천연 발효 쇼유 간장과 쌀 식초에 절여 상쾌하고 매우 아삭한 맛을 만들어낼 수 있습니다. 비살균처리한 쇼유 간장을 구할 수 있다면 최고의 맛과 프로바이오틱 혜택을 받을 수 있습니다. 저는 쇼유즈케를 소금에 절인 생선구이(P250)나 표고버섯 호두 미소 된장 우동(P229)과 함께 먹는 것을 매우 좋아합니다.

500ml 유리병을 채울 수 있는 양
준비 시간 1시간

재료
흰 참깨 2큰술
미역가루
단단하고 흠집 없는 오이 4개
빨간 래디시 무 작은 것 1단
레몬 1개의 제스트와 즙
쌀 식초 60ml
쇼유 간장 60ml

작은 프라이팬에 참깨를 넣고 중불에서 저어가며 황금색이 날 때까지 볶습니다. 작은 볼에 참깨를 담아 식힙니다. 다 식혀지면 밀폐용기에 담아 먹을 때까지 보관합니다.

미역가루 한 꼬집을 용기에 넣습니다. 미역이 잠길 만큼 끓는 물을 부어줍니다. 한쪽에 두고 오이를 준비합니다.

오이를 길게 반으로 가릅니다. 절단된 면이 바닥으로 향하게 하고 작고 날카로운 칼을 사용해서 가로 방향으로 2mm 두께의 칼집 5개를 냅니다. 네 번의 칼집은 완전히 절단되지 않게 살짝 내주고, 마지막 칼집은 완전히 내줍니다. 이렇게 하면 오이가 절여져 말랑말랑해지며 부채처럼 펼쳐지는 효과가 있습니다. 나머지 오이도 이렇게 칼집을 내줍니다.

래디시 무는 손질해서 크기에 따라 2등분 또는 4등분합니다. 오이와 래디시 무를 레몬 제스트와 즙, 쌀 식초와 쇼유 간장과 함께 미역이 담긴 볼에 넣습니다(이쯤 되면 미역이 담긴 물은 식었을 것입니다).

모든 재료를 함께 버무린 후 밀폐용기나 유리병에 넣습니다. 실온에 1시간 두었다가 볶은 참깨와 함께 먹습니다. 3-4일 내에 먹지 않으면 색이 탁해질 것입니다.

Chapter. 4

Infuse

주입

컬쳐를 더해주기

ADDING CULTURES

이 장에서는 흔히 '마더mother', '스타터starter' 라는 이름으로도 불리는 박테리아와 '스코비(효모의 공생 공동체symbiotic community of bacteria and yeasts, scoby)'를 통해 이미 존재하는 발효 미생물을 첨가해 재료를 발효시키는 방법에 대해 알아봅니다. 주입Infusing(더 흔히 알려진 표현은 backslopping입니다)은 소량의 발효 재료나 스코비를 신선한 재료에 넣어 발효시키는 방법입니다. 형태와 상관없이 발효 미생물 집합체는 모두 자연에서 자유롭게 탄생했습니다.

우연한 발견으로 우리는 이 미생물들에 대해 알게 되었고 이들을 주기적으로 섭취하며 유지하는 방법을 터득했습니다. 우리는 미생물로부터 혜택을 누려왔으며, 그들이 선호하는 먹이를 공급함으로써 그것을 지속적으로 유지시켜 나가는 방법을 알아냈습니다. 콤부차, 준, 식초를 제외하고 스코비는 단순 재료만으로 번식할 수 없습니다. 모든 스코비는 새로운 먹이를 통해 증식하고 크기도 늘어납니다. 스코비와 그들의 자손은 다음에 만들 때 사용되거나 선물용으로도 나누어집니다.

특정 컬쳐를 육성하고 유지하기 위해 꾸준히 신경을 써야합니다. 컬쳐가 선호하는 먹이를 항상 넉넉히 확보해두어 컬쳐가 방치되지 않도록 해야합니다. 컬쳐들이 제공하는 혜택을 얻기 시작하면 컬쳐를 가꾸는 것이 보람 있는 일이 될 것입니다.

사워도우 스타터, 콤부차와 유제 케피어는 놀라울 정도로 생명력이 강하지만, 워터 케피어와 필미열크는 순식간에 못 쓰게 될 수 있습니다. 따라서 보관할 생각인 컬쳐를 발견하면 가능한 빨리 백업을 만들어 놓으세요. 유제 케피어를 얼리거나 사워도우 스타터의 일부분을 건조시키거나 병으로 콤부차와 준을 위한 스코비 '호텔' (P158 참조)을 만드는 것처럼요. 이 장에서는 컬쳐들을 유지하고 보관하는 방법에 대해 알아봅니다. 또한 이전에 발효시킨 재료 사용법도 소개합니다. 요구르트를 크림에 넣어 크렘 프레슈 만들기, 크렘 프레슈를 사용해서 버터와 버터밀크 만들기 등이 있습니다.

이전 장에서 만들었던 발효 음식과 음식의 일부분도 주입의 방법을 활용할 수 있습니다. 오이 피클을 만들면서 생긴 발효액의 일부를 다음에 만들 때도 사용할 수 있습니다. 필수적인 것은 아니지만 이렇게 하면 보존 과정을 촉진시킬 수 있습니다. 그렇지만 개인적으로는 잘하지 않는 방법입니다. 한편 섭씨 47도 이상으로 조리해 대부분의 고유 식물군이 파괴된 재료를 발효시키고 싶을 때는 발효 살구 스프레드(P156)와 요구르트종균(P212)의 경우와 같이 살아있는 컬쳐를 더해줘야 합니다.

구약 성서에서는 케피어 알갱이를 '하늘에서 내린 만나'라고 합니다.
케피어 만들기는 반추 동물의 우유를 치즈로 변화시키는 방법 중 가장 오래된 방법으로 전해지고 있습니다.
1934년 중국 타클라마칸 사막의 고고학 발굴 현장에서 나온
유라시안의 이목구비를 갖춘 미라들은 사후 세계에서 먹을 치즈와 함께 발견되었습니다.
최근 분석에 따르면, 이 치즈는 케피어로 확인되었는데 기원전 1615년 것으로 밝혀졌습니다.

유제 케피어

호주와 영국에서는 '케피어kef-ear', 미국에서는 '키퍼kee-fer'라고 발음합니다. 케피어는 '기분이 좋은'이라는 뜻의 터키어에서 유래되었습니다. 케피어 '곡물'(알갱이)은 매우 다양하고 유제품을 좋아하는 미생물 집합체입니다. 여기서 곡물이라고 표현하는 것은 겉모습만으로 얘기하는 것입니다. 이들은 절대로 곡물이 아니고 실제로는 유익 미생물이 만든 젤리 같은 다당류 덩어리입니다. 스코비 내의 다양한 미생물은 네 가지 그룹으로 분류됩니다. 젖산균, 연쇄구균-유산구균, 초산균, 효모. 이 네 종류는 말랑말랑한 다당류 젤 덩어리에서 함께 공생합니다.

락토스가 있는 우유는 모두 케피어로 발효시킬 수 있습니다. 여기서 케피어 알갱이에 내재되어 있는 박테리아와 효모는 락토스를 젖산, 초산과 엽산, 비오틴, 니아신, 비타민 A, B2, B6, B12 등의 유익한 성분으로 전환시킵니다. 산도가 증가할수록 우유는 약간 걸쭉해지면서 부패균으로부터 보호를 받으며 맛있고 복합적이며 약간 톡 쏘는 맛의 미생물이 풍부한 프로바이오틱 음료로 변환되어갑니다.

흔히 케피어 알갱이에 30종류 이상의 박테리아와 효모가 살고 있다고 합니다. 하지만 유전자 시퀀싱 기법이 출현하면서 다양한 연구를 통해 살아있는 케피어 알갱이에서 100종류 이상의 박테리아와 효모가 살고 있는 것으로 현재 확인되었습니다. 케피어 알갱이에 따라 내재되어 있는 미생물은 다양합니다. 어떤 박테리아와 효모가 살고 있는지, 그리고 비중이 어떻게 되는지는 환경, 케피어 알갱이의 활성화 여부, 발효에 걸리는 시간, 온도, 알갱이와 우유 비율 등 여러가지 변수 요소가 있습니다.

젖산균과 효모가 활성화되면 이산화탄소가 생성되고, 이것은 탄산과 에탄올(알코올)을 만듭니다. 우유가 발효되면서 발생할 수 있는 알코올 농도는 0.5%에서 3% 범위로 여러분이 통제할 수 있는 요소에 따라 결정됩니다. 우유가 걸쭉해지고 산도가 높아지면서 커드와 유청으로 분리되기 전에 알갱이를 체로 걸러내고 남는 액체를 냉장 보관합니다. 바로 섭취하거나 병에 하루 이틀 밀봉하면 탄산이 증가하고 락토스를 줄일 수 있습니다. 걸러낸 케피어는 케피어 베리 바바루아(P142), 치즈 만들기(P217), 맛있는 케피어 크림(P138)등 다양하게 사용할 수 있습니다. 걸러낸 케피어 알갱이는 헹구지 않아도 보관하면서 영구적으로 재사용할 수 있습니다.

케피어는 북코카서스 산맥의 목양 사회에서 유래된 것으로 알려져 있습니다. 수천 년 전 케피어의 스코비는 반추 동물들로부터 짠 신선한 생우유에서 탄생했을 가능성이 높습니다. 케피어는 신선한 우유보다 맛있고 훨씬 더 안정적이며 이 즉흥적인 발효 과정은 우유 섭취를 더 오래 할 수 있게 해줬습니다. 케피어 알갱이를 처음 발견한 목동들은 케피어 알갱이를 이웃들이나 외부 손님과 나누기 전에 소중히 보관하고 잘 관리했을 것입니다. 오늘의 케피어 알갱이는 이들의 유산입니다.

케피어 알갱이는 커다란 단일 덩어리, 납작한 물결무늬가 있는 시트 형태 또는 다양한 크기의 미끄러운 콜리플라워 송이 형태를 띱니다. 시간이 흐를수록 형태가 변할 수 있고 이것은 정상적인 현상입니다. 케피어 알갱이는 만들어질 때마다 크기와 숫자가 증가합니다. 따라서 여분의 케피어 알갱이에 새 보금자리를 구해줘야 합니다. 우유에 비해 케피어 알갱이가 더 많을 경우, 케피어는 너무 걸쭉해지

고 불쾌한 신맛이 날 것입니다.

여러분의 케피어가 어떤 형태이든 우유로 적셔주어야 하며 규칙적으로 사용했을 때, 질척하고 통통하며 불투명해야 하고 크림과 같은 흰색의 신축성 있는 액체로 둘러싸여 있어야 합니다. 이 점액과 같은 액체는 케피어 알갱이의 가장 큰 비중을 차지하는 케피란Kefiran이라는 다당류 겔 형태의 대사 물질로 미생물을 결합시켜주는 역할을 합니다. 수용성인 케피란은 케피어에 특유의 실크 같은 질감을 전해줍니다. 케피어는 여러분의 소화 시스템에 유기산과 케피란과 함께 많은 종류의 박테리아와 효모를 제공합니다.

최고의 조건

케피어 알갱이는 교차 오염을 피하기 위해 퇴비, 과일 바구니, 쓰레기통으로부터 거리가 멀고 직사광선과 열을 피할 수 있는 적절한 온도의 부엌 공간에 두면 잘 번성하여 그들만의 끈끈한 공동체를 형성합니다. 케피어 알갱이는 강력한 생명력을 가지고 있어 쉽게 죽지 않습니다. 건조되었을 때 냉동 과정에서 손상되지 않고 장기보관이 가능합니다. 케피어를 숙성시킬 때 이상적인 온도는 섭씨 18도에서 28도입니다. 아주 깨끗한 유리병에서 케피어 알갱이를 발효시키고 주기적으로 먹이를 주세요. 이렇게 일관되게 관리하면 여러분의 케피어 알갱이는 무기한으로 증가하여 2주마다 두 배로 늘어날 것입니다. 하지만 케피어 알갱이가 수 개월씩 방치되면 끈적끈적하고 냄새가 나며 엉망인 상태로 분해될 것입니다.

대체적으로 케피어의 신맛의 정도는 젖산균과 초산균의 활동에 따라 정해집니다. 탄산 수준과 톡 쏘는 맛의 정도는 스코비에 있는 효모에 따라 정해집니다. 케피어의 식감과 맛은 시트러스향이 약간 나는 스파클링 음료의 신맛에서부터 폭발적인 발포성으로 입이 오므라들게 하는 강한 신맛과 숙성된 치즈 맛까지 다양하게 날 수 있습니다.

중온성의 컬쳐로 불리는 박테리아와 효모는 실온에서 우유를 발효시켜줍니다. 케피어 알갱이에는 호열성 박테리아도 살고 있습니다. 특정 온도를 일정하게 유지하면 케피어 요구르트나 치즈를 만들 수 있습니다. 여러분이 사용하고 싶은 박테리아를 위한 환경은 여러분이 만드는 것입니다.

혜택들

유제품 소화가 어려운 사람은 유당 분해 효소인 락타아제 lactase가 부족할 수 있습니다. 케피어가 선호하는 먹이는 락토스로서 케피어 제품은 락토스를 거의 함유하고 있지 않아 이런 분들께 적합합니다. 또한 케피어에 내재되어 있는 특정 미생물이 락타아제를 생성하기 때문에 체내에 락타아제가 부족한 사람들은 케피어를 꾸준히 마시면 다른 락토스 함유 음식을 소화하는 데 도움을 얻을 수 있습니다.

살아있는 스코비로 만들어진 유제 케피어와 내재되어 있는 박테리아종 일부의 섭취에 따른 건강 증진에 대한 여러 연구가 있습니다. 종양 억제 및 예방, 위장 면역력과 알레르기 개선, 상처 치유, 콜레스테롤 흡수, 앤지오텐신전환효소 억제(ACE inhibition, 고혈압 관련 치료) 등에 긍정적인 효과가 있는 것으로 나타났습니다. 또한 케피어 알갱이는 항균 성분과 장내 미생물군 구성 및 활동을 개조할 수 있는 능력을 지닌 것으로 알려졌습니다.

여러분이 운좋게 케피어 알갱이를 갖게 된다면 이제 케피어가 부족할 일은 없을 것입니다. 보너스로 주변에 언제나 케피어를 나눠줄 수 있게 될 것입니다.

케피어라고 선전하는 가루 형태의 스타터 컬쳐를 구매할 수도 있습니다. 하지만 이 제품들은 살아있는 알갱이로 만들어지지 않기 때문에 같은 방식으로 증식하지 않아 더 많이 구매해야 합니다. 어쩌다 한번 케피어를 만드는 것이면 가루 제품이 사용하기가 편하지만 살아있는 케피어 알갱이에 비해 진정한 특성과 생물 다양성은 부족합니다.

성장과 맛 조절하기

언제나 그렇듯 시간, 온도, 비율은 결과물의 맛, 용량, 질감, 그리고 박테리아와 효모의 활동에 영향을 주고 조절할 수 있는 수단입니다. 온화한 기후에서 사는 대부분의 컬쳐와 같이 적정 범위 내의 낮은 온도에서 오랫동안 발효시키면 더욱 복합적이고 좋은 맛을 낼 수 있습니다.

이 장에서 나오는 레시피들은 잘 발효된 (최소한의 락토스를 함유한) 신맛 나는 케피어를 24시간마다 제공해야 합니다. 저는 집안 환경을 계절과 날씨에 따라 조절해서 매일 아침 케피어를 걸러낼 때 영향을 미치지 않도록 신경씁니다. 대부분 알갱이와 우유 비율을 일년 내내 비슷하게 유지하려고 노력합니다. 다만 변화를 주는 부분은 케피어가 담긴 병을 발효시키는 장소입니다. 여름에는 주방에서 가장 서늘한 곳, 겨울에는 따뜻한 제 책상 위에서 보관합니다. 이것은 제 방식이지만 여러분은 비율을 다르게 시도해보는 등 여러분에게 맞는 방법을 찾아가세요.

같은 양의 우유를 발효시키는 시간을 절반으로 단축시키려면 알갱이 양을 두 배로 늘리든가 좀 더 따뜻한 장소에서 보관할 수 있습니다. 또는 같은 양의 알갱이를 사용하되 우유 양을 늘려 걸러질 때까지의 소요시간을 36시간으로 늘릴 수 있습니다.

케피어를 오래 발효시킬수록 락토스 함량이 더욱 내려가고, 신맛과 걸쭉한 질감이 더 납니다. 따뜻한 곳에서 발효하거나 더 많은 알갱이를 사용하면 권장 발효시간인 24시간이 지날 경우 지나치게 발효될 수 있습니다. 여러분이 원하는 것보다 농도와 신맛의 정도가 높아지거나 스코비(SCOBY)가 모든 당분을 섭취해버려 우유가 걸쭉한 하얀 커드와 묽은 유청으로 분리될 수 있습니다. 이럴 때도 케피어 우유는 흔들거나 저어 체에 걸러서 사용 가능합니다. 걸러진 신 케피어를 그대로 사용하든가 신선한 우유나 크림을 더해주고 냉장고에 하루 정도 숙성시키세요.

컬쳐는 죽이기 어렵고 새로 만들 때 알갱이를 씻을 필요가 없습니다. 하지만 케피어가 너무 걸쭉해지고 치즈 냄새가 나게 되면 케피어를 장기간 방치했거나 우유에 비해 알갱이를 너무 많이 사용했거나 온도가 너무 높았을 수 있습니다. 하지만 절망하지 마세요. 회복할 가능성은 아주 높습니다.

케피어가 치즈처럼 되어버리면

케피어는 방치되거나 우유에 대한 알갱이 비율이 너무 높으면 지나치게 산성화될 수 있습니다. 그래도 상하지 않았다면 사용 가능합니다. 체로 걸러낸 후 정수된 물로 케피어 알갱이를 잘 헹궈주세요. 깨끗한 용기에 신선한 우유와 함께 담아 면보로 덮어주세요. 실온에 12시간 동안 둔 후 우유를 버리고 신선한 우유를 부어주세요. 이렇게 하면 케피어는 사용할 수 있을 것입니다. 만약 계속 치즈 냄새가 난다면 앞에 설명한 것처럼 우유를 3일 동안 갈아주세요. 이것도 안되면 케피어를 버리고 백업을 사용해 새로 시작하세요. (다음 페이지에서 어떻게 케피어를 백업하는지 확인하세요.)

유제품의 대안책

케피어 스코비는 그 어떤 형태의 전유全乳나 크림에서든지 무기한으로 번창하고 증식합니다. 코코넛 워터, 코코넛 밀크 또는 크림과 비유제품 대안 식품을 발효할 때 사용할 수 있으나 스코비의 활동이 제한될 수 있습니다. 통통한 질감과 실 같은 점액이 없을 것입니다. 만약에 케피어 알갱이를 비유제품 액체에 사용하고 싶으면 곡물을 두 그룹으로 분류하여 유제품과 비유제품을 번갈아 가며 사용할 것을 권합니다. 만약 여러분이 유제품을 먹지 않는다면 키우고 있는 식물에게 주면 좋습니다. 물에 희석한 케피어를 식물에게 주면 칼슘 함량이 풍부하고 건강하며 색이 짙은 식물이 될 것입니다.

이 책에서 언급되거나 레시피에 활용되는 유제 케피어는 살아있는 스코비, 유기농 비균질화된 소나 염소의 우유를 사용해서 만들어집니다. 케피어 알갱이를 만족시키려면 락토스가 함유된 우유를 고르면 됩니다. 위에 언급한 것처럼 케피어 알갱이를 비유제품 액체에 사용할 수도 있고 개인적으로는 워터 케피어와 같이 락토스 없이 무기한으로 번식시키는 비유제 컬쳐를 사용하는 것을 선호합니다.

쉬어가기

만약 케피어를 가꾸어나가다가 중간에 휴식을 취하고 싶으면 친구에게 케피어 알갱이 관리를 부탁하면 됩니다. 그만큼 케피어 알갱이는 꾸준히 사용을 하면 최상의 상태를 유지할 수 있습니다. 꾸준한 사용이 어렵다면 몇 가지의 대안이 있습니다.

단기간 휴식 (1주일 이내)

1 우유에서 케피어 알갱이를 체로 걸러내어 깨끗하고 뚜껑이 있는 병에 넣으세요.
2 신선한 우유를 부은 후 뚜껑을 느슨하게 닫고 냉장고에 넣어 1주일까지 보관합니다.
3 다시 케피어 알갱이를 사용할 준비가 되면, 냉장고에서 꺼내 뚜껑을 열고 병을 천으로 덮어줍니다. 케피어 알갱이가 걸쭉해지거나 탄산이 생길 때까지 실온에 두세요.
4 케피어 알갱이를 체로 걸러낸 후 맛을 봅니다. 맛이 이상하면 우유를 버리고 알갱이는 보관합니다. 다음에 만들 때는 제대로 나올 것이고 계속 먹이를 주면 알갱이는 사용할 수 있습니다.

몇 주간 휴식 (4주까지)

1 우유에서 케피어 알갱이를 체로 걸러내어 뚜껑이 있는 깨끗한 병에 넣으세요.
2 신선한 우유를 부은 후 뚜껑을 느슨하게 닫고 냉장고에 넣어 1개월까지 보관합니다.
3 다시 찾은 케피어 병은 표면에 두꺼운 하얀색 곰팡이 (까망베르 치즈의 하얀 껍질과 비슷합니다)가 보일 것입니다. 이 곰팡이는 해롭지 않습니다. 그냥 걷어내어 버리고 치즈 같은 케피어를 체로 걸러내어 케피어 알갱이를 확보합니다. 만약 다른 밝은 색의 곰팡이가 보이면 내용물을 다 버리세요.
4 알갱이가 드러나고 우유 덩어리가 달라 붙지 않을 때까지 정수된 물로 케피어 알갱이를 헹굽니다.
5 신선한 우유를 먹이고 케피어 알갱이와 케피어가 정상화될 때까지 여러 번 반복합니다.

몇 개월간 휴식 (3개월까지)

1 케피어 알갱이를 정수된 물로 헹궈줍니다.
2 건조를 돕기 위해 깨끗하고 흡수력이 좋은 천에 케피어 알갱이를 펼칩니다.
3 통풍이 잘 되는 장소에 두어 반건조시킵니다.
4 키친타월로 케피어 알갱이를 싸서 비닐백에 넣은 후 밀봉하여 냉동고에 3개월까지 보관합니다.
5 케피어 알갱이를 재생하려면 신선한 우유가 담긴 깨끗한 병에 케피어 알갱이를 넣어주세요. 본래의 모습으로 돌아갈 때까지 여러 번 먹이를 주어야 할 수 있지만 포기하지 마세요!

천년 이상 보관하기

1 위에 나온 대로 헹구고 말린 후 건조시키세요. 만약 음식 건조기가 있으면 사용하세요.
2 작은 유리병에 보관하기 전에 케피어 알갱이가 완전히 건조되었는지 확인하고 병에 라벨을 붙이세요.
3 케피어 알갱이를 원상태로 돌아가게 하려면 미지근한 온도의 신선한 우유를 먹이고 수분을 챙겨주세요. 정상화되기까지는 2-3주가 걸릴 수 있고 곧 정상화될 것입니다. 만약 원하는 결과물이 안 나온다면 희석하여 식물에게 먹이세요.

걸러낸 케피어 알갱이
작고 통통한 알갱이들은 어떤 재료든 변신시킬 수 있는
능력을 지니고 있고 유제품을 매우 좋아합니다.

유제 케피어
1차 발효

Dairy Milk Kefir First Fermentation

가장 기본적인 케피어 우유, 1차 발효 레시피입니다. 숙성된 케피어로 곡물과 콩을 불리면 유익 미생물이 유입되어 발효를 촉진시킬 수 있습니다. 베이킹할 때는 숙성된 케피어를 버터밀크처럼 사용할 수도 있습니다. 훌륭한 케피어 크림(P138)과 버터(P140)도 만들 수 있습니다.

숙성된 케피어 500ml
준비 시간 약 24시간

재료
소, 양, 염소의 비균질화된 신선한 우유 500ml
통통하게 살아있는 케피어 알갱이 1큰술

주입 아주 깨끗하고 차가운 750ml 용량의 입구가 넓은 유리병에 우유와 케피어 알갱이를 넣습니다. 잘 저은 후 면보로 덮어줍니다. 고무밴드로 고정하거나 뚜껑을 단단히 닫습니다.

병을 섭씨 18-28도의 실온에서 직사광선을 피해 24시간 동안 우유가 살짝 걸쭉해질 때까지 둡니다. 케피어 알갱이가 유리병 바닥으로 가라앉았다가 다시 떠오르는 현상은 처음에 흔합니다. 알갱이를 둘러싼 우유가 먼저 발효하기 시작할 것입니다. 병을 흔들거나 내용물을 저어서 유효성분을 재분배하여 내용물이 더욱 빨리 발효되게 합니다.

우유를 발효시키면 커드와 유청으로 분해될 때까지 산도는 계속 증가합니다. 우유가 분해되기 전, 깨끗한 숟가락으로 케피어를 맛보세요. 여러분이 원하는 것보다는 신맛이 덜할 것입니다. 케피어 알갱이를 걸러낸 후에도 발효는 계속 진행됩니다. 만약 맛이 만족스럽지 않다면 좀 더 숙성시킵니다.

준비가 되면 유리병 안의 내용물을 큰 볼 위에 체로 걸러내세요. 체를 살살 흔들어서 케피어 알갱이에서 액체를 최대한 털어내세요. 나무주걱으로 케피어 알갱이를 한켠으로 밀면서 액체를 짜내세요. 볼에 고인 케피어에서 나온 액체를 깨끗하게 씻어 준비한 유리병에 넣고 한쪽에 잠시 두세요.

케피어 알갱이는 증식하기 때문에 필요한 양을 남겨 여분은 보관하거나 지인에게 나눠주거나 퇴비로 사용하면 됩니다. 케피어 알갱이 1큰술을 신선한 우유 500ml에 넣으면 케피어 밀크를 만들 준비가 되었습니다. 이 숙성 케피어 액체는 바로 섭취해도 되고 밀폐용기에 넣어 냉장고에 5-8일까지 보관 가능합니다. 이때 케피어는 계속 숙성되어 산도가 올라갈 것입니다. 대안으로 2차 발효를 할 수 있습니다. (오른쪽 페이지에 나오는 레시피를 참조하세요.)

숙성 유제 케피어 2차 발효

Ripe Dairy Kefir Second Fermentation

케피어는 종종 우유계의 샴페인이라고도 불립니다. 기포가 있는 음료를 원한다면 과일과 향신료를 첨가한 이 매력 넘치는 음료를 만나보세요. 몇 가지 맛을 제안하니 기호에 따라 섞어 마셔보세요.

350ml
준비 시간 1-3일

재료
숙성 케피어 350ml

향료 (선택 사항)
신선한 또는 말린 베리 1큰술
길게 가른 바닐라빈 1개
계피 스틱 1개
으깬 바나나 1작은술
패션프루트 1개의 과육과 씨
스타아니스, 계피, 육두구, 카다멈 등 향신료 가루
   한두 꼬집

주입 숙성 케피어를 주전자에 넣고 기호에 따라서 향을 낼 재료를 추가합니다. 잘 섞은 후 500ml 용량의 스윙 보틀에 담습니다. 뚜껑을 닫은 후 서늘한 실온에 8-12시간 동안 두거나 냉장고에 넣어 4-5일 안에 섭취합니다.

서빙하기 전에 병을 싱크대 위나 실외에서 조심스레 열어줍니다. 샴페인을 열 때처럼 내용물이 넘쳐버릴 수 있으므로 주의합니다.

사프란, 메이플, 바닐라
케피어 밀크 피즈
2차 발효

Saffron, Maple and Vanilla Kefir Milk Fizz
Second Fermentation

탄산이 들어간 우유는 적응이 필요한 맛이지만, 익숙해지면 더 맛보고 싶어질 것입니다. 이 맛의 조합은 우유를 아주 특별한 음료로 탈바꿈시켜줍니다. 저는 케피어를 겨울에는 그대로 실온에서 마시지만, 여름이 오면 차갑게 얼려 먹습니다.

650ml
준비 시간 약 1-3일

재료
사프란 가닥 한 꼬집
끓는 물 50ml
숙성 유제 케피어 600ml
메이플 시럽 1큰술 (선택 사항)
길게 가른 바닐라빈 1개

사프란과 끓는 물을 1L 용량의 주전자에 넣어 섞고 식을 때까지 우려냅니다.

주입 사프란과 물이 다 식히면 숙성 케피어를 넣습니다. 메이플 시럽을 넣고 잘 저어줍니다. 바닐라빈을 깨끗한 750ml 용량의 스윙 보틀에 넣고 케피어를 넣습니다(깔때기가 있다면 사용하세요). 뚜껑을 닫고 병을 하루 동안 실온 보관합니다. 하루가 지나면 뚜껑을 열어 축적된 압력을 배출하고 냉장고에 넣습니다. 냉장 보관은 5일까지 가능하지만, 하루에 한 번씩 병을 열어주어 탄산이 과잉 축적되지 않도록 해주세요.

발효 클로티드 크림
Cultured Clotted Cream

클로티드 크림은 영국 남서부 지방의 콘월과 데번의 전통 음식으로 스콘과 잼의 최고의 파트너입니다. 발효 클로티드 크림은 약간 신맛이 나는데 단맛을 상쇄하기에 좋습니다. 음식에 토핑으로 얹어 먹어도 매우 좋습니다. 복숭아 피칸 생강 케이크(P190)나 헤이즐넛 메이플 초콜릿 케이크(P194)와 함께 먹어보세요.

약 360g
준비 시간 18시간

재료
더블 크림(유지방 45% 이상의 생크림) 400ml
　(가능하면 비살균처리된 것을 사용하세요)
케피어, 필미열크, 버터밀크나 플레인 요구르트 같은
　발효된 우유나 크림 1/2작은술

오븐을 섭씨 80도로 예열하세요. 크림을 오븐에 넣어 사용할 수 있는 캐서롤 그릇이나 볼에 넣으세요. 넘쳐흐르는 것을 예방하기 위해 그릇의 테두리와 크림의 표면 사이에 최소 3-5cm 길이의 공간을 두세요. 오븐 중앙에 놓고 8-12시간, 표면이 건조되면서 짙은 금색 빛깔이 날 때까지 구워주세요.

오븐에서 꺼내 실온에서 식힌 다음, 그릇을 덮어 냉장고에 하룻밤 보관합니다.

주입 다음날 컬쳐를 부드럽게 섞어 주세요. 표면의 걸쭉한 크림과 바닥의 묽은 크림이 골고루 섞이게 해주세요. 한번 식으면 더 진한 크림으로 즐길 수 있는 풍부한 덩어리를 만드는 과정입니다. 그릇을 덮은 후 실온에 4-6시간 둡니다.

발효 중인 클로티드 크림을 퍼서 깨끗한 유리병에 넣고 뚜껑을 단단히 닫습니다. 냉장고에 넣으면 계속 발효가 진행됩니다. 냉장 보관 시 5-7일까지 사용할 수 있습니다.

크렘 프레슈

Crème Fraîche

이 멋지고 가볍게 신맛이 나는 크림이 없었다면 프랑스 요리는 과연 어떻게 되었을까요? 신선한 제철 과일에 얹으면 완벽한 조합을 이루고, 소스나 수프에는 크림과 같은 질감을 더해주며, 케이크와도 잘 어울립니다. 이 레시피를 통해 숙성 케피어를 활용하여 아주 맛있는 케피어 크림을 만들어 보세요.

약 500ml
준비 시간 약 24시간

재료
기본 생크림 500ml
플레인 요구르트, 버터밀크, 크렘 프레슈 또는 숙성 케피어 1큰술

주입 믹싱볼에 크림과 요구르트를 부어 휘저어 섞고 깨끗한 유리병에 담습니다. 뚜껑을 단단히 닫고 따뜻한 장소에 24시간 동안 발효시킵니다.

24시간이 지나면 크림은 걸쭉해지면서 약간 신맛을 낼 것입니다. 밀봉한 병을 냉장고에 넣으면 더욱 걸쭉해질 것입니다. 2주까지 사용 가능합니다.

발효 버터와 버터밀크

Cultured Butter and Buttermilk

크림은 약 30%의 유지방으로 구성되어 있으며 나머지는 수분입니다. 크림을 발효시켜 휘저으면 고체 지방, 버터, 그리고 우유와 같은 액체(버터밀크)로 분리됩니다. 버터밀크는 베이킹할 때 우유나 물의 대체 재료로 사용할 수 있습니다. 버터밀크는 약하게 신맛이 나기 때문에 그대로 마시거나 스무디로 만들어 먹으면 맛있습니다.

버터 약 340g
준비 시간 20분

재료
버터밀크 약 550ml
차갑고 살짝 발효된 케피어 크림 또는 크렘 프레슈 1L
씨솔트 한 꼬집 (선택 사항)

차가운 케피어 크림 또는 크렘 프레슈를 푸드 프로세서나 믹서에 넣습니다. 크림을 천천히 3-4분 동안 휘저으면 버터와 묽은 우유 같은 액체가 생성되는 게 보이기 시작합니다. 묽은 우유 같은 액체에 지방 덩어리가 생기면 다음 단계로 넘어갈 준비가 됐습니다.

얼음물로 채운 큰 볼을 준비하세요. 체에 면보를 깔고 큰 볼 위에 올려놓으세요. 크림을 기울여 체에 따라 부을 때 스패츌러를 사용해서 부드럽게 버터밀크를 최대한 짜냅니다.

버터밀크는 깨끗한 유리병에 담아 밀봉하여 냉장고에 넣으세요. 약 2주 정도 보관할 수 있을 것입니다.

버터는 얼음물에 담가 손으로 짜내어 잘 헹굽니다(버터밀크를 최대한 짜내야 버터를 더 잘 유지할 수 있습니다).

버터를 걸러내어 면보 위에 다시 올려 놓습니다. 버터를 헹군 물은 요리용으로 사용하거나 식물에게 줄 수 있습니다.

면보를 꽉 짜 버터에서 수분을 배출시킵니다.

버터 전용 접시 butter pat나 납작한 나무주걱 두 개를 활용해서 주걱 뒷면으로 원형 또는 사각형 모양으로 버터의 모양을 잡습니다. 키친타월로 버터의 물기를 제거하고 용기에 담아 보관합니다. 냉장고에서 1주일까지 보관 가능합니다.

 크림은 반드시 차가워야 합니다. 그렇지 않으면 분해되지 않습니다.

발효 귤
콤파운드 버터

Mandarin Cultured Compound Butter

콤파운드 버터는 다른 재료와 함께 맛을 낸 버터입니다. 버터에 고품질 오일과 귤을 섞어 냉장고에 넣어 줍니다. 소금에 절인 생선구이(P250), 삶은 브로콜리나 껍질 콩과 곁들이면 좋으며 스펠트 사워도우(P178)에 발라먹으면 기분 좋고 상큼한 맛을 즐길 수 있습니다.

약 450g
준비 시간 15 분

재료
실온의 발효 버터 250g
엑스트라 버진 올리브오일 150ml
아마씨유 20ml (버터를 사용할 경우 제외)
중국식 시트러스와 향신료 절임(P114)의
　다진 귤 껍질 2작은술, 곱게 간 귤 제스트
　1작은술 또는 아그루마토 Agrumato 만다린
　올리브오일 (노트 참조) 20ml

발효 버터, 오일 그리고 귤 또는 만다린 올리브오일을 푸드 프로세서에 넣습니다. 1분 동안 빠르게 돌려 내용물이 한 덩어리가 되게 합니다.

스패츌러를 사용해서 버터를 밀폐용기나 병에 담아 냉장고에 넣으면 3주까지 보관할 수 있습니다.

냉장고에서 꺼냈을 때 너무 단단해서 바로 발라 먹기 어렵다면 올리브오일을 살짝 넣고 푸드 프로세서에 돌려줍니다.

 아그루마토(Agrumato)는 가장 높은 품질의 올리브오일입니다. Agrume는 이탈리아어로 '시트러스 citrus'를 뜻합니다. 깔끔하고 신선한 맛의 이 올리브오일은 통과일을 올리브와 함께 으깨어 만듭니다.

케피어 베리 바바루아

Kefir Berry Bavarois with Date and Almond Base

바바루아는 크림으로 만든 무스입니다. 이 레시피에서는 케피어와 케피어 크림으로 만듭니다. 필링은 부드러워 흔들거릴 정도이고 대추야자와 아몬드로 만든 베이스는 쫄깃하고 고소한 맛을 냅니다. 이 레시피는 영양소도 풍부하고 너무 달지 않으면서 매우 만족스러운 맛이 납니다. 케피어를 처음 접해보는 사람들에게 권하기 좋은 음식입니다.

8-12 인분
준비 시간 약 24시간

재료
유기농 젤라틴 25g
씨를 제거해 거칠게 다진 메드줄 대추야자 160g
바삭한 또는 아몬드 320g
노른자를 분리한 계란 4개
우유 250ml
숙성 유제 케피어 750ml
케피어 크림, 크렘 프레슈 또는 신선한 생크림 260g
야생 꿀 또는 메이플 시럽 175g
씨를 제거한 바닐라 빈

토핑
사과 또는 배 주스 150ml
신선한 또는 냉동 블루베리 250g
찬물 2큰술에 녹인 칡녹말가루 2작은술

젤라틴을 찬물에 10분 동안 담구어 완전히 유연하고 부드러워지게 합니다.

23cm 정도 크기의 분리되는 케이크틀springform pan에 버터나 기름을 발라주고 바닥에 베이킹 페이퍼를 깔아줍니다. 푸드 프로세서에 대추야자와 아몬드가 잘 섞일 때까지 갈아줍니다. 내용물을 준비된 케이크틀에 담아 숟가락 뒷면으로 고르게 바닥에 눌러준 후 한쪽에 잠시 둡니다.

계란 노른자와 우유를 냄비에 넣어 나무주걱으로 휘저으면서 중불로 내용물이 끓기 전까지 가열합니다. 불을 끄고 10분 동안 식힙니다.

젤라틴을 걸러내어 물기를 제거합니다. 따뜻한 우유에 젤라틴을 넣어 완전히 녹입니다.

주입 살짝 식힌 후 우유와 유제 케피어, 크림 그리고 꿀과 섞습니다.

계란 흰자를 거품내어 거품기를 들어올릴 때 거품이 뽀족한 모양을 띠게 합니다. 계란 흰자를 케피어 믹스에 부드럽게 섞어줍니다. 케이크틀에 준비한 대추야자와 아몬드 바닥 위로 케피어 믹스를 부어줍니다. 완전히 식을 때까지 냉장고에 최소 12시간 동안 넣어 안정되게 합니다.

토핑을 만들기 위해 냄비에 사과주스를 가열합니다. 블루베리를 넣고 중불에 2분 동안 조리합니다. 칡녹말가루를 휘저어 넣어 반짝거리면서 약간 걸쭉한 소스를 완성합니다. 불을 끄고 실온에서 식힙니다. 식으면 냉장해둔 케이크를 꺼내고 그 위에 뿌려 서빙합니다.

note **베지테리언 레시피** 젤라틴 대신 우뭇가사리 가루 4 1/2작은술을 찬물 125ml에 넣어 저으세요. 약한 불 위에 올려 가루가 다 녹을 때까지 계속 저어주세요. 살짝 식힌 후 우유와 계란 혼합물, 유제 케피르, 크림, 꿀과 섞은 후 위의 레시피를 따르세요.

필미엘크

Filmjölk

필미엘크는 부드러운 맛과 살짝 도는 신맛이 일품인 스웨덴식 발효 우유 또는 크림입니다. 포리지, 메밀 수수 해바라기씨 필라프(P53)와도 잘 어울립니다. 필미엘크의 특유의 맛은 우유를 시게 만들어주는 박테리아인 락토코쿠스 락티스Lactococcus lactis와 류코노스톡 메센테로이데스Leuconostoc mesenteroides가 우유의 단백질을 응고시켜 부드럽고 걸쭉한 요구르트처럼 만들어주고, 비타민 B와 유익한 프로바이오틱을 풍부하게 하면서 만들어집니다. 하지만 요구르트와 달리 우유를 가열시킬 필요가 없어 필미엘크는 빠르고 쉽게 만들 수 있는 발효 음식 중 하나입니다. 요구르트와 같은 방식으로 백업할 수 있습니다

500ml
준비 시간 12-24 시간

재료
우유 또는 생크림 500ml
필미엘크 1큰술

주입 깨끗한 유리병에 우유와 필미엘크를 넣어 섞습니다. 면보로 덮고 고무밴드로 고정해줍니다. 섭씨 25-30도의 따뜻한 장소에서 12-24시간 동안 둡니다. 병을 들어서 여러분 방향으로 기울였을 때 발효한 우유가 분리되지 않고 한 덩어리로 움직이면 완성된 것입니다.

뚜껑을 닫고 만든 날짜를 적은 라벨을 붙여 냉장고에 넣습니다. 7-10일 내로 사용합니다.

필미엘크를 만들 때마다 반드시 기억해야 하는 것은 다음에 만들 때 스타터로 사용할 1큰술을 보관하는 것입니다. 스타터의 필요 여부와 관계 없이 습관적으로 하는 것이 좋습니다. 이렇게 하면 컬쳐가 방치되는 일이 없을 것입니다. 필미엘크는 만들고 관리하기 쉽지만 7-10일마다 새로 만들어야 합니다. 필미엘크가 많이 남으면 다음 레시피들에 활용해보거나 주변에 나눠주세요.

note 필미엘크를 길게 보관할수록 번식하는 미생물들이 우유의 당분을 섭취하면서 더 많은 산을 생성하기 때문에 신맛이 강해집니다. 방치하면 완전히 분해되어 매우 시고 아세톤과 비슷한 냄새가 날 수도 있습니다. 이 현상은 발효가 너무 오랫동안 진행되었다는 뜻입니다. 병의 밑바닥에서 1큰술을 퍼내 보관하고 나머지는 버리세요. 정상으로 돌아올 때까지 여러 번 자주 만들어주세요.

머스터드
딜 필미엘크 크림

Mustard and Dill Filmjölk Cream

가볍고 크림 같은 드레싱으로 생선 절임이나 샐러드, 야채찜과 조화가 좋습니다.

240ml
준비 시간 10분

재료
필미엘크 200ml
매운 머스터드 소스 1큰술
씨솔트 1/2작은술
갓 간 신선한 흑후추 1/2큰술
다진 딜 2큰술

재료를 믹싱볼에 넣고 잘 섞습니다. 깨끗한 유리병에 넣고 냉장고에 넣으면 10일까지 보관 가능합니다.

오이 필미엘크
라이타

Cucumber Filmjölk Raita

이 레시피는 스칸디나비아와 인도 문화를 엮어줍니다. 라이타는 요구르트와 민트, 오이로 만드는 인도의 소스 중 하나로 인제라 플랫브레드(P204), 미시르 왓(P207)과 맛의 조화를 이룹니다.

약 500ml
준비 시간 45분

재료
오이 1개 아주 잘게 다진 것
간맞춤용 씨솔트
필미엘크 또는 플레인 요구르트 460g
민트 가지 3개 잎을 떼어 잘게 다진 것
갓 간 신선한 흑후추

오이와 소금을 믹싱볼에 넣어 잘 버무려 한쪽에 40분 동안 그대로 둡니다.

그동안에 볼 위에 체를 올리고 필미엘크나 요구르트를 40분 동안 체로 걸러냅니다.

오이에서 배출된 수분을 짜내어 버립니다.

오이와 걸러낸 필미엘크 또는 요구르트와 나머지 재료를 함께 섞습니다. 라이타는 밀폐용기에 담아 냉장고에 1주일까지 보관 가능합니다.

단감과 꿀을 곁들인 필미열크 아이스크림

Filmjölk Ice Cream with Persimmon and Honey

이 아이스크림의 성패 여부는 꿀에 달려있습니다. 여러분이 제일 좋아하는 꿀을 사용하세요. 가을에 풍부한 단감은 이 아이스크림과 잘 어울리지만 어떤 제철 과일을 사용해도 무방합니다. 구운 아몬드를 더하면 씹히는 식감이 더해집니다.

약 1.25L
준비 시간 8-12시간

재료
우유 400ml
씨솔트 한 꼬집
계란 노른자 10개
야생 꿀 100ml (가급적 로컬에서 구한 것)
차가운 필미열크 400ml
작은 조각으로 썬 잘 익은 단감 1개
살짝 구워 얇게 편으로 저민 아몬드 50g

우유와 소금을 냄비에 끓기 직전까지 데우세요. 불을 끄고 한쪽에 잠시 두세요.

전기 거품기 또는 스탠드형 믹서기를 사용해 계란 노른자와 꿀을 휘저어 희미한 색의 걸쭉한 농도로 만드세요. 우유를 다시 끓기 직전까지 데우세요. 서서히 따뜻한 우유를 노른자에 부으면서 계속 휘저어주세요. 혼합물을 냄비에 다시 넣고 나무주걱 뒷면을 코팅할 수 있는 농도가 될 때까지 아주 약한 불 위에 계속 저어줍니다. 혼합물이 끓지 않도록 주의하세요. 자칫하면 아주 비싼 에그스크램블이 될 수도 있습니다!

싱크대를 얼음물로 채우고 그 위에 차가운 믹싱볼을 준비합니다. 믹싱볼 위에 체를 올려 냄비의 내용물을 걸러내고 얼음물에 식힙니다. 내용물이 식으면 믹싱볼을 덮어 아주 차가워질 때까지 냉장고에 넣습니다.

주입 아이스크림 제조기가 있다면 필미열크 크림, 단감 그리고 저민 아몬드를 커스터드에 부드럽게 섞어 넣고 제조기 사용 설명서에 따라 휘저어 줍니다.

아이스크림 제조기가 없다면 필미열크 크림만 커스터드에 부드럽게 섞어 넣습니다. 내용물을 1L 용기에 넣고 뚜껑을 닫아 살짝 얼 때까지 4-6시간 동안 냉동합니다. 냉동고에서 용기를 꺼내 살짝 얼려진 아이스크림을 도마에 뒤집어 꺼내 조각을 냅니다.

조각을 푸드 프로세서에 넣어 부드러워질 때까지 갈아줍니다. 이때 단감과 아몬드를 넣고 다시 용기에 넣고 단단해질 때까지 냉동합니다. 아이스크림은 1개월 또는 더 길게 보관할 수 있습니다.

서빙하기 15-20분 전, 아이스크림을 냉동고에서 꺼내 살짝 해동시킵니다. 벌집 조각과 같이 서빙해도 훌륭합니다.

워터 케피어
티비코스

WATER KEFIR (TIBICOS)

워터 케피어(또는 티비코스)는 소화기능, 면역력 개선 등 건강에 좋은 프로바이오틱이 다량으로 함유된 음료를 만들 때 사용하는 스코비입니다. 시간과 온도, 재료의 비율에 따라 상당히 단맛부터 꽤 드라이한 맛까지 워터 케피어의 맛은 다양한 범위를 아우릅니다. 유제 케피어와는 다른 스코비인데 유리와 같은 모양새에 깨지기 쉬운 구조를 지니고 있습니다. 스코비는 워터 케피어의 단일 균주인 락토바실러스 힐가르디Lactobacillus hilgardii가 생성한 다당류 겔에서 삽니다. 화학물질이 이 유용한 박테리아를 파괴시킬 위험이 있으므로 화학물질이 첨가되지 않은 물을 사용하는 것이 매우 중요합니다. 스코비는 다양한 속도로 증식합니다. 때로는 하룻밤 만에 두 배로 증가하기도 하고 어떨 때는 속도가 느려질 때도 있습니다. 속도가 느려지면 미네랄이 풍부한 설탕(예를 들어 당밀) 1작은술 또는 황산염으로 처리되지 않은 말린 과일이나 삶은 계란 껍데기 조각과 소량의 베이킹 소다를 넣어 주면 됩니다.

워터 케피어는 스코비를 설탕을 넣은 물이나 코코넛 워터, 과일 주스, 넛 밀크, 두유와 같이 탄수화물이 풍부한 액체에 넣어 배양합니다. 스코비가 당분을 섭취하면서 젖산과 초산, 이산화탄소, 그리고 소량의 에탄올(알코올)을 생성하여 탄산이 약간 있고 어느 정도의 신맛을 지닌 음료가 탄생하게 됩니다. 워터 케피어 알갱이는 유제 케피어 알갱이보다 연약하기 때문에 며칠마다 주기적으로 먹이를 줘야 합니다. 그렇지 않으면 높아지는 산도에 절여져 죽게 될 것입니다.

워터 케피어 알갱이 관리 (1-2주)

1 알갱이를 체로 걸러낸 후 깨끗한 병에 넣습니다.
2 1차 발효 과정에 따라 병의 3/4을 채울 양의 신선한 설탕물을 만듭니다.
3 알갱이에 설탕물을 부어주세요.
4 이산화탄소가 빠져나갈 수 있게 뚜껑을 느슨하게 닫고 냉장고에 넣으세요.

보관 및 백업을 위한 건조하기

1 알갱이를 체로 걸러낸 후 정수된 물로 헹구세요.
2 키친타월 또는 음식 건조기에 펼쳐 공기 건조(또는 건조기를 섭씨 40도로 설정)시켜 완전히 말립니다.
3 말린 알갱이를 작은 병이나 지퍼락에 담아 냉장고에 넣어 다시 사용할 때까지 보관하세요.
4 알갱이를 복원시키려면 다음 페이지에 소개하는 워터 케피어 레시피를 따라 하세요. 알갱이가 완전히 활성화된 상태로 돌아오려면 3일마다 설탕물을 갈아줘야 하며 며칠 또는 몇 주 이상 걸릴 수도 있습니다.

워터 케피어
1차 발효

Water Kefir First Fermentation

약 1L
준비 시간 2-3일

재료
정수된 물 1L
워터 케피어 알갱이 약 60g, 워터 케피어를 만드는
 사람한테 얻거나 구매한 것
메이플 시럽 60ml 또는 원당 35g
생강 50g을 갈아서 낸 생강즙 1큰술
말린 무화과 1개 (선택사항)

주입 모든 재료를 2L 용량의 깨끗한 병에 담습니다. 뚜껑을 단단히 닫아 서늘한 실온에서 2-4일 둡니다. 발효가 진행되는 동안 스코비는 병 아래로 가라앉지만 이산화탄소가 생성되면서 둥둥 뜨는 것을 볼 수 있을 것입니다.

뚜껑을 열어 워터 케피어 맛을 봅니다. 희미한 단맛, 기분 좋은 신맛, 그리고 탄산이 살짝 느껴질 것입니다. 촘촘한 거름망으로 워터 케피어를 걸러냅니다. 액체는 다시 봉할 수 있는 밀폐용기에 넣거나 2차 발효를 위해 부분 또는 전부를 사용합니다.

1차 발효 이후 탄산을 좀 더 키우고 싶다면, 밀봉된 병을 실온에 하루 더 두고 뚜껑을 한 번 열어 축적된 압력을 완화시켜준 다음에 마시기 1-2일 전에 냉장고에 넣어 보관합니다.

걸러낸 스코비를 2L 용량의 깨끗한 병에 넣고 새로 워터 케피어를 만듭니다.

숙성 워터 케피어
2차 발효

Ripe Water Kefir Second Fermentation

약 1L
준비 시간 1-3일

재료
1차 발효 워터 케피어 750ml
신선한 주스 60ml 또는 신선한 과일 혹은 말린
 과일 또는 비정제당이나 메이플 시럽 같은 천연
 감미료

주입 워터 케피어를 스윙 보틀에 따라 넣습니다. 주스나 과일, 그리고 여러분의 기호에 따라 허브나 향신료를 추가해주세요.

뚜껑을 단단히 닫고 서늘한 실온에 12시간 둡니다. 압력을 배출하기 위해 뚜껑을 열었다가 다시 봉해 냉장고에 2-3일 보관합니다. 매일 병을 열어 트림시켜줍니다. 만족스러운 맛과 탄산이 생기면 완성된 것입니다.

파인애플 생강 워터 케피어 그라니타

Pineapple and Ginger Water Kefir Granita

그라니타는 뜨거운 여름 날에 즐기기 좋은 얼음 소르베입니다. 그라니타에 잘 익은 파인애플을 천연 감미료로 추가합니다. 이 레시피는 쉽게 응용할 수 있어 여름철에 다양한 조합으로 슬러시를 끊임없이 만들 수 있습니다. 망고, 라임, 코코넛워터, 타마린드와 리치 등은 좋은 조합입니다.

워터 케피어를 준, 콤부차, 진저 비어와 같은 물 기반 발효 음료로 대체할 수 있습니다.

약 1L
준비 시간 4-5시간

재료
잘 익은 파인애플 500g을 껍질을 벗기고 다진 것
강황 50g을 갈아서 낸 강황즙 1큰술
생강 50g을 갈아서 낸 생강즙 1큰술
카피르 라임 레몬그라스 스파클링 에이드
    375ml(P155)
씨솔트 한 꼬집
가니쉬용 라임잎 또는 민트잎

푸드 프로세서나 초고속 블렌더에 파인애플, 강황 및 생강즙을 넣어 부드러워질 때까지 갈아줍니다.

스파클링 에이드와 씨솔트를 추가하고 냉동 가능한 얕은 그릇에 걸러 담은 다음 냉동고에 1시간 둡니다. 용기 가장자리에 얼음이 생겼는지 확인해보고 포크를 사용해 저으세요. 냉동고에 넣고 완전히 얼 때까지 3-4시간마다 저으세요.

서빙할 때 그라니타를 퍼서 얼려둔 볼이나 차가운 잔에 담으세요. 저는 산뜻한 맛을 위해 아주 얇게 썬 카피르 라임잎을 넣는 것을 좋아합니다. 신선한 민트 잎도 좋고 파인애플 조각을 추가해도 좋습니다.

코코넛 워터 케피어
1차 발효

Coconut Water Kefir First Fermentation

약 1L
준비 시간 12-24시간

재료
가능한 신선한 무당 코코넛 워터 1L
워터 케피어 알갱이 120g

주입 재료를 깨끗한 2L 용량의 유리병에 넣으세요. 병을 단단히 닫아 실온에 12-24시간 동안 두세요.

맛을 보고 약간의 단맛 또는 드라이한 맛이 날 때 체로 걸러내세요. 코코넛 워터 케피어는 비교적 빠르게 시어 버릴 수 있으니 다른 워터 케피어 음료보다 더 빨리 맛을 확인하는 것이 좋습니다.

코코넛 워터 케피어
사워에이드
2차 발효

Coconut Water Kefir Souraid Second Fermentation

약 1L
준비 시간 8시간

재료
잘 익은 파인애플 40g을 다진 것
타마린드 퓌레 1큰술
정수된 물 60ml
하루 반 정도 발효시켜 걸러낸 코코넛 워터 케피어 750ml

워터 케피어는 소화제로 여겨지기도 해서 저는 이 음료를 사워에이드나 스파클링 에이드라고 부릅니다. 기분이 좋아지는 이 새콤달콤한 음료는 지독하게 더운 날에 제격입니다. 얼음틀에 넣어 얼려 미네랄 워터와 민트 가지와 함께 마셔보세요.

파인애플, 타마린드 퓌레와 물을 블렌더에 넣어 잘 갈아주세요. 혼합물을 촘촘한 체로 걸러내고 액체는 1L 용량의 깨끗한 스윙 보틀에 넣으세요.

주입 걸러낸 코코넛 워터 케피어를 병에 넣고 밀봉합니다. 직사광선을 피해 서늘한 장소에 8시간 동안 발효시킨 후 조심스럽게 열어 맛을 보세요. 탄산 수준과 맛에 만족하면 마실 준비가 될 때까지 냉장고에 넣으세요. 그렇지 않다면 4시간 동안 더 발효시키면서 계속 맛을 보세요.

완성된 음료는 냉장고에서 2-3주까지 보관이 가능하지만, 음료가 숙성될수록 맛이 더욱 시어지기 때문에 유의하세요. 하루에 한 번, 병 뚜껑을 열어 탄산이 너무 강해지지 않게 해주세요.

라즈베리 생강 주니퍼 스파클링 에이드 2차 발효

*Raspberry, Ginger and
Juniper Sparkleaid Second Fermentation*

주니퍼는 잘 익은 베리류와 아름다운 조화를 이룹니다. 이 음료는 늦여름, 라즈베리가 제일 맛있을 때 최고입니다. 사용하는 과일의 겉과 속에 곰팡이가 없는지 잘 확인하세요. 완성된 음료는 그대로도 맛있지만 기호에 따라 진을 살짝 첨가해도 좋습니다.

약 1L
준비 시간 1-3일

재료
신선한 라즈베리 30g
가볍게 으깬 말린 주니퍼 베리 2큰술
2-3일 발효시켜 걸러낸 발효 워터 케피어 875ml
　(단맛이 겨우 날 정도로)
생강을 갈아서 낸 생강즙 1큰술

라즈베리를 꼼꼼히 살펴보세요. 곰팡이가 난 것은 버리세요. 라즈베리를 믹싱볼에 넣어 숟가락 뒷면으로 지그시 으깨주세요.

모든 재료를 1L 용량의 스윙 보틀에 넣고 단단히 밀봉하세요.

직사광선을 피해 서늘한 곳에 놓고 8시간 동안 발효시키세요. 조심스럽게 뚜껑을 열어 맛을 보세요. 탄산 수준과 맛에 만족하면 냉장고에 넣으세요. 그렇지 않다면 4시간 동안 더 발효시키면서 계속 맛을 보세요.

완성된 음료는 냉장고에서 2-3주까지 보관이 가능하지만, 음료가 숙성될수록 맛이 더욱 시어지는 것과 베리의 색이 침착될 수 있다는 것을 감안하세요. 하루에 한 번 병뚜껑을 열어 탄산이 너무 강해지지 않게 해주세요. 서빙할 때 라즈베리와 주니퍼베리는 걸러내세요.

P148-149 사진 — 앞쪽

카피르 라임, 레몬그라스 스파클링 에이드
2차 발효

Kaffir Lime and Lemongrass Sparkleaid
Second Fermentation

저는 재료를 후려치는 조리방식은 보통은 권하지 않지만, 홍두깨와 같은 도구로 레몬그라스를 짓눌러 활용하면 음료에 맛을 우려낼 때는 도움이 됩니다. 카피르 라임잎을 최대한 잘게 써는 것도 같은 원리입니다.

약 1L
준비 시간 2-3일

재료
2-3일 발효시켜 걸러낸 발효 워터 케피어 875ml
  (단맛이 겨우 날 정도로)
신선한 카피르 라임잎 3장을 잘게 썰거나 으깬 것
레몬그라스 1줄기(뭉개거나 짓눌러 활용)
라임 1개의 제스트와 즙
핑거라임 알갱이 1작은술 (선택 사항)
간 팜슈거 2작은술

입구가 큰 병에 모든 재료를 넣어 섞습니다. 밀봉한 후 서늘한 곳에 두고 실온에서 24-36시간 발효시킵니다.

맛을 봤을 때 약간 단맛이 날 것입니다. 촘촘한 체로 걸러낸 액체 1L를 스윙 보틀에 담습니다.

밀봉한 후 실온에서 8-12시간 더 발효시킵니다. 맛을 보고 탄산 수준이 적절한지 확인해보세요. 기호에 맞춰 음료가 완성되면 냉장고에 넣으세요. 냉장 보관 시 2-3주 동안 사용할 수 있지만, 음료가 숙성될수록 맛이 더욱 시어진다는 것을 기억하세요. 하루에 한 번 병뚜껑을 열어 탄산이 너무 강해지지 않게 해주세요.

P148-149 사진 - 뒤쪽

발효 살구 스프레드

Cultured Apricot Spread

펜케이크나 비슷한 빵과 함께 먹을 수 있는 맛있는 스프레드입니다. 체리, 캐슈 아마자케 아이스크림(P238), 필미열크, 요구르트나 케피어 크림과도 잘 어울립니다. 말리의 마카다미아 바나나 팬케이크(P56)와 같이 먹어도 아주 좋습니다. 햇볕에 말린 살구, 황처리를 하지 않은 살구를 사용하세요. 황이 함유되어 있으면 유익균이 억제됩니다.

약 1L
준비 시간 1-4일

재료
햇볕에 말린 살구 또는 기호에 따라 황처리하지 않은
　다른 말린 과일 330g
물 500ml
씨솔트 1작은술
워터 케피어, 콤부차, 준 또는 유청 60ml

큰 냄비에 과일, 물, 소금을 섞고 뚜껑을 덮은 후 하룻밤 재워두세요.

다음날 냄비를 약불에 올려 뭉근하게 졸입니다. 과일이 완전히 연해지고 대부분의 액체가 흡수될 때까지 중약불로 조리합니다. 타지 않도록 잘 지켜보세요. 불을 끄고 실온에서 식히세요.

주입 기호에 따라 선호하는 스타터를 넣고 걸쭉하고 부드러운 농도가 될 때까지 갈아주세요. 원하는 농도에 맞추기 위해 끓인 후 식힌 물을 추가해주세요. 혼합물을 입구가 넓고 뚜껑이 있는 유리병에 따라 넣으세요. 내용물과 병 입구까지 최소 5cm 높이의 공간을 남겨두세요. 냉장고에 넣으면 발효가 천천히 지속되고 1개월까지 보관 가능합니다.

 발효 스프레드를 섭씨 5도 이상의 온도에 방치하지 마세요. 높은 당분으로 인해 알코올 발효가 일어나면서 부패될 수 있습니다.

콤부차와 준

KOMBUCHA AND JUN

콤부차와 준은 차의 당분을 이용하는 스코비로 발효되어 신맛이 약간 나는 발포성 소화제 음료로 사랑받게 되었습니다. 두 음료는 근본적으로 같고 같은 가계도의 갈래에서 비롯되었을 가능성이 높습니다. 콤부차는 보통 중국, 몽골 러시아를 거쳐 전파된 것으로 여겨지고, 준은 고대 티베트에서 비롯된 것으로 알려져 있습니다. 한편, 발효 전문가 산도르 카츠Sandor Katz의 말에 따르면 이 이론을 뒷받침하는 뚜렷한 역사적 증거는 없습니다.

콤부차와 준의 스코비는 질감이 고무 같기도 하고 투명도가 다양하며 해파리와 형태가 비슷합니다. 발효되는 음료 표면에 자라는데 흰색에서 얼룩덜룩한 갈색까지 음료와 거의 비슷한 색을 띱니다. 어린 스코비는 각 음료 표면에서 형성됩니다. 콤부차 마더는 재사용이 가능하며 백업해두고 보관하거나 이웃에 나눠줄 수 있습니다. 어린 스코비를 음료와 함께 보관하여 다음에 만들 때 사용하면 되고 콤부차 마더를 많이 추가하면 음료가 더 빨리 발효됩니다. 잘 가꾼 마더는 무기한으로 생존할 수 있습니다.

콤부차 마더는 잘 우려낸 홍차에 정제 백설탕을 탄 용액에서 가장 활성화됩니다. 그들이 선호하는 차는 타닌과 폴리페놀 성분이 풍부한 카멜리아 시넨시스Camellia sinensis종류입니다. 단일 품종 또는 발효 보이차, 우롱차 또는 발효하지 않은 백차나 녹차의 조합 중에서 고르세요. 여러분이 선택한 차는 음료의 성분과 맛을 좌우하지만 마더는 크게 까다롭지 않기 때문에 홍차 티백으로도 충분합니다. 허브 차에서는 별로 활성화되지 않지만 루이보스차 조합은 간혹 허용됩니다. 반면 준 마더는 녹차와 야생 꿀에서만 활성화됩니다.

콤부차 스코비 마더를 자당, 포도당, 과당 등이 풍부하게 함유된 당분에 노출시킬 수 있습니다. 차와 당의 종류는 음료의 색과 맛에 영향을 미칩니다. 콤부차 스코비 마더를 구할 때 어떤 당분을 먹였는지 알아보는 것은 좋은 방법입니다. 처음 몇 번 음료를 만들 때는 같은 설탕을 먹여주세요. 이후 다른 설탕의 단위를 차츰 늘려가면서 주입해서 미생물이 적응할 기회를 주는 것이 좋습니다.

완성된 콤부차는 건강 개선에 도움이 되는(혈액 희석제 복용 시 제외, P161 박스 설명 참조) 다양한 범위의 젖산균, 초산균, 효모와 영양성분이 들어있습니다. 음료의 성분에는 비타민 C, B1, B2, B3, B5, B12, 부티르산, 카프릴산, 아미노산 등의 여러 종류의 산과 산화 방지제 물질이 포함되어 있습니다. 콤부차는 또한 관절염, 관절 통증, 통풍 등의 질병에도 효과가 있는 것으로 알려졌습니다.

1차 발효된 콤부차는 그대로 마시거나 다른 당분이나 향료를 섞어 추가 발효를 합니다. 2차 발효 후 밀봉하면 상쾌하고 탄산이 강한 토닉 또는 사워에이드가 탄생합니다.

강력한 토닉 강장제

콤부차와 준은 하루 종일 마셔대는 음료보다는 맛있는 강장제로 생각하길 바랍니다. 이 강력한 토닉들은 하루에 두 번, 반 컵 정도 섭취하는 것이 이상적입니다. 꾸준히 음용하다 보면 눈에 띄는 변화가 있을 것이고 맛 또한 좋습니다.

콤부차는 제조 방법과 발효 시간에 따라 0.5%에서 2.5% 정도의 알코올이 들어가 있습니다. 공기와 접촉이 가능하게끔 병 입구를 열어 놓은 상태로 두면 알코올은 빠르게 산화되어 콤부차나 준 식초가 됩니다. 당을 첨가해 밀봉한 후, 발효시키면 콤부차에 있는 효모가 당을 알코올로 변환시키고 농도는 시간과 비례됩니다. 오래 발효할수록 알코올 농도도 증가합니다.

차의 카페인 농도는 설탕과 함께 발효되면서 낮아집니다. 콤부차가 살짝 달 때 마시면 설탕 농도는 1%, pH는 3.1 정도일 것입니다. 좀 더 발효해서 상당히 시어져 pH가 2.7 정도 되었을 때 원한다면 주스나 설탕을 추가해도 됩니다. pH가 더 낮아진 경우는 콤부차 식초가 된 것입니다. 콤부차 식초는 토닉이나 드레싱, 효과적인 프로바이오틱 가정용 세제로 사용할 수 있습니다. 남는 콤부차 식초는 음료 제조용 용기나 조리 도구의 마무리용 세척액으로 사용하면 좋습니다.

콤부차에서 콤부차

스코비가 없다면 좋은 품질의 살아있는 콤부차를 사서 만드는 것도 가능합니다. P160-161에 나오는 레시피를 따르고 시판용 콤부차나 준 500ml를 사용하세요. 섭씨 26도 정도의 살짝 따뜻한 장소에 직사광선을 피해 약 3주 동안 건드리지 말고 발효시킵니다.

스코비를 사용해서 만드는 콤부차는 어린 스코비(오른쪽 페이지를 보세요)를 사용해야 합니다. 어린 스코비가 완전히 형성되면 일부를 보관해 다음에 콤부차를 만들 때 사용할 수 있습니다.

어린 스코비

어린 스코비는 24-72시간이 지나면 첫 모습을 드러냅니다. 처음에는 음료나 음료 표면에 얼룩덜룩한 패치 형태로 나타날 것입니다. 보송보송하고 밝은 색의 곰팡이로 오해하지 마세요. 곰팡이가 생기면 음료를 다 버려야 합니다. 스코비가 음료에서 뜨거나 가라 앉거나 하는 것은 괜찮습니다. 마더에 구멍이 생기는 것도 괜찮습니다. 스코비의 밑면에 있는 갈색 실이나 표면에 있는 갈색 패치는 유익한 누룩 효모 형성물로, 변질된 것이 아닙니다. 원한다면 완성된 음료에서 걸러내도 됩니다.

건강한 음료

달콤한 차 혼합물은 섭씨 32도 미만으로 유지하고 콤부차 스타터와 마더를 병에 추가하기 전에 조심스럽게 걸러내야 합니다. 이 단계에서 섭씨 22-30도 범위 내에서 발효해야 합니다. 이전에 만든 콤부차에 맞는 용량을 사용하면 콤부차나 준은 믿을 만한 속도로 발효되지만, 섭씨 22도 미만으로 온도가 떨어지면 더 오래 걸릴 것입니다.

사용하는 용기의 입구를 아주 깨끗하고 촘촘히 짠 천(면보가 아닌)으로 싸서 초파리, 초선충, 곰팡이 포자로부터 보호합니다. 혹시 초파리, 초선충, 곰팡이 포자가 음료에서 발견되면 몽땅 버리고 백업 스코비를 복원하거나 새로운 것을 구해야 합니다.

휴식 취하기

백업을 만들거나 발효 과정을 잠시 멈추고 휴식을 취하려면 스코비를 아주 깨끗한 유리병에 1차 발효된 콤부차와 같이 넣어줍니다. 이것을 '스코비 호텔'이라고 부릅니다. 뚜껑을 닫고 다시 음료를 만들 준비가 될 때까지 냉장고에 보관합니다. 이렇게 하면 스코비는 몇 달 동안 보관 가능합니다. 다시 음료를 만들기 시작할 때 스타터로 액체를 조금 사용하고 레시피를 잘 따르세요.

콤부차
1차 발효

Kombucha First Fermentation

2L
준비 시간 약 7-10일

재료
1큰술의 홍차, 백차, 녹차 또는 티백 4개
원당 110g 또는 원래 스코비에서 사용했던 설탕류
차가운 정수된 물 2L
만들어 둔 콤부차 125ml 또는 시제품 콤부차 500ml
　또는 사과 사이다 식초 60ml
스코비 1 조각

차와 설탕을 큰 티포트에 넣으세요. 차가운 정수된 물 500ml를 끓인 후 티포트 안에 부어주세요. 5-10분 동안 우려냅니다. 잘 저어 설탕을 완전히 녹이세요.

2L 짜리의 입구가 넓은 아주 깨끗한 유리병이나 음료 제조 용기에 나머지 1.5L의 찬물을 따르세요. 촘촘한 거름망을 사용해 차를 유리병에 걸러내고 잘 저으세요.

온도를 확인해서 미지근한 정도인지 확인하고, 그렇지 않을 경우 한쪽에 잠시 두고 미지근해질 때까지 식힙니다.

주입 이전에 만든 콤부차 또는 시제품 콤부차, 사과 사이다 식초와 스코비를 병에 따릅니다. 촘촘이 짠 천(냅킨)으로 병을 덮고 고무밴드 또는 줄로 고정합니다. 병을 직사광선을 피해 섭씨 25도의 따뜻한 장소에 우유빛 또는 황갈색 구름처럼 생긴 어린 스코비가 군데군데 생길 때까지 8-10일 동안 건드리지 않고 둡니다.

스코비의 가장자리에 이산화탄소로 생긴 작은 거품이 보일 가능성이 높습니다. 이전의 그리고 새로운 스코비(서로 달라붙어 한 덩어리가 될 수 있는데 이럴 경우 분리해서 새로운 스코비를 아주 깨끗한 병에 넣으세요)를 병에서 꺼냅니다. 이전의 스코비는 친구에게 나눠주든가 스코비 호텔에 추가하거나 지렁이 또는 퇴비에 먹입니다. 촘촘한 거름망으로 콤부차를 걸러내 볼에 담습니다.

걸러낸 콤부차 125ml를 새로운 스코비를 담아둔 병에 넣습니다. 다음에 음료를 만들 때 스타터 역할을 할 것입니다. 이 과정은 여러분이 원할 때까지 계속할 수 있습니다.

콤부차는 이제 먹을 수 있습니다. 당장 먹지 않는다면 냉장고에 보관합니다. 탄산이 약간 있고 단맛과 신맛이 살짝 날 것입니다. 단맛이 강하다면 가스가 축적되어 탄산이 과할 수 있으니 병을 열 때 조심하세요. 콤부차 맛이 식초와 더 가깝다면 입구가 좁은 병에 넣어 식초처럼 사용할 수 있습니다. 음료를 계속 발효시킬 경우 상쾌한 신맛에서 변화해 식초 맛까지 날 수 있습니다. 여러분의 기호와 음료의 사용 목적에 따라 발효 과정을 조절하세요.

준
1차 발효

Jun First Fermentation

2L
준비 시간 약 14일

재료
차가운 정수된 물 2L
좋은 품질의 녹차 1큰술
천연 꿀 175g
준 스코비 1조각
이전에 만들어 둔 준 음료 125ml, 또는 시중에서
  판매되는 살아있는 준 500ml

준을 만드는 과정과 방법은 콤부차와 거의 비슷하나 약간의 차이점이 있습니다. 준을 만들 때 여러분이 고른 차와 꿀이 이 음료의 맛과 성격을 정하게 됩니다. 약간 반짝이면서 신맛이 나는 센차 녹차sencha green tea와 꿀의 복합적인 맛은 그야말로 환상적입니다.

물 500ml를 끓여 차를 3-4분 동안 우려냅니다. (녹차는 더 길게 우려낼 경우 쓴맛이 납니다.) 차를 걸러낸 후 나머지 찬물과 섞습니다. 체온 수준의 온도로 식히고 꿀을 넣어 녹을 때까지 섞어줍니다.

준 스코비와 준 음료를 추가합니다.

음료가 완성되면 이제 어린 스코비 또한 생겼을 것입니다. 앞으로 음료를 만들 때 사용할 수 있습니다.

주입 콤부차와 같은 방법으로 담그고 제조하여 발효된 준은 병을 열 때도 마찬가지로 주의해야 합니다.

> 콤부차와 준은 약간의 혈액을 희석시키는 효과가 있습니다. 만약 혈액 희석제를 복용하고 있다면 음용을 피하세요.

콤부차 2차 발효

BOOCH SECOND FERMENTATIONS

일반적으로 2차 발효 시 준은 1-2일, 콤부차는 2-4일 동안 섭씨 17-21도의 서늘한 실온에 보관하다가 냉장고에 넣습니다. 콤부차를 두 번 발효하면 탄산은 늘어나고 당분은 줄어듭니다. 2차 발효를 통해 원하는 맛을 첨가할 수도 있습니다. 1차 발효한 음료에 신선한 과일이나 말린 과일, 꿀과 당분 등의 다양한 단맛을 내는 재료를 넣어 완전히 새로운 음료를 만들 수 있습니다. 이럴 때는 1차 발효 음료가 드라이(단맛이 전혀 안 나는 것을 의미합니다)해 질 때까지 발효시켜 활용하는 것이 가장 좋습니다. 그렇게 하지 않으면 탄산이 과도한 음료가 될 수 있습니다. 준은 콤부차보다 탄산이 더 빨리 강해져서 6-12시간마다 병을 열어주는 것이 좋고, 이왕이면 종이 상자 안에 보관하여 병이 터질 것을 대비하는 게 좋습니다.

콤부차를 향기로운 차, 허브, 향신료 블렌드 등의 달지 않은 재료로 맛을 낼 계획이라면, 1차 발효한 음료에서 약간의 단맛이 나기 시작할 때 바로 2차 발효를 시작하세요. 그러면 박테리아와 효모가 이산화탄소와 탄산을 만들기 위해 필요한 당분을 제공합니다.

달달한 콤부차를 2차 발효할 때는 완성된 음료의 알코올 성분이 높아질 수 있으므로 어린이와 운전자가 음용하기에는 적절하지 않을 수 있다는 점을 잊지 마세요.

콤부차 또는 준 샴페인
2차 발효

Kombucha or Jun Champagne
Second Fermentation

750ml 유리병을 채울 수 있는 양
준비 시간 1-4일

재료
섭씨 22-25도에 약 8일간 또는
약간의 단맛이 날 때까지 발효시킨 콤부차 또는 준
  음료 650ml

아주 깨끗한 스윙 보틀에 콤부차를 채웁니다. 뚜껑을 닫고 종이 상자 안에 넣어 서늘한 실온에 1-4일 둡니다.

뚜껑을 조심스럽게 열어 음료의 맛을 한번 보세요. 약간의 기포가 있고 드라이하고 신맛이 나며 차나 감미료 같은 특성이 느껴질 것입니다. 신맛이 지나치게 강하다면 너무 오랫동안 방치했거나 높은 온도에 노출되었을 수 있으므로 다음에 만들 때는 적절히 조절해서 만드세요. 신맛을 완화하기 위해 미네랄 워터, 우려내어 식힌 찻물, 얼음과 민트 등으로 희석시킬 수 있습니다.

뚜껑을 다시 닫은 후, 냉장고에 1주일까지 보관할 수 있습니다.

딸기, 시나몬 콤부차 2차 발효

Strawberry and Cinnamn Booch
Second Fermantation

저는 이 조합을 매우 좋아하며 기호에 맞는 다른 과일과 향신료로도 충분히 응용 가능합니다. 블루베리와 바닐라빈, 작은 파인애플 조각과 스타아니스로도 만들어보세요.

1L
준비기간 1-4일

재료
단맛이 아주 적게 나는 콤부차 또는 준 음료 1L
잘 익은 작고 달콤한 딸기 3-4개를 다진 것
시나몬 스틱 1개

콤부차를 걸러내어 깨끗한 스윙 보틀에 따라 붓습니다. 딸기와 시나몬 스틱을 넣습니다. 뚜껑을 닫고 종이 상자에 넣어 서늘한 실온에 8시간 가량 둔 후 냉장고에 넣어 1-4일 동안 냉장시킵니다.

병을 아주 조심스럽게 열어 쉬익 하는 소리가 나는지 확인한 후 음료 맛을 보세요. 만족스러우면 바로 마시면 됩니다. 그렇지 않다면 냉장고에 다시 넣어주세요. 탄산이 증가하고 발효 과정이 천천히 계속 진행될 것입니다. 일주일까지 보관 가능하고 발효할수록 단맛은 감소하면서 음료의 색은 점점 과일과 같은 색을 띠게 됩니다.

실비아의 드라이 레몬 머틀 콤부차 2차 발효

Silvia's Dry Lemon Myrtle Booch
Second Fermentation

나의 사랑하는 친구이자 동료인 실비아 노블Silvia Noble은 그녀의 집에서 운영하는 수업을 듣는 학생들에게 이 특별한 양주를 대접했습니다. 제2의 발효가 기대되는 매력적인 음료로, 더운 날씨에 차갑게 즐기는 음료입니다.

750ml 병 2개
준비 기간 1~2일 이내

재료
정수된 물 125ml
간 생강 2큰술
원당 2큰술
신선한 레몬 머틀잎 2장, 또는 말린 레몬 머틀잎 4장
  (레몬 버베나잎도 사용 가능합니다)
14일 동안 발효하여 걸러낸 준 음료 1.25L

물, 생강, 설탕과 레몬 머틀잎을 작은 냄비에 넣고 중불로 끓입니다. 10~15분간 묽은 시럽 농도가 될 때까지 뭉근히 끓입니다. 건더기를 체로 걸러내고 아주 깨끗한 병에 시럽을 따르고 실온에 식힙니다.

준 음료 한 방울을 식힌 시럽에 넣고 깨끗한 750ml 용량의 스윙 보틀 두 개에 준을 나누어 따릅니다. 병 입구까지 채워줍니다. 뚜껑을 닫고 종이 상자에 담아 서늘한 실온에 1-2일 동안 발효시킵니다.

24시간이 지나면 병들을 조심스럽게 열어보세요. 쉬익 소리가 나야 합니다. 맛을 보고 맛과 탄산 정도가 적절한지 확인하세요.

냉장고에 3주까지 보관 가능하지만 매일 트림시켜 탄산의 강도가 높아지는 것을 피하세요.

허브 콤부차 비네그레트

Herb Booch Vinaigrette

이 신선한 허브 비네그레트 드레싱은 채소, 곡물, 생선과 아주 잘 어울립니다. 호박씨 귀리 누에콩 샐러드(P48)와 함께 먹는다면 마늘은 넣을 필요 없습니다.

약 400ml
준비 시간 15분

재료
디종 머스터드 2큰술
콤부차 또는 준 식초 3큰술
파슬리 1단 잎과 연한 줄기까지 다진 것
작은 마늘 1쪽
메이플 시럽 1/2작은술
간맞춤용 씨솔트
엑스트라 버진 올리브오일 180ml

올리브오일을 제외한 모든 재료를 푸드 프로세서나 블렌더에 넣고 갈아주세요. 올리브오일을 조금씩 천천히 뿌려 걸쭉하지만 따를 수 있는 농도로 유화시키세요. 냉장고에 1주일까지 보관 가능하지만 원래의 밝은 녹색에서 색이 점점 옅어질 것입니다.

P49 사진 - 호박씨 귀리 누에콩 샐러드와 허브 콤부차 비네그레트

Chapter. 5

Leaven

부풀리기

숙성

RISE

천연 발효 빵과 케이크, 페이스트리를 굽는 것은 제가 가장 보람 있어 하는 일 중 하나입니다. 'Leaven'은 빵 발효와 부풀리기, 주로 효모와 같이 빵을 부풀게 하는 성분 모두를 의미합니다. 저는 밀가루, 물 그리고 소금을 가지고 거부하기 어려운 매력과 영양이 풍부한 음식을 만들면서 매순간 놀라움을 느끼고 있으며, 여러분과 이 경험을 공유하고 싶습니다.

여러분의 인내와 헌신으로 따뜻하고 바삭한 껍질과 부드럽고 쫄깃한 속, 치명적일 정도로 맛있는 냄새를 풍기는 빵을 만들 수 있을 것입니다. 이 장에서는 발효를 통해 껍질이 바삭한 프랑스 빵인 불(boule)부터 속이 꽉 찬 샌드위치 빵, 인제라(에티오피아식 플랫브레드), 글루텐 프리 복숭아 케이크까지 만드는 방법을 알아봅니다. 사워도우 반죽은 만든 당일에 사용하거나 며칠을 거쳐 천천히 부풀린 후, 적합할 때 구울 수 있습니다. 우리의 빵을 부풀게 해주고 숙성시켜주는 효모는 밀가루와 물을 주기적으로 먹인 발효 스타터로 만들어집니다.

스타터/효모로 바삭한 페이스트리를 만들 수 있고, 맥주병 바닥에 남은 침전물 약간을 더해 아일랜드식 케이크인 밤브랙(P192)을 만들 수 있습니다. 인제라 플랫브레드(P204)와 수수로 만든 이들리나 도사(P198)처럼 반죽 자체가 효모인 전통 레시피도 있습니다.

강력한 사워도우 컬쳐가 살고 있는 천연 효모가 이미 있다면 굳이 구매할 필요가 없습니다. 다만, 천연 효모는 발달되려면 시간이 조금 더 걸리기 때문에 반죽을 만들어 준비하고 굽는 데 하루 내지 며칠이 걸립니다. 이 길고 느린 과정을 통해 완성된 빵은 미생물이 밀가루를 먹고 숙성시킨 덕에 소화가 잘되고 영양가가 높으며 복잡한 맛을 지닙니다. 사워도우만의 독특한 신맛은 젖산균과 초산균이 천연 효모와 함께 활성화되면서 생성됩니다.

이 장에서 나오는 레시피의 재료에 들어가는 액체는 용량 대신 무게로 표기했습니다. 이렇게 하면 좀 더 일관된 결과물을 얻을 수 있습니다. 글루텐 프리 밀가루는 글루텐이 들어 있는 밀가루를 사용한 레시피에서는 대체 재료로 사용할 수 없다는 것을 잊지 마세요. 글루텐 프리 빵은 별도의 과정이 필요하기 때문입니다.

이집트의 고고학 발굴 현장에서 빵집이 발견된 적이 있습니다.
빵집의 벽을 긁어서 얻은 부스러기를 신선한 밀과 물에 더했더니,
짠! 마지막으로 구운 뒤 3천 년 이상이 흘렀음에도 반죽에는 생명이 자리해 있었습니다.
'불멸'은 박테리아와 효모의 특권이라고 할 수 있겠습니다.

스타터로 스타트하세요

우선 활성화된 사워도우 스타터를 확보해야 합니다. 사워도우 장인 제빵사에게 스타터 1큰술을 얻거나 P174에서 소개하는 제 레시피를 따라 직접 만들어도 됩니다. 스타터를 관리하며 재료를 섞고, 젓고, 냄새를 맡고, 맛을 보는 과정에서 여러분의 소화 시스템에 곡물을 좋아하는 미생물이 소개됩니다. 그 어떤 곡물 기반 음식을 먹어도 소화가 잘 될 수 있게 도와주는 미생물이지요.

이 장에서 소개되는 기초 지식을 습득하면 여러분은 재료의 비율, 타이밍, 온도 등의 요소를 자유자재로 조절하여 맛과 식감이 좋고 입맛에 딱 맞는 천연 효모로 만든 빵을 만날 수 있게 될 것입니다.

저는 신선한 유기농 곡물과 밀가루를 사용하는 것을 선호합니다. 이 재료들을 사용하면 최고의 맛과 풍부한 영양 성분을 얻을 수 있고 생산자와 소비자 모두에게 유용합니다. 밀가루는 종류마다 다르게 활성화되고, 물 흡수력도 제각기 다르며 속도도 다릅니다. 모든 밀가루 반죽은 계절과 환경에 따라 달라질 것입니다. 갓 빻은 밀가루는 수분을 더 많이 흡수하는 편이고 입자가 고울 경우, 거친 밀가루보다 더 많은 물이 필요합니다. 단백질 함량이 높은 경질밀Hard wheat은 더 많은 글루텐을 보유하고 있으며 단백질 함량이 낮은 박력분soft flour보다 더 많은 양의 물을 흡수합니다. 통곡물 밀가루는 수분을 완전히 흡수하는 데 시간이 더 오래 걸리고 숙성 시간이 길수록 좋습니다(자가분해, autolyze: P176 참조). 반죽을 섞고 주무르는 것은 수분 흡수에 영향을 주는 요소입니다. 반죽이 너무 질면 잠시 숙성시켰다가 주무릅니다. 밀가루를 추가하는 것은 최후의 수단으로 남겨두세요.

스타터 vs 효모

제가 '스타터'와 '효모'라고 부르는 것들은 발효 전 단계, 풀리쉬, 르방(빵의 밑반죽), 사워도우 마더, 사워도우 버그 또는 사워도우 컬처 등 다양한 의미를 지닙니다. 이 책에서는 발효 과정에서 밀가루와 물의 사용 목적을 뚜렷하게 구분하기 위해 스타터와 효모라는 단어를 구별해서 사용합니다.

저는 '스타터'를 곡물 또는 콩에 대한 젖산균과 효모의 첫 보존 상태로 정의합니다. 스타터는 잘 유지만 되면 무기한으로 사용할 수 있습니다. 스타터로 효모 성분이나 발효종이라고 부르는 것을 만들 수 있지요. 활성화된 스타터와 정확한 용량의 밀가루와 물이 준비되어 있다면 가능합니다.

스타터와 효모를 구분하는 것이 중요한 이유는 스타터를 무심코 다 사용해버리는 것을 방지하기 위해서입니다. 효모를 만들기 위해 필요한 것이 모두 갖춰지면, 보유하고 있는 스타터에 먹이를 주고 다음에 사용할 때까지 유지하면 됩니다.

스타터는 양질의 밀가루와 물을 혼합한 것으로, 사카로미세스속Saccharomyces exiguus 효모와 다양한 종류의 젖산균이 살고 있습니다. 유익한 효모와 젖산을 생산하는 박테리아는 공기에 존재하고 있으며 밀가루를 만들어낸 곡물에도 존재합니다. 앞서 언급한 천연 효모는 곡물의 겨층 밑에 존재하고 있습니다. 이들은 반죽을 부풀게 하는 기초 발효를 책임집니다. 천연 효모 음식(자연 발효된 음식)은 발달하는 데 오랜 시간이 걸리지만 재료로 사용된 곡물이 부풀어지면서 더욱 맛있고 소화하기 쉬운 형태로 만들어집니다.

부풀리기 171

스타터와 혜택

좋은 빵은 몸과 마음의 양식으로 단순히 다른 재료를 거드는 조연이 아니라 자체적으로 훌륭한 영양소를 제공합니다. 사워도우는 부패균을 막아주는 반죽의 산 성분으로 인해 보관도 더 용이합니다.

반죽을 최소 6시간 이상, 가능하면 최대한 길게, 천천히 숙성시킬수록 젖산균과 효모가 증식하면서 반죽의 산도가 증가하며 2차 발효가 진행됩니다. 이렇게 천천히 부풀어지면서 곡물이나 밀가루는 많은 사람이 소화하기 어려워하는, 복합 단백질 글루텐과 같은 독소(다른 영양소의 흡수를 방해하는 성분)의 영향을 부정하는 작용을 하게 됩니다. 연구에 따르면 만성 소화 장애(셀리악병)가 있어서 글루텐을 전혀 섭취하지 못하는 경우를 제외하고, 사워도우 스타터를 오랫동안 천천히 발효시키면 글루텐의 부정적인 영향을 거의 다 제거할 수 있어 누구나 즐기기에 좋다고 합니다.

발효의 다른 부산물은 젖산균이 생성한 젖산과 초산입니다. 이들은 맛있고 복합적인 신맛을 제공합니다. 신맛을 즐기지 않는 편이면 어린 효모를 약간만 사용하고 낮은 온도에서 천천히 숙성시킵니다. 효모와 젖산균을 만들어내는 미생물이 숨을 쉬면서 이산화탄소와 약간의 에탄올(알코올)도 생성됩니다. 이들은 반죽에 갇혀 있다가 반죽을 부풀어지게 하면서 천연 효모 식품에서 흔히 찾을 수 있는 구멍을 만들어줍니다.

스타터로 만들 수 있는 맛있는 음식들은 언제나 가열처리를 하기 때문에 살아있는 프로바이오틱을 만날 수는 없습니다. 스타터는 먹는 용도가 아니긴 하지만 저는 사용하기 전에 항상 맛보는 습관이 있습니다. 스타터가 먹이 싸이클 중 어디쯤에 있는지 알 수 있기 때문입니다. 이런 식으로 제가 먹은 곡물을 소화하는 게 목적인 다양한 범위의 미생물을 제 소화 시스템에 소개한다는 것이 무척이나 기분 좋습니다. 저는 자주 미생물들에게 혼잣말로 감사의 표시를 하기도 합니다.

스타터 유지하기

활성화된 스타터를 만든 다음 집에 있는 아무 밀가루나 먹이면 됩니다. 스타터는 까다롭지 않기 때문에 글루텐 프리 밀가루를 포함한 새로운 환경에 쉽게 적응합니다. 하지만 밀가루가 완전히 건조된 것이 아니면 약간의 신경을 써야 합니다. 스타터는 고체에서부터 묽은 액체형까지 다양한 형태로 유지할 수 있습니다. 딱 맞는 농도가 있는 게 아니기 때문에 여러분의 라이프스타일에 맞게 선호하는 형태로 유지하면 됩니다. 제가 소개하는 효모 레시피에 나오는 대로 따라하면 제가 선호하는 것과 가장 비슷한 결과물을 만들 수 있습니다. 약간의 변형을 주어 어떤 결과물이 나오는지 보고 계속 조정해 나가면 됩니다.

초보자들에게 저는 P174에 나오는 비율에 따라 통호밀 가루 스타터를 만들고 유지시키길 권합니다. 결과물은 어느 정도 걸쭉한 케이크 반죽 같은 스타터입니다. 호밀 스타터는 생존력이 강하고 까다롭지 않기 때문에 표백하지 않은 흰 밀가루 스타터보다 손이 덜 갑니다.

P174에 나오는 호밀 사워도우 스타터 레시피처럼 스타터는 밀가루와 물로 주기적으로 먹이를 줘야 합니다. 이미 먹이를 준 스타터나 며칠간 굶은 스타터 (또는 차갑고 비활성화된 스타터)를 부풀리려고 하면 대부분 안 좋은 결과를 초래하게 될 것입니다. 스타터나 효모를 사용할 수 있는 준

필요한 만큼만 보관하세요

저는 사용할 수 있는 식재료를 버리는 것을 좋아하지 않으며 스타터를 점점 늘리는 것 또한 권하지 않는 편입니다. 스타터의 용량이 많아지면 젖산균이 활성화되어 더욱 무게감이 있고 풍부한 신맛을 가진 결과물을 내게 됩니다. 하지만 한 스푼 정도의 스타터만 있어도 반죽의 효모를 발달시키는 데 충분하며 더욱 가벼운 식감과 맛을 낼 수 있습니다.

닭, 지렁이, 퇴비는 모두 스타터로부터 영양분을 얻을 수 있습니다. 그들에게 양보하세요. 스타터가 완전히 활성화되면 버리려고 했던 반죽 중 일부를 팬케이크 반죽으로 발효시켜 사용할 수 있습니다.

비가 된 시점이 언제인지를 알아보는 연습을 하면 일정하게 훌륭한 빵을 만들 수 있습니다.

스타터 백업하기

오염이나 사고로부터 스타터를 보호해주기 위해 활성화된 스타터가 완성되면 바로 백업해 두기를 추천합니다.

접시에 스타터를 얇게 펴바르세요. 깨끗한 천으로 덮은 후 햇빛에서 완전히 말려주세요. 대안으로 음식 건조기를 사용해도 좋습니다.

스타터가 완전히 마르면 접시에서 긁어내서 유리병에 담은 후 서늘한 곳에 보관하면 오랫동안 사용할 수 있습니다.

원상태로 돌리려면 스타터의 소량을 절구에 넣어 곱게 빻은 후 1/2작은술을 볼에 담습니다. 정수된 물 75g과 통호밀가루 50g을 넣어 잘 섞어주고 스타터가 바로 활성화되는 것을 지켜보세요. 평소대로 먹이를 주고 보관하세요.

방치된 스타터 복원하기

피치 못하게 스타터를 방치하는 일이 생길 수 있습니다. 그럴 경우 이렇게 해서 복원할 수 있습니다.

만약 표면에 검은 물이 형성되었다면 조심스럽게 냄새를 맡아보세요. 신 냄새나 효모 향이 나면 검은 물을 따라 버린 후 1작은술을 제외하고 나머지를 긁어 버리세요. 다음으로 깨끗한 용기에 스타터, 정수된 물 75g, 그리고 호밀가루 50g을 넣고 저어줍니다. 이 상태로 2-3일 둡니다. 기분 좋은 효모 향이 나면 소생된 것입니다. 스타터에 거품이 나기 시작하고 양이 두 배로 불 때까지 먹이를 주세요.

스타터에서 안 좋은 냄새가 나거나 용기나 스타터 표면에 점액이나 곰팡이가 생겼다면 모두 버려야 합니다. 백업 건조 스타터를 활용하거나 인심이 후한 제빵사를 찾아 스타터를 구하세요.

기억하세요

* 수돗물의 염소 성분이 스타터를 죽일 수 있기 때문에 항상 정수된 물, 빗물이나 샘물을 사용하세요.
* 씨솔트는 빵의 형태, 맛 그리고 부풀리기에 영향을 미치는 중요한 요소입니다. 발효 속도를 늦춰주고 부패균을 막아줍니다.
* 스타터를 항상 섭씨 45도 미만의 비교적 서늘한 온도로 유지해주세요. 스타터 보관 용기를 고를 때는 병원성 박테리아가 스타터를 파괴하지 못하도록 청결에 신경쓰세요. 먹이를 매번 줄 필요는 없습니다.

매일 빵을 굽는다면

* 보관 용기를 냉장고에 넣지 말고 공기가 잘 통하도록 면보로 덮어서 보관합니다.
* 하루에 한두 번 스타터에 먹이를 주세요. 1큰술만 사용하고 스타터 산도가 너무 높고 시어지지 않게 남는 것은 버리세요.

어쩌다 한 번 빵을 굽는다면

* 주 또는 월 간격으로 스타터에 먹이를 주고 1큰술을 제외한 남은 양은 다 버리세요. 스타터 1큰술을 깨끗한 병에 넣고 호밀가루 50g과 미지근한 정수된 물 75g을 넣고 잘 섞어줍니다.
* 실온에 1-2시간 두었다가 냉장고에 넣으세요. 가능하면 매주 한 번씩 먹이를 주세요.

거의 빵을 굽지 않는다면

* 젖은 스타터를 굳이 유지할 필요 없습니다. 빵을 굽기 전에 백업 건조 스타터를 원상복귀한 후 하루에 한두 번 먹이를 주세요.
* 물에 뜨기 테스트(P175 참조)를 통과했거나 효모향과 함께 살짝 신 냄새가 나면 스타터를 사용해도 됩니다. 스타터는 푹신하면서 스펀지처럼 생겼을 것입니다. 먹이를 준 후 6-10시간 안에 양은 두 배로 늘어나고, 부풀었다 가라앉을 것입니다.

기본 재료로
호밀 스타터 만들기

Making Rye Starter from Scratch

밀가루와 물을 활성화시키기 위해 2-3주 동안 매일 신경써야 하지만, 일단 스타터가 완성되면 여러분의 유산이 될 수 있습니다. 제 스타터는 1986년 호주의 장인 제빵사 존 도네스John Downes가 진행한 수업에서 만들었고, 주변에 자유롭게 나눠주면서 다른 제빵사들에게도 소개되었습니다. 하루이틀 정도 반죽에 먹이를 주는 것을 깜빡 했다면 신맛이 크게 증가했을 것입니다. 이것은 효모보다 젖산균이 활성화되면서 일어나는 현상입니다.

125g
준비 시간 14-21일

재료
물 75g
바이오다이내믹 또는 유기농 통호밀가루 60g

깨끗한 그릇이나 볼에 물과 통호밀가루를 섞어 부드러운 반죽을 만듭니다. 반죽의 향을 맡아보세요.

깨끗한 행주 또는 면보로 덮고 24시간 실온에 둡니다. 온도는 섭씨 23-28도가 가장 좋습니다.

다음날 반죽을 저어주고 냄새를 맡은 후 다시 천으로 덮습니다.

향후 10-14일 동안 매일 반죽의 1큰술만 남기고 나머지는 버리세요. (P172 참조) 반죽의 냄새를 맡고 맛을 보세요. 신 냄새와 신맛이 조금씩 나기 시작할 것이고 효모가 활성화되면서 점점 향긋해지고 거품이 생길 것입니다. 반죽 1큰술을 깨끗한 볼에 담아 물 75g과 바이오다이내믹 또는 유기농 호밀가루 50g을 넣고 잘 섞어 줍니다. 천으로 덮은 후 6-10시간 둡니다.

이 과정을 5-7일 동안 하루에 한두 번 반복 하세요. 반죽에 향긋한 효모 향이 나고 큰 거품이 많이 보이면 유리병에 담아(항상 반만 채우세요), 깨끗한 천이나 면보로 덮은 후 고정시켜 주세요.

스타터를 키우면서 병 안에 반죽이 얼마나 올라오는지를 주시하세요. 다음에 먹이를 줄 때 반죽이 부풀어 올랐다가 내려간 흔적이 선 모양의 자국으로 남은 것을 볼 수 있을 것입니다. 스타터는 실온에서 6-10시간 이내 동안 꾸준히 두 배로 부풀어 오르면 사용할 수 있는 단계가 됩니다.

준비가 되면 활성화된 스타터를 사용해 더 많은 양의 활성 효모(오른쪽 페이지 참조)를 만들 수 있습니다.

주기적으로 빵을 굽는 게 아니라면 작고 깨끗한 뚜껑이 있는 유리병에 넣어 냉장고에 넣습니다. 사용하기 하루 내지 이틀 전에 냉장고에서 꺼낸 다음 스타터에 생기가 돌고 활성화될 때까지 6시간 간격으로 먹이를 줍니다. 일주일 이상 사용하지 않은 스타터는 사용하기에 적합한 수준의 활성화에 도달하기 위해 최소 3-4회의 먹이 주기가 필요할 수 있습니다.

효모

The Leaven

사워도우 스타터를 만든 다음에 효모를 만들 수 있습니다. 효모는 레시피에서 빵을 부풀어 오르게 하는 성분으로 사용됩니다. 활성화된 스타터와 정해진 용량의 밀가루와 물을 섞어서 만듭니다. 이렇게 하면 빵을 만들 때 사용할 밀가루에 박테리아를 주입할 수 있게 됩니다. 빵을 만들기 6-10시간 전에 효모를 만들어 실온에 두고 살짝 신 냄새와 거품이 일게 둡니다. 효모를 바로 사용하거나 뚜껑이 있는 깨끗한 병에 담아 냉장 보관한 후 2일 이내 사용하세요. 사용 전 효모의 온도를 실온에 맞춰주고 아래에 소개한 물에 뜨기 테스트를 하세요.

450g
준비 시간 6-10시간

재료
활성화된 스타터 1큰술
밀가루 200g (기호에 따라 밀가루 종류를
 선택해서 사용하세요)
미지근한 정수된 물 250g

활성화된 스타터를 깨끗한 용기에 밀가루와 물과 함께 넣으세요. 밀가루 덩어리가 사라질 때까지 저어주세요.

용기를 깨끗한 행주로 덮은 후 섭씨 23-28도의 따뜻한 실내에서 6-10시간 동안 두세요. 거품이 많이 일고 살짝 신 냄새가 나면 물에 뜨기 테스트를 해보세요. 테스트를 통과하면 효모를 사용할 수 있습니다.

note 물에 뜨기 테스트 Float test: 이 테스트를 통과해야 효모를 사용할 수 있습니다. 찬물이 담긴 컵에 효모 1큰술을 떨어뜨려 넣으세요. 효모가 떠오르면 사용할 수 있습니다. 가라앉으면 한 시간을 기다렸다가 다시 시도해보세요. 날씨가 꽤 서늘할 경우, 한두 시간 더 걸릴 수 있습니다.

사워도우 만들기

SOURDOUGH KNOW-HOW MAKING BREAD

활성화된 스타터/효모가 갖춰졌으니 이제 언제든지 원하는 빵을 만들 수 있습니다. 바삭한 껍질에 구멍이 송송 뚫린 불 빵, 샌드위치빵, 스프레드와 소프트 치즈를 발라먹기에 완벽하고 먹을수록 더 먹고 싶은 씨솔트 크리스피 브레드까지 무궁무진합니다. 반죽을 당일 사용해도 되고 천천히 숙성시킨 후 이틀 내에 사용할 수도 있습니다.

제빵사들은 빵을 언급할 때, 사용한 밀가루와 물의 양에 따라 부릅니다. 이를 베이커 퍼센트baker's percentage라고 부릅니다. 밀가루의 총량을 100%로 잡고 물은 거기에 비한 퍼센트로 설명합니다. 제 레시피(P178)는 70% 수분 함량으로 아주 끈적한 반죽을 만들어냅니다. 빵을 굽는 것이 처음이라면 물의 비율을 60% 수분 함량으로 낮추면 다루기 더 쉬울 것입니다. 그러려면 물 사용량을 385g에서 55g 줄인 330g으로 바꾸세요. 이렇게 해서 물 280g을 밀가루와 효모에 사용하고 50g은 소금을 녹이는 데 사용하면 됩니다.

반죽 숙성

제빵 용어로 반죽의 첫 숙성 단계를 '오토리즈autolyse(자가분해)'라고 합니다. 효모에 밀가루와 물만 섞어 넣어 반죽을 만들고 소금과 반죽하기 전에 잠시 휴지시킵니다. 이때 밀가루는 물을 흡수하면서 완전히 수화되고 글루텐을 형성하는 데 도움을 줍니다. 밀가루의 효소가 전분을 단당으로 분해하면서 효모에 제공되고 이로 인해 빵이 더 가벼워집니다.

오토리즈 단계는 건너뛸 수도 있지만 과정 유무에 따라 빵의 형태나 질감, 전체적인 색감, 맛과 소화에는 큰 차이가 나타날 수 있고 반죽을 다루고 모양을 잡기에도 더 수월합니다.

온도가 높을수록 반죽이 더욱 빠르게 부풀어오르고 신맛이 강하게 납니다. 좀 더디게 부풀어오르면 복합적이면서 단맛이 돌고 소화가 잘 되는 빵이 나옵니다.

천천히 부풀리기

냉장고에서 반죽이 아주 천천히 부풀어오르게 두는 것은 바쁜 일상 속에서 빵을 직접 구울 때 아주 유용한 방법입니다. 반죽이 1/3 정도 증가해도 충분할 크기의 깨끗한 유리 용기에 반죽을 넣으세요. (꽉 닫히는 뚜껑은 필수입니다.) 이틀까지 냉장 보관이 가능하며 시간이 될 때 빵을 구우세요. 반죽을 냉장고에 넣으면 발효 과정의 속도가 느려져서 완만하게 숙성되고 소화가 더욱 잘되는 맛있는 빵이 탄생하게 됩니다. 냉장고에서 반죽을 꺼내면 아직 차갑고 미생물이 비활성화 상태일 것입니다. 실온에서 반죽의 온도를 올린 후 레시피에 따라 모양을 잡아주고, 깨끗한 천을 적셔 덮어준 후 1시간 반 내지 3시간 정도 부풀어오르게 둔 뒤에 빵을 굽습니다.

반죽 모양 잡기 및 칼집 내기

반죽을 부드럽게 섞고 주무르면서 글루텐이 생성되면 반죽의 형태를 잡은 후 최종적으로 모양을 잡아줍니다.

프루핑 바스켓Proofing Basket은 빵을 굽기 직전 마지막으로 부풀릴 때 반죽을 지탱하고 형태를 잡아 주는 역할을 합니다. 프루핑 바스켓이 없다면 체나 믹싱볼로 대신할 수 있습니다. 깨끗한 린넨 행주를 깐 후 위에 밀가루를 넉넉히 뿌려줍니다. 반죽이 달라붙지 않게 밀가루를 천에 잘 문질러주세요.

제대로 발효된 반죽이 오븐의 강렬한 열을 만나면 반죽에 남아있는 활성화된 효모는 마지막으로 빵을 부풀어 오르게 합니다. 오븐에 넣기 전에 반죽을 가르면 빵의 팽창을 조절할 수 있고 무작위로 터지는 것을 막을 수 있습니다.

효모 반죽을 가를 때 칼이 날카로워야 합니다. 아니면 반죽이 끌려서 못생긴 덩어리가 생깁니다. 전용 도구인 람lame 또는 그리네트grignette, 단일면 면도날이나 아주 날카로운 토마토 칼, 가위 등을 사용하세요. 반죽을 무작위로 가르거나 패턴에 따라 가르면 나름의 장식효과도 줄 수 있습니다. 여러 종류의 빵을 한꺼번에 구울 때 구별하기에도 좋습니다.

더치 오븐 사용하기

뚜껑이 있는 동그란 타원형의 무쇠솥(더치 오븐)은 증기 구이식으로, 빵을 만들 때 완벽한 환경을 제공합니다. 더치 오븐 대신 사기냄비를 사용할 수 있습니다. 두 용기들 모두 장작불로 데운 오븐의 효과를 재현해 베이킹 초반에 빵 반죽을 증기로 쪄줍니다. 이렇게 하면 반죽이 잘 부풀어지고 캐러멜화된 얇고 바삭한 껍질이 만들어집니다. 더치 오븐이 없으면 열을 효율적으로 전이할 수 있는 뚜껑이 있는 무쇠 냄비를 사용해도 됩니다. 같은 온도에서 스테인리스 냄비는 빵을 태울 수도 있습니다.

빵 보관하기

면이나 천, 봉지에 싸서 1주일까지 보관하는 것이 가장 좋습니다. 빵을 재활성화 하려면 물을 뿌린 후 섭씨 200도에 10분간 굽거나 빵을 잘라서 토스터기로 굽습니다. 또는 빵을 많이 구운 후 며칠 내로 사용하지 않는 빵을 잘라 냉동고용 비닐 봉지에 담아 얼립니다.

필요한 장비

* 넓으면서 단단하거나 유연한 플라스틱 또는 메탈 스크레이퍼scraper
* 짜임이 촘촘한 린넨 천 2-3장
* 23cm 지름의 원형 또는 33cm 사각형 프루핑 바스켓 또는 밀가루를 넉넉히 뿌린 린넨 천을 깐 깊은 볼
* 반죽 가르기용 면도날 또는 람이나 토마토 칼
* 오븐에 수분을 공급할 때 사용할 분무기

팁

* 빵을 만들기 전에 필요한 재료와 장비를 모두 갖추세요.
* 쉽게 손에 닿을 수 있게 여분의 더스팅용 밀가루를 볼에 담아 준비하세요.
* 여분의 물이 필요할 경우를 대비하여 미지근한 물 한 병을 준비하세요.
* 반죽이 마르기 전에 주방 테이블, 도마, 조리도구에 묻은 반죽을 긁어내고 뜨거운 물로 헹구세요. 이렇게 하면 나중에 세척과 청소가 쉬워집니다.

다용도 스펠트 사워도우
(70% 수분 함량 반죽)

Versatile Spelt Sourdough
(70% Hydration Dough)

**불 빵 1kg 또는 500g 샌드위치 빵 2개를
만들 수 있는 반죽 1kg**
준비 시간 7-9시간

재료
숙성되고 물에 뜨기 테스트를 통과한 효모 100g
미지근한 물 385g
스펠트 통밀가루 150g
표백하지 않은 스펠트 밀가루 400g (더스팅할 여분도
　함께)
씨솔트 12g

반죽 만들기 효모와 물 335g을 큰 볼에 넣어 섞습니다. 밀가루를 추가하고 밀가루 덩어리가 없는 아주 끈적한 반죽을 만듭니다. 깨끗한 행주로 덮고 30-60분 정도 숙성시킵니다.

남은 물 50g에 소금을 녹입니다. 소금물과 숙성한 반죽이 부드럽고 탄력이 생길 때까지 손으로 섞으세요. 깨끗한 볼이나 조리대로 반죽을 옮겨 밀가루를 추가하지 않은 상태에서 반죽을 주무르세요. 이때 반죽은 매우 끈적하지만 주무를수록 점점 덜해지니까 참아주세요. 5-10분 동안 반죽을 주무르며 글루텐이 생성되면서 질감이 달라지는 것을 경험해보세요. 반죽을 약간 떼어내어 두손으로 잡아 늘려봅니다. 투명해질 정도로 얇게 잡아당길 수 있으면 다음 단계로 넘어갈 수준의 글루텐이 형성된 것입니다.

반죽 발효시키기 반죽을 큰 볼에 넣고 덮개로 덮은 후 따뜻한 장소에 두세요. 30분이 지나면 덮개를 열고 젖은 손으로 반죽을 볼 안에서 살짝 들어보세요. 천천히 위로 잡아당긴 다음 반죽을 감싸주고 볼을 90도로 돌려서 반복합니다. 이렇게 12번을 해주세요. 볼을 덮개로 덮고 따뜻한 장소에 다시 둡니다. 이 과정을 다음 2시간 반 내지 3시간 반 동안 30분마다 반복 해주세요. 반죽을 잡아당기고 감싸는 걸 반복하면서 반죽이 단단해지는 걸 느껴보세요. 숙성 후 더욱 탄력적인 반죽이 될 것입니다.

숙성 단계 후 반죽은 말랑말랑하고 부드러우면서 약간 끈적거리고 공기층이 형성되어 있을 것입니다. 아직도 너무 질척거리고 끈적하다면 한 시간 더 숙성 후 잡아당기고 감싸기를 두 번 더 해주세요.

반죽이 천천히 부풀어 오를 수 있도록 밀봉된 용기에 보관한 후 다른 날에 빵을 구울 수 있습니다. 바로 구울 예정이라면 다음 레시피에 따라 반죽의 모양을 잡아주고 빵을 구우세요.

1차 모양 잡기 반죽이 담긴 용기를 기울여 도마나 조리대에 올려 놓습니다. 반죽에 밀가루를 가볍게 뿌려주세요. 샌드위치 빵 두 덩이를 만든다면 스크레이퍼를 사용해서 반죽을 반으로 가릅니다. 밀가루를 살짝 묻힌 손으로 스크레이퍼를 반죽 앞에 놓은 후 밀어내어 사각형 모양을 만듭니다. 사각형 옆에 스크레이퍼를 놓고 반죽을 밀어서 앞쪽으로 돌려 당기면서 원형을 만들어줍니다.

스크레이퍼를 당겨 빼고, 돌리고, 밀고, 당길 때 밀가루를 묻힌 손으로 반죽을 눌러줍니다. 반죽의 표면이 팽팽하고 부드러워집니다. 표면에 생기는 공기층은 터뜨려주세요. 깨끗한 행주로 덮고 30분 숙성시킵니다.

반죽 위에 밀가루를 아주 가볍게 뿌려줍니다. 스크레이퍼를 사용해 반죽을 뒤집어줍니다. 반죽을 조심스럽게 당겨서 사각형 모양으로 만들어줍니다. 왼쪽과 오른쪽 가장자리 쪽 끝을 잡고 본인 방향으로 향하게 당겨 접으세요. 그리고 가장 멀리 있는 끝을 잡아 반죽 위로 당겨준 다음, 앞쪽에 끝을 잡고 완전히 감싸 접힌 부분이 바닥을 바라보게 합니다. 원하는 스타일로 모양을 잡으세요.

불 빵 모양 만들고 굽기 반죽을 두 손으로 모아 본인 방향으로 잡아당기고 반죽을 접어서 부드럽고 팽팽한 원으로 만들어줍니다. 반죽을 밀가루를 뿌린 동그란 바네통(빵을 숙성시키는 바구니)이나 천을 간 볼에 접힌 부분이 위를 향하게 하여 옮겨 담으세요. 밀가루를 가볍게 뿌린 후 젖은 행주로 덮고 3-4시간 동안 반죽이 부풀어 오를 수 있게 놔두세요. 반죽의 크기가 두 배가 되고 살짝 눌렀을 때 자국이 남으면 완성된 것입니다.

빵을 구울 때 뚜껑이 있는 원형 또는 타원형 무쇠 냄비(더치 오븐)를 오븐에 넣습니다. 냄비 뚜껑을 오븐의 가장 낮은 칸에 올려놓습니다. 오븐을 섭씨 260도로 예열합니다. 오븐에서 냄비를 꺼낸 후 반죽이 담긴 용기를 기울여 냄비에 담습니다. 반죽의 윗부분을 날카로운 칼로 가릅니다. 뚜껑을 덮고 냄비를 오븐에 넣어 온도를 섭씨 230도로 낮추어 20분간 굽습니다. 20분이 지나면 뚜껑을 열고 껍질이 바삭해지고 짙은 갈색이 될 때까지 20분을 더 굽습니다.

조심스럽게 빵을 꺼내 아랫부분을 두드려봅니다. 텅 빈 소리가 나면 완성된 것입니다. 선반으로 옮겨 완전히 식혀준 다음에 빵을 자릅니다.

샌드위치 빵 모양 만들고 굽기 500g 식빵틀에 기 버터, 오리 지방 또는 코코넛 오일을 발라줍니다. 각 반죽 덩어리를 위에 소개한 불 빵처럼 모양을 잡고 사각형으로 만듭니다. 반죽 뒤에 손을 놓고 본인 앞으로 당겨주세요. 접힌 부분이 바닥을 바라보게 하고 반죽을 식빵틀에 넣습니다. 젖은 행주로 덮고 3-4시간 동안 부풀어오를 수 있게 둡니다. 반죽의 크기가 두 배가 되고 살짝 눌렀을 때 자국이 남으면 완성된 것입니다.

오븐을 섭씨 220도로 예열합니다. 원한다면 날카로운 칼로 반죽의 윗부분을 가릅니다. 열이 고르게 분포될 수 있도록 식빵틀을 오븐의 중간 칸에 서로 최대한 멀리 떨어지게 놓고 35분 동안 굽습니다. 35분이 지나면 오븐 온도를 섭씨 190도로 내린 후 껍질이 금빛이 도는 갈색이 될 때까지 25분 더 굽습니다.

오븐에서 조심스럽게 빵을 꺼내세요. 아랫부분을 두드리면 텅 빈 소리가 나야합니다. 선반으로 옮겨 완전히 식혀준 다음에 빵을 자릅니다. 빵을 좀 더 깊은 색이 나게 굽고 싶다면 틀에서 꺼낸 후 10-15분 더 구워주세요. 오븐을 끄고 10-20분이 지나면 빵을 꺼내 선반에 올려 놓으세요. 자르기 전에 완전히 식힙니다.

씨솔트 크리스피 브레드

Sea Salty Crisp Breads

사워도우 빵을 구울 때 반죽을 넉넉히 만들어서 온갖 맛있는 음식을 찍어 먹을 수 있는 크리스피 브레드도 만들어보세요. 바닷가를 연상케 하는 이 크리스피 브레드는 제가 매우 좋아하는 레시피입니다.

20개
준비 시간 1시간 반 내지 2시간 반

재료
1차 모양 잡기 이후의 스펠트 사워도우 반죽 (P178)
잘게 찢은 구운김 1장 반
참깨 75g
흑임자 75g
말든 소금이나 검은 하와이 플레이크 씨솔트
매운 고춧가루 한 꼬집 (선택 사항)
반죽을 밀 때 사용할 통호밀가루 또는
스펠트 밀가루 120g

오븐을 섭씨 200도로 예열합니다. 대형 베이킹 시트 위에 베이킹 페이퍼를 깝니다.

큰 볼에 반죽과 김, 참깨를 함께 넣습니다. 모든 재료가 반죽에 잘 섞일 때까지 주무릅니다. 반죽을 비슷한 크기의 20개 덩어리로 나누어 동그랗게 빚어주세요. 각 덩어리에 밀가루를 묻힌 후 베이킹 페이퍼 두 장 사이에 납작하게 밀어주세요. 반죽이 종이에 달라붙지 않게 밀가루를 묻혀주세요. 최대한 고르게 밀어서 가로세로 약 30×9cm 크기, 2-3mm 두께의 투박한 직사각형 모양으로 만듭니다.

반죽들을 조심스럽게 베이킹 시트로 옮겨 나열합니다. 씨솔트와 고춧가루를 반죽 위에 뿌리고 반죽에 고르게 묻도록 살짝 눌러주세요. 마른 행주로 덮고 20분 동안 휴지시켜주세요. 사용하지 않는 반죽도 마른 행주로 덮어두세요.

크리스피 브레드를 오븐에 넣고 온도를 섭씨 180도로 낮춘 후 금빛이 도는 갈색이 될 때까지 10-15분간 굽습니다. 빠르게 익기 때문에 잘 지켜봐야 합니다. 오븐에서 꺼낸 직후에는 아직 말랑말랑할 것입니다. 선반에 조심스럽게 옮겨 식히고 나머지 반죽을 구우세요.

오븐 온도를 섭씨 90도로 낮추세요. 조심스럽게 크리스피 브레드를 그대로 오븐 칸에 넣고 10-15분, 혹은 완전히 건조될 때까지 구우세요.

크리스피 브레드를 꺼내서 선반에 올려 놓으세요. 식으면서 더욱 바삭해질 것입니다. 밀폐용기에 1개월까지 보관 가능합니다. 보관 중 크리스피 브레드가 눅눅해지면 섭씨 90도로 예열한 오븐에 넣어 15분간 굽습니다. 먹기 전에는 완전히 식혀주세요.

발효한 쇼트크러스트 페이스트리

(타르트지)

Rich Leavened Shortcrust Pastry

이 레시피에 나오는 효모는 밀가루를 소화하기 쉽게 만들어주고, 겹겹이 얇은 층의 질감을 더해 주어 페이스트리의 풍부한 맛을 완벽하게 보완해 줍니다. 페이스트리는 오래 발효시키지 않기 때문에 신맛은 잘 나지 않지만 모두가 사랑하는 깊은 맛을 냅니다.

20cm 파이 또는 타르트 3개를 만들 수 있는 양
준비 시간 4시간

재료
표백하지 않은 흰 스펠트 밀가루 300g
밝은색의 마스코바도 설탕 100g
씨솔트 1/4작은술
물에 뜨기 테스트를 통과한 효모 30g
작게 네모 모양으로 썬 차가운 무염 버터 200g
계란 노른자 1개
얼음물 30g

큰 볼에 체로 밀가루를 쳐서 담습니다. 설탕과 소금을 넣고 잘 섞어줍니다.

효모를 밀가루에 문질러 넣고 다 같이 버무립니다. 차가운 버터를 넣어 밀가루에 문질러 줍니다. 밀가루와 버터를 섞을 때 내용물을 들어올려서 공기가 통하게 하세요. 반죽은 잘 바스러지고 약간의 크고 작은 덩어리가 있을 것입니다.

노른자를 별도의 그릇에 담아 물 30g을 넣고 포크로 풀어줍니다. 밀가루에 넣고 차가운 버터 나이프를 사용해 반죽에 섞어주세요. 반죽은 축축하되 질지 않고 꽉 짰을 때 부스러지지 않아야 합니다. 반죽을 만들면서 필요하면 약간의 물을 넣으세요. 반죽을 너무 많이 주무르지 마세요. 너무 주무르면 페이스트리가 질겨질 수 있습니다.

반죽을 동그랗게 빚어 납작하게 누릅니다. 베이킹 페이퍼로 싸거나 지퍼락 백에 넣어 실온에서 1-3시간 숙성시키고 사용하기 전 최소 30-60분 냉장고에 넣어줍니다. 냉장고에 넣으면 3일, 냉동고에 넣으면 2-3개월 보관 가능합니다.

반죽을 밀기 20분 전에 냉장고에서 꺼내세요. 이렇게 하면 반죽이 더 말랑말랑하고 유연해집니다.

인디아의 애플 파이

My India's Apple Pie

저의 딸 인디아가 친구들을 먹이려고 이 파이를 만들었습니다. 인디아는 베이킹을 좋아하고 저는 발효종을 사용할 곳을 찾는 것을 좋아합니다. 그래서 그녀는 달콤한 애플 필링을 만들어 페이스트리 안에 넣어 저희 둘의 니즈를 모두 충족시켰습니다. 필미열크 아이스크림(P146), 체리, 캐슈 아마자케 아이스크림(P238) 또는 클로티드 크림(P138)과 함께 서빙하세요.

20cm 파이 1개
준비 시간 1시간 반

재료
레몬 1개의 제스트와 즙
씨솔트 1/4작은술
사과 10개
기 버터 또는 무염 버터 1큰술
메이플 시럽 3큰술
시나몬 가루 1작은술
생강 가루 1/2작은술
정향 가루 1/8작은술
물 60ml
차가운 발효한 쇼트크러스트 페이스트리 1개
표백 처리하지 않은 흰 스펠트 밀가루 75g
계란물 1개
서빙용 필미열크 아이스크림, 발효 클로티드 크림

생강 시럽
생강즙 1큰술
설탕 1큰술
물 2큰술

큰 볼을 찬물로 반쯤 채웁니다. 레몬 껍질, 레몬즙, 씨솔트를 넣습니다. 사과 껍질을 벗겨 바로 레몬물에 담급니다. 사과 한 개씩 씨를 제거하고 고르지 않게 깍둑 썰어줍니다. 사과 조각을 다시 레몬물에 담그세요. 사과가 갈변하는 것을 막습니다.

생강 시럽 재료를 작은 냄비에 섞으세요. 내용물을 끓여 2큰술 양으로 줄입니다. 한쪽으로 옮겨 두고 식힙니다.

크고 묵직한 냄비를 중불에 가열시킵니다. 체로 사과와 레몬 껍질을 거릅니다. 레몬 껍질은 두 조각만 남기고 다 버립니다. 남은 레몬 껍질은 잘게 다집니다.

냄비가 뜨거워지면 기 버터, 메이플 시럽, 생강 시럽, 시나몬 가루, 생강 가루, 정향 가루, 다진 레몬 껍질과 물 60ml를 넣습니다. 내용물을 중불에서 센불로 끓여 걸쭉하고 거품이 많은 시럽으로 만듭니다. 체로 거른 사과 조각을 넣어 시럽이 골고루 묻게 잘 버무립니다.

10분 동안 사과에서 수분이 나오고 말랑말랑해질 때까지 계속 저으면서 조리합니다. 볼 위에 체를 올려 놓고 반숙 사과를 걸러 준 뒤 잠시 식힙니다.

사과에서 액체가 다 걸러지면 볼에 담긴 액체를 다시 냄비에 넣고 약불로 조리합니다. 약하게 끓여서 양을 절반 가량 줄 때까지 졸입니다. 불을 끄고 완전히 식힙니다.

그동안에 차가운 페이스트리 반죽의 1/3을 떼어 냅니다. 큰 반죽 조각에 밀가루를 충분히 뿌린 후, 반죽 앞뒤로 베이킹 페이퍼를 깔고 5mm 두께에 약 28cm 지름의 크기로 밀어줍니다.

20cm 케이크 틀에 버터를 발라줍니다. 최대한 고르고 깔끔하게 눌러 페이스트리 반죽을 케이크틀에 조심스럽게 옮겨 담습니다. 틀 밖으로 나오는 반죽은 다듬어서 나중에 사용할 수 있게 보관합니다. 파이 위에 덮을 반죽을 만드는 동안 틀은 냉장고에 넣습니다.

남은 반죽의 양면에 베이킹 페이퍼를 깔고 5mm 두께와 20cm 지름 크기로 밀어줍니다.

오븐을 섭씨 200도로 예열합니다. 식은 사과와 시럽을 잘 섞어주고 혼합물을 페이스트리 반죽을 깐 케이크 틀에 부어줍니다. 페이스트리 반죽 가장자리에 물을 살짝 발라줍니다.

파이 위에 반죽을 덮어주고 엄지손가락으로 가장자리를 꾹꾹 눌러 줍니다. 파이를 덮은 반죽 위에 작은 구멍을 뚫고 계란물을 전체적으로 발라줍니다.

오븐 중앙에 케이크틀을 놓고 30분 구워줍니다. 30분이 지난 후 오븐 온도를 섭씨 180도로 낮춥니다. 10-20분 정도 페이스트리가 금빛이 도는 갈색이 되고 완전히 익혀질 때까지 굽습니다.

오븐에서 꺼내 몇 분간 파이를 식혀줍니다. 틀에서 조심스럽게 뺀 후 발효 클로티드 크림이나 아이스크림과 함께 서빙합니다.

복숭아 피칸 생강 케이크

Peach, Pecan and Ginger Cake

이 레시피는 유제품 및 글루텐 프리 레시피로 영양소가 풍부하며 설탕이나 정제된 재료를 거의 사용하지 않습니다. 워터 케피어나 준, 콤부차를 더하면 젖산균과 효모가 첨가되어 반죽을 발효시킵니다. 과일과 향신료는 기호에 따라 활용 가능합니다. 말린 배와 호두, 무화과와 마카다미아, 살구와 아몬드 조합을 시도해보세요. 이 촉촉한 케이크 한 조각은 완벽한 만족감을 선사할 것입니다.

10-12인분
준비 시간 6시간 반 내지 10시간 반 (재료 불리는 시간 별도)

재료

익히지 않은 피칸 100g
소금 1/2작은술
코코넛 오일 85g
코코넛 밀크 400g
오렌지 1개 반의 제스트와 즙
씨솔트 1/2작은술
계피 가루 1작은술
스타아니스 가루 1/2작은술
정향 가루 1/2작은술
말린 배, 천도복숭아 또는 살구 120g
말린 복숭아 다진 것 240g
건포도 110g
다진 생강 100-130g
숙성 워터 케피어 또는 준, 또는 콤부차 125g
코코넛 가루 55g
곱게 간 현미 가루 75-100g

피칸을 소금물에 담가 하룻밤 재워둡니다. 다음날 잘 헹구고 물기를 제거한 후 한쪽에 잠시 둡니다. 22cm 크기의 원형 케이크틀에 코코넛 오일을 바르고 베이킹 페이퍼를 안에 깔아줍니다.

코코넛 밀크를 큰 냄비에 부어 끓입니다. 오렌지 제스트와 즙, 씨솔트와 향신료를 넣고 끓이다가 불을 끄고 실온에서 식힙니다.

코코넛 오일과 피칸을 냄비에 넣고 워터 케피어나 준, 또는 콤부차를 부어 잘 섞습니다.

볼에 코코넛 가루와 현미 가루를 잘 섞어줍니다. 가루 혼합물의 절반을 과일 혼합물에 천천히 섞어 넣습니다. 조금씩 추가하며 조심스럽게 섞어 덩어리가 없도록 합니다.

남은 가루 혼합물을 넣어 걸쭉하고 국자로 풀 수 있는 농도의 반죽을 완성합니다. 과일의 수분 함량에 따라 준비한 가루가 다 필요하지 않을 수도 있습니다.

반죽을 준비한 케이크틀에 붓고 장식용 피칸과 생강을 올려주세요. 깨끗한 행주로 덮고 따뜻한 곳에서 6-10시간 두세요(이렇게 하면 반죽이 발효됩니다). 다만 이 단계에서 반죽이 많이 부풀 거란 기대는 하지 마세요.

오븐을 섭씨 160도로 예열하세요. 케이크 반죽을 호일로 덮은 후 45분간 굽습니다. 호일을 제거한 후 30-40분 더 구워주세요. 꼬치를 케이크 중심에 찔렀다 뺐을 때 깔끔하게 나오면 완성된 것입니다. 선반에 케이크틀을 올려 놓고 그대로 케이크를 식힙니다. 케이크가 완전히 식으면 캐슈와 시트러스 아마자케 크림(P46)이나 클로티드 크림(P138)과 함께 서빙합니다.

귀리 비스킷
(오트 케이크)

Staffordshire Oatcakes

이 귀리 비스킷은 사실 팬케이크에 더 가깝습니다. 영국 중부의 포터리즈potteries라는 지역의 전통 음식으로 1500년대부터 전해져 온 이 귀리 비스킷은 사워 오트 스타터가 발효시켰을 가능성이 높은 것으로 추정됩니다. 구멍이 송송 뚫린 이 납작한 귀리 비스킷은 스모크 베이컨과 오리 지방에 구운 계란 프라이, 구운 시금치, 치즈, 토마토와 잘 어울립니다. 살구 스프레드(P156)와 클로티드 크림(P138)과도 잘 어울립니다. 미리 만들면 냉장고에서 반죽이 계속 발효되면서 신맛을 내는데, 2-3일 안에 사용해야 합니다.

4-6인분
준비 시간 12-24시간

재료

고운 오트밀 225g
굵은 입자의 오트밀 50g
표백하지 않은 흰 스펠트 밀가루 75g
스펠트 통밀가루 75g
씨솔트 1작은술
활성화된 사워도우 스타터 1큰술, 또는 물에 뜨기 테스트를 통과한 효모 1큰술
우유 400g
물 400g
굽기용 기 버터, 무염 버터 또는 베이컨 지방

오트밀, 밀가루와 소금을 큰 용기에 담아 섞습니다.

큰 병에 스타터, 우유와 물을 담아 저어줍니다. 오트밀 가루 혼합물에 붓습니다. 조심스럽게 저어 덩어리가 지지 않게 합니다. 볼을 깨끗한 행주로 덮고 서늘한 곳에서 12-18시간 둡니다. 반죽의 양이 두 배로 불어나고 거품이 생겼을 것입니다. 반죽을 저어서 크림처럼 걸쭉하면서도 따를 수 있는 농도인지 확인합니다. 필요하면 약간의 우유나 물로 농도를 묽게 조절합니다.

20cm 크기의 납작한 무쇠팬을 중불에 가열합니다. 가열된 팬에 물을 뿌려 온도를 확인한 후 기 버터, 또는 베이컨 지방을 발라 줍니다. 반죽 한 국자를 떠 팬에 올립니다. 팬을 움직여 반죽이 골고루 퍼지게 합니다. 두께는 3mm를 목표로 합니다. 3-5분간 굽고 반죽 표면에 구멍이 나타나기 시작하면 조심스럽게 뒤집습니다. 반대쪽 면을 금빛이 돌 때까지 2-3분 굽습니다.

바로 서빙하거나 선반에 올려 식힌 후 차곡차곡 쌓습니다. 원하는 만큼 혹은 반죽을 다 사용할 때까지 반복하세요.

남은 귀리 비스킷은 밀폐용기에 담아 냉장고에서 3일, 냉동고에서 3개월까지 보관 가능합니다. 프라이팬에 약간의 버터 또는 베이컨 지방을 둘러 데워 먹으면 됩니다.

밤브랙 티로프

Ara'n Breac Celtic Speckled Tea Loaf

흔히 밤브랙Barmbrack으로 잘 알려져 있는 요리입니다. 밤(Barm)은 발효 효모를 의미하는 켈트어에서 유래된 단어이고 브랙(Brack)은 보석의 원석 빛을 의미합니다. 이 요리는 아침식사나 애프터눈 티와 어울립니다. 정확히 빵도 케이크도 아닌 것이 매력적인 맛입니다. 전통적으로 핼러윈에 먹는데 안에 반지, 동전, 작은 천조각, 완두콩, 골무 또는 단추가 들어 있습니다. 이 물건들은 각각 연인, 부의 획득과 상실, 풍요로움 그리고 결혼을 피해야 할 상대를 상징합니다. 만약 빵 속에 물건을 숨길 예정이라면, 손님들이 먹기 전에 알리는 것을 잊지 마세요.

밤은 사워도우 스타터로 만들고, 가끔 다크 에일이나 스타우트를 먹이로 줍니다. 밤은 어두운 색을 띠며 복잡한 효모 맛이 납니다. 호밀 스타터처럼 보관할 수 있고 발효종으로도 사용 가능합니다.

8-10인분
준비 시간 4-6시간

밤 재료 380g
다크 에일 또는 스타우트 침전물 100g
활성화된 호밀 사워도우 스타터 100g
스펠트 통밀가루 80g
물 100g

티로프
진하게 내린 홍차 250ml (저는 중국의 기문, 윈난 차를 섞어 러시안 카라반 찻잎 한 꼬집을 넣는 것을 좋아합니다.)
메이플 시럽 70g, 글레이즈용 1큰술
보리 맥아 또는 당밀 40g
레몬 1개의 제스트와 레몬즙 60g
씨솔트 1작은술
커런트 280g
캐러웨이씨 3작은술
물에 뜨기 테스트를 통과한 밤 또는 효모 250g
표백 처리하지 않은 흰 스펠트 밀가루 440g과 스펠트 통밀가루 110g 혼합물
녹은 기 버터 또는 무염 버터 100g

밤 재료를 볼에 넣어 잘 섞습니다. 행주로 느슨하게 덮고 거품이 활발하게 날 때까지 실온에 6-10시간 둡니다. 물에 뜨기 테스트를 거쳐 바로 사용해도 되고 스타터처럼 유지해도 됩니다. 물 대신 맥주 침전물을 먹이세요.

티로프를 만들기 위해 메이플 시럽과 보리 맥아를 찻물에 녹입니다. 완전히 식히세요. 레몬 제스트와 즙, 씨솔트, 커런트, 캐러웨이 씨를 넣습니다. 반죽이 체온보다 높지 않은지 확인합니다. 활성화된 밤이나 효모를 넣고 젓습니다. 밀가루를 털어 넣고 잘 저어줍니다. 반죽이 끈적하기 때문에 손보다 스푼을 사용하는 것이 좋을 수 있습니다. 기 버터나 무염 버터를 추가해 반죽이 부드러워질 때까지 섞습니다. 주무를 필요는 없습니다.

20cm 크기의 원형 케이크틀에 버터를 바르거나 베이킹 페이퍼를 깔아줍니다. 준비된 틀에 반죽을 담고 젖은 행주로 덮습니다. 실온에 3-5시간 둡니다(날씨가 춥다면 더 길게 둡니다). 반죽이 두 배로 부풀어오르고 틀이 꽉 찰 때까지 둡니다.

오븐을 섭씨 200도로 예열합니다. 오븐 중앙에 케이크틀을 넣고 40-50분간 굽습니다. 오븐에서 꺼낸 후 바로 글레이즈용 메이플 시럽을 발라줍니다. 5분을 기다린 후 빵을 틀에서 조심스럽게 분리해 선반에 올려 식힙니다. 완전히 식었을 때 자르는 게 좋습니다. 버터나 발효 버터와 함께 서빙합니다.

헤이즐넛 메이플 초콜릿 케이크

Hazelnut Maple Chocolate Cake

천연 발효종 케이크로 너무 진하지 않고 퍼지한 식감이 매력적인 케이크입니다. 천연발효종을 사용하면 밀가루를 소화하기 쉬워지고 케이크를 구울 때 살짝 부풀어오릅니다. 저온에서 구우면 케이크의 촉촉함과 모양이 잘 유지됩니다.

10-12인분
준비 시간 약 12-14시간

재료
씨를 제거한 말린 자두 100g
갓 끓여낸 물 250g
표백 처리하지 않은 흰 스펠트 밀가루 300g
더치 코코아 파우더 100g
씨솔트 한 꼬집
계피 가루 1/2작은술
메이플 설탕 또는 간 팜슈거 200g
밝은 갈색 마스코바도 설탕 125g
헤이즐넛 가루 75g
물에 뜨기 테스트를 통과한 효모 100g(P175 참조)
씨를 긁어낸 바닐라빈 1개 또는 바닐라 추출물 2작은술
실온에서 식힌 녹은 무염 버터, 기 버터 또는 코코넛 오일 250g
계란물(계란 5개)

꿀 글레이즈
작은 조각으로 부수거나 다진 다크 초콜릿(최소 70% 코코아 함량) 100g
천연꿀 175g
고운 씨솔트 한 꼬집

끓는 물에 말린 자두를 약 10분 동안 연해질 때까지 재웁니다. 24cm 크기의 케이크틀에 버터를 발라주거나 베이킹 페이퍼를 깔아주세요.

밀가루, 코코아 파우더, 씨솔트, 계피 가루를 체로 쳐서 큰 볼에 담습니다. 설탕과 헤이즐넛 가루를 넣고 섞습니다. 효모를 넣고 손가락을 사용해 마른 재료에 문질러줍니다.

말린 자두와 담근 물을 블렌더나 푸드 프로세서에 넣어 바닐라, 식힌 녹은 버터, 계란과 함께 갈아 부드러운 반죽을 만듭니다.

준비한 케이크틀에 반죽을 붓고 젖은 천을 느슨하게 덮어줍니다. 섭씨 24-28도의 상당히 따뜻한 장소에 6-10시간 숙성하게 둡니다. 이 단계에서는 반죽이 부풀지 않고, 구울 때 부풉니다. 표면을 잘라보면 작은 공기층을 확인할 수 있을 것입니다.

오븐을 섭씨 150도로 예열합니다. 케이크를 호일로 덮고 오븐 중앙에 넣어 1시간 반 동안 굽습니다. 호일을 열어 케이크 중앙에 꼬치를 찔러봅니다. 꼬치에 반죽이 묻지 않고 깨끗하고 촉촉한 부스러기 몇 개가 따라나오면 완성된 것입니다. 그렇지 않을 경우 호일을 다시 덮고 10-15분 더 굽고 다시 확인해봅니다.

오븐에서 꺼내 틀 안에서 몇 분간 식힙니다. 케이크를 조심스럽게 꺼내 선반에 올려놓고 완전히 식힙니다.

케이크가 식을 동안 꿀 글레이즈를 만듭니다. 중탕용 그릇에 초콜릿을 담아 끓는 물로 반을 채운 냄비 위에 올려 놓습니다. 그릇 바닥이 물과 닿지 않게 하세요. 초콜릿이 녹으면 그릇을 잠시 두고 식힙니다. 꿀과 소금을 넣어 섞어줍니다.

식힌 케이크 위에 온기가 남아 있는 글레이즈를 붓고 서빙하기 전에 1시간 정도 굳힙니다.

발효 반죽

LEAVENED BATTERS

앞서 소개한 레시피들은 발효 빵, 페이스트리, 케이크 등을 만들기 위해 사워도우 스타터나 이전에 발효시킨 액체를 사용하여 발효 과정을 시작했습니다. 앞으로 소개하는 남인도와 에티오피아식 레시피들은 익히지 않은 곡물과 콩을 미지근한 물에 담가 반죽을 만든 후, 따뜻한 실온에 두면 자연스럽게 발효되는 레시피입니다.

이 레시피들은 평균 기온이 매우 높은 지역인 국가들의 전통 레시피이며 이렇듯 기온이 높은 환경에서는 곡물과 콩이 발효되는 데 상대적으로 오래 걸리지 않습니다. 발효 과정이 시작되면 반죽이 아주 빠르게 부풀기 때문에 용기에 충분한 공간을 확보하지 않으면 흘러 넘칠 수 있습니다.

이 발효 반죽으로 만드는 작고 짭조름한 케이크(이들리), 얇고 바삭한 팬케이크(도사)와 푹신하고 구멍이 송송 난 플랫브레드(인제라)는 모두 비슷한 기후의 지역에서 즐기는 음식이며 몇 가지의 레시피를 이 장과 다른 장에서도 소개하니 여러분도 직접 만들어 즐겨보세요.

반죽을 주기적으로 만들고 싶거나 기온이 낮은 환경일 경우, 첫 반죽에서 한 숟가락 정도의 양을 남겨 다음 반죽에 넣는 방식으로 발효 시간을 단축할 수 있습니다.

수수 이들리 또는 도사

Millet Idli or Dosa

이들리는 아침식사로 주로 먹는 가벼운 질감의 인도식 빵입니다. 같은 반죽을 묽게 만들어 섬세하고 바삭한 도사(팬케이크)로도 만들 수 있습니다.

전통 방식을 따른다면 반죽에 들어가는 재료는 맷돌로 빻아 곱고 폭신하게 만들어야 합니다. 초고속 블렌더나 푸드 프로세서로도 대신할 수 있지만 질감은 그만큼 고르지 않을 것입니다. 반죽은 특유의 가벼운 질감과 신맛을 내기 위해 충분한 발효 시간이 필요하므로 반드시 하루 전에 만들어야 합니다. 발효가 되면 반죽은 냉장고에 넣어 5일까지 보관 가능합니다. 이때 신맛의 강도가 늘어날 것입니다.

이들리를 요리할 때 이들리 전용 찜기를 사용하는 것이 제일 좋습니다. 온라인이나 인도식품점에서 구할 수 있습니다.

찐 이들리 30개 또는 도사 15개
준비 시간 13-25시간

재료
껍질 벗긴 수수 440g
흰 우르드콩 whole white urad dal 160g
레몬즙 4작은술
사고 타피오카 펄 또는 사고야자 가루 65g (저는 아황산을 넣지 않은 밥스레드밀 Bob's Red Mill 제품을 좋아합니다)
찬물 100ml
얼음물 500ml
하룻밤 물에 불린 호로파씨 1작은술
씨솔트 1작은술
기름칠용 기 버터

활성화 수수와 우르드콩을 물이 투명해질 정도로 깨끗하게 잘 씻어줍니다. 각자 믹싱볼에 담고 미지근한 물을 충분히 부어줍니다. 레몬즙 2작은술을 각 믹싱볼에 넣고 12시간 동안 불립니다.

사고를 찬물에 30분 불린 후 물을 따라 버립니다. 우르드콩을 헹구고 물을 따라 버립니다. 호로파씨의 물기를 제거한 후 사고야자 가루, 우르드콩, 호로파씨를 푸드프로세서나 초고속 블렌더에 넣습니다. 갈면서 약 250ml의 얼음물을 아주 천천히 넣어줍니다. 완성이 되면 아주 부드럽고 따라낼 수 있는 정도의 농도가 될 것입니다. 큰 병에 따른 후 잠시 그대로 둡니다.

수수는 물을 따라 버린 후 부드러운 반죽 형태로 갈아줍니다. 얼음물 60-125ml를 천천히 넣어 걸쭉한 반죽을 만듭니다. 수수와 우르드콩 반죽을 믹싱볼에 넣어 섞습니다. 반죽의 농도는 걸쭉하고 숟가락으로 떠서 떨어뜨렸을 때 모양이 부서지지 않아야 합니다. 소금을 넣고 잘 섞으세요.

부풀리기 반죽을 모슬린이나 깨끗한 티타월로 덮어 26°C에서 30°C 사이에 발효되도록 두세요. 12-24시간 동안(반죽이 발효되는 시간이 길수록) 더 신맛이 날 겁니다. 반죽이 발효될 때 부풀어 오르기 때문에 용기에 너무 많이 담지 마세요.

이 단계에 반죽의 용량이 증가하고 거품이 많이 생겼을 것입니다. 이제 이들리를 만들 준비가 되었습니다. 도사를 만들려면 반죽을 희석하면 됩니다.

반죽을 바로 사용하지 않을 경우 밀폐용기에 넣어 냉장고에 5일까지 보관할 수 있습니다(P196 사진).

이들리 만들기 이들리 찜기에 물을 넣고 끓입니다. 기 버터를 이들리틀에 발라주세요. 국자로 반죽을 퍼서 틀을 채웁니다. 너무 많이 채우지 않게 조심하세요. 이들리가 가볍게 부풀어 오르고 완전히 익을 때까지 6-8분 동안 찌세요.

이들리틀을 찜기에서 빼고 5분 동안 옆에 잠시 두세요. 선호하는 음식을 곁들여 따뜻하게 드세요(아래 참조).

도사 만들기 반죽이 실온과 일치하는지 확인하세요. 찬물 80-125ml를 넣고 묽고 따를 수 있는 크림 정도의 농도로 반죽을 희석하세요.

20cm 크기의 무거운 프라이팬을 중불에 가열하세요. 물방울을 떨어뜨렸을 때 튀어 증발하면 구울 준비가 된 것입니다. 키친타월을 사용해 기 버터를 프라이팬에 바릅니다. 반죽을 저어주고 국자로 퍼서 프라이팬 중앙에 부어주세요. 팬을 기울여 반죽이 골고루 얇게 펴지게 합니다. 국자의 바닥 부분으로 프라이팬을 문질러 반죽을 얇게 펴고 표면을 최대한 부드럽게 합니다.

도사 가장자리에 약간의 기 버터를 뿌려줍니다. 이렇게 하면 도사가 바삭해집니다. 반죽이 다 마르고 금빛이 돌기 시작하면 뒤집어서 반대쪽 면을 1분 동안 굽습니다. 도사는 얇고 반짝거리며 금빛이 도는 갈색에 가장자리는 바삭한 맛이 일품입니다. 도사를 큰 접시에 담아 기호에 맞게 소를 준비하고 곁들임 음식과 함께 서빙하세요. 이들리와 도사와 함께 먹기 좋은 곁들임 음식으로는 인도식 라임 피클(P115), 매콤한 삼바르(P202), 그린 칠리 코코넛 처트니와 매콤한 칠리 소스(P203)가 있습니다. 오이 필미열크 라이타(P145)와도 잘 어울립니다.

도사를 채울
마살라 소

Masala Filling For Dosa

매콤한 감자 커리로 도사를 채우고 그린 칠리 코코넛 처트니, 매콤한 삼바르, 매콤한 칠리 소스, 인도식 라임 피클과 필미엘크 라이타 등의 다양한 요리와 함께 서빙합니다.

6인분
준비 시간 35분

재료
빡빡 씻은 파슬파슬한 중간 크기의 감자 3개
기 버터 4큰술
검은 겨자씨 1작은술
신선한 또는 건조 커리잎 한 주먹
다진 적양파 1개
야채 또는 닭고기 육수 125ml
강황 가루 1/2작은술
간 생강 1작은술
씨를 제거하고 다진 그린 칠리 1-3개 (선택 사항, 간맞춤용)
라임 또는 레몬 1개의 즙
간맞춤용 씨솔트
고수 3개의 줄기와 잎을 잘게 다진 것
갓 구운 뜨거운 도사 6개
칠리 소스 (선택 사항)

서빙할 때
그린 칠리 코코넛 처트니 (P203)
매콤한 칠리 소스 (P203)
매콤한 삼바르 (P202)
인도식 라임 피클 (P115)
오이 필미엘크 라이타 (P145)
라임 썬 것

큰 냄비에 물을 끓여 감자를 넣고 익을 때까지 15분간 끓여줍니다. 물을 버리고 손으로 만질 수 있을 정도로 식히세요. 작은 칼로 껍질을 벗기고 살짝 덩어리가 있게 으깨주세요. 한쪽에 잠시 둡니다.

기 버터를 묵직한 프라이팬에 중불로 가열합니다. 겨자씨를 넣고 톡톡 튀기 시작하면 커리잎을 넣어 잠시 자글자글하게 구워줍니다. 양파를 넣고 투명해질 때까지 5분 동안 계속 볶습니다. 육수를 넣고 강황 가루, 간 생강, 기호에 따라 칠리를 넣습니다. 라임 또는 레몬즙을 넣고 뚜껑을 덮고 10분 동안 끓여줍니다. 뚜껑을 열고 액체가 다 증발할 때까지 5분 정도 조리합니다.

감자를 넣고 잘 섞습니다. 감자가 너무 으깨지지 않게 조심하세요. 씨솔트로 간을 보고 잘게 다진 고수 줄기와 잎을 넣으세요.

매운 맛을 좋아하면 약간의 칠리 소스를 도사에 바른 후 마살라 소 몇 숟가락을 한켠에 올립니다. 도사를 반으로 접고 다시 접어 삼각형의 포켓 모양으로 만듭니다. 곁들임 음식과 뿌려먹을 라임 조각을 함께 서빙하세요.

매콤한 삼바르

Hot Sambar

저는 이 매운 인도식 수프인 달dal을 매우 좋아합니다. 삼바르를 만들 때는 집안이 향긋한 향신료 향으로 가득 채워지며 그 맛 또한 매력적입니다. 시간이 좀 더 걸리긴 하지만 여러 향신료를 사용하면 더 강렬한 맛을 볼 수 있습니다. 참고로 향신료는 미리 갈아두지 않고 요리할 때 바로 갈아서 쓰는 것이 좋습니다.

넉넉히 만들어 냉동해두었다가 커리나 소스를 만들 때 활용하면 요리의 맛이 더욱 깊어집니다.

6-8인분

준비 시간 약 1시간 (재료 불리기 시간 별도)

재료

차나달(쪼갠 병아리콩) 210g
두쪽으로 쪼갠 레드 렌틸콩 200g
레몬즙 4작은술
커민씨 2작은술
고수씨 2큰술
호로파씨 2작은술
기 버터 3-4큰술
껍질을 벗기고 잘게 다진 샬롯 10개
잘게 다진 당근 120g
토마토 3개
강황 가루 1작은술
말린 고춧가루 한 꼬집
검은 겨자씨 1작은술
신선한 또는 말린 커리잎 15장
고수 3개 (잎은 따로 떼어내고 줄기는 잘게 다져서 준비)
거칠게 다진 작은 매운 그린 칠리 1-2개
간 팜슈거 또는 흑설탕 1작은술
간 맞춤용 씨솔트

활성화 콩을 각각 씻은 후 별도의 볼에 넣고 정수된 물에 완전히 담가줍니다. 각 볼에 레몬즙 2작은술을 넣고 하룻밤 불립니다.

이제부터 달을 준비하는 단계입니다. 다음날 물을 버리고 콩을 잘 헹군 후 작은 냄비에 넣습니다. 차가운 정수된 물을 콩 위로 5cm까지 부어준 후 끓이세요. 콩이 아주 연해지고 으깨질 때까지 끓이세요. 농도를 묽게 유지하기 위해 필요하면 물을 추가해주세요. 콩이 삶아지면 달을 간단히 휘저어 덩어리가 남지 않게 합니다. 그대로 한쪽에 잠시 두세요.

작은 프라이팬에 커민씨, 고수씨, 호로파씨를 향이 날 때까지 볶아줍니다. 불을 끄고 식힌 다음 그라인더 또는 절구로 갈거나 빻아줍니다.

큰 프라이팬에 기 버터 1-2큰술을 넣고 중불로 달굽니다. 샬롯이 연해지고 갈색으로 변할 때까지 10-15분간 볶습니다. 당근과 잘게 다진 토마토, 커민씨, 고수씨, 호로파씨 간 것과 강황 가루, 고춧가루를 넣어줍니다. 달을 부어주고 잘 저어줍니다.

남은 기 버터 2큰술을 프라이팬에 넣어줍니다. 겨자씨를 볶으면서 튀기 시작하면 커리잎, 잘게 다진 고수 줄기, 그린 칠리를 넣으세요. 튈 수 있으니 조심하세요! 향신료 믹스를 달에 넣고 설탕을 넣은 후 끓입니다. 뚜껑을 덮고 10분 끓입니다. 간을 맞추고 고수잎과 함께 서빙합니다.

그린 칠리 코코넛 처트니

Green Chilli and Coconut Chutney

신선한 코코넛을 사용하면 최고의 처트니를 만들 수 있습니다. 갈아서 얼린 코코넛을 구매해도 좋고 코코넛을 부드럽게 갈면 생기는 코코넛 버터를 사용해도 좋습니다. 처트니는 간단한 쌀밥과 채소 식단에 곁들이면 식사에 생기를 불어 넣을 수 있고, 찐 이들리나 바삭한 도사와도 찰떡궁합입니다.

250-300g
준비 시간 15분

재료
작은 고수 한 단의 잎과 줄기
기 버터 또는 무염 버터 1큰술
검은 겨자씨 1/2작은술
레드 칠리 고추 1개
신선한 또는 말린 커리잎 6장
코코넛 35g 또는 코코넛 버터 70g
굵게 다진 그린 칠리 2-5개
강황 가루 한 꼬집
곱게 간 생강 2작은술
타마린드 소스 2작은술
말린 코코넛 3큰술
간맞춤용 씨솔트
필요에 따라 물 1-2큰술

작은 냄비에 물을 넣고 끓입니다. 고수 줄기와 잎을 5초 동안 데칩니다. 찬물에 헹구고 물을 버리세요. 한쪽에 잠시 둡니다.

작은 프라이팬에 기 버터를 넣고 달굽니다. 아주 뜨겁게 가열하되 연기가 나지 않게 주의합니다.

검은 겨자씨, 빨간 칠리, 커리잎을 넣으세요. 기 버터가 튈 수 있으니 조심하세요. 불을 끄고 한쪽에 잠시 둡니다.

식힌 향신료와 고수, 그리고 나머지 재료를 블렌더나 푸드프로세서에 넣고 갈아줍니다. 물을 서서히 넣어 걸쭉하고 부드러운 반죽을 만드세요. 밀폐용기에 담아 냉장고에 넣으면 2주까지 보관할 수 있습니다.

매콤한 칠리 소스

Hot Chilli Paste

매운 맛을 즐긴다면 이 소스는 바삭한 도사와 완벽하게 어울릴 것입니다.

약 350g
준비 시간 10분

재료
빨간 카옌페퍼 8-10개
껍질을 벗기고 꼭지 부분을 잘라낸 마늘 10쪽
씨솔트 1작은술, 땅콩 기름 1작은술
천연 발효 애플 사이다 식초 60ml

모든 재료를 푸드프로세서 또는 블렌더에 넣고 갈아줍니다. 질감은 기호에 맞춰 조절해주세요.

보존 소스를 뚜껑이 있는 밀폐용기에 넣어 서늘한 곳에 3-5일 동안 놓고 발효시킵니다.

냉장고에 넣고 3개월까지 보관 가능합니다.

인제라
플랫브레드

Injera Flatbread

인제라는 에티오피아식 플랫브레드입니다. 전통적으로는 접시처럼 사용했으며 뜯어서 커리나 향긋한 향신료 소스를 담아 먹습니다. 테프Teff 가루는 강한 견과류 맛을 냅니다. 반죽이 발효되면 꽤 신맛을 내는 플랫브레드가 되는데 미시르 왓(P207)과 크리미한 오이 필미얼크 라이타(P145), 클래식 라브네(P213) 또는 요구르트와 신선한 허브와도 잘 어울립니다. 금귤 카시아 월계수 피클(P117)과도 궁합이 좋습니다.

플랫브레드 10-12장
준비 기간 2-4일

재료

물 560g
테프Teff 가루 240g
씨솔트 1작은술
구이용 기 버터 또는 오리 지방
서빙용 미시르 왓(P207)
요나의 요구르트종균(P212) 또는 오이 필미얼크
  라이타(P145) (선택 사항)

아주 깨끗하고 튼튼한 항아리나 병, 또는 믹싱볼에 물을 채웁니다. 테프 가루를 휘저어 넣어 덩어리가 없어질 때까지 저어줍니다.

부풀리기 용기를 깨끗한 행주로 덮고 고무밴드로 고정시킵니다. 직사광선을 피해 따뜻한 방에 2-4일 두고 발효시킵니다. 이때 하루에 한두 번 반죽을 저은 후 다시 덮습니다.

반죽이 부풀어 오르고 약간 신 냄새와 거품이 많이 생기면 완성된 것입니다. 반죽에 소금을 휘저어 넣습니다.

20cm 크기의 묵직한 프라이팬을 중불에 가열하고 기 버터를 묻힌 키친타월을 팬에 문질러줍니다. 계량컵으로 반죽을 60ml 양으로 재고 프라이팬 중앙에 붓습니다. 팬을 기울여 반죽이 골고루 펼쳐지게 합니다. 구멍이 생기고 가장자리가 바삭해지면서 살짝 뜰 때까지 3-5분 굽습니다. 뒤집어 반대쪽 면을 1-2분 굽습니다. 선반으로 옮겨 식히고 나머지 인제라를 굽습니다. 겹겹이 쌓아 미시르 왓, 기호에 따라 요구르트나 오이 필미얼크 라이타와 함께 서빙합니다.

바르바레 향신료 믹스

Berbere Spice Mix

바르바레 향신료 믹스는 스모키하고 향긋한 에티오피아식 양념으로 고기나 생선을 재울 때 사용하기에 좋습니다.

100g
준비 시간 10분

재료

고수씨 1작은술
커민씨 2작은술
호로파씨 1작은술
캐러웨이씨 1/4작은술 (선택사항)
에티오피아 카다멈씨 1작은술
올스파이스 베리 2개
통정향 4개
백후추 또는 통흑후추 1작은술
간맞춤용 말린 매운 레드 칠리 고추 5개
파프리카 가루 3큰술
강황 가루 1작은술
생강 가루 1/2작은술
육두구 가루 1/4작은술
계피 가루 1/4작은술

묵직한 프라이팬을 중불에서 약불로 가열한 후 고수씨, 커민씨, 호로파씨, 기호에 따라 캐러웨이씨를 볶습니다. 계속 저어 밝은 갈색이 되면서 향이 나기 시작할 때까지 볶은 후 볼에 옮겨 담아 완전히 식힙니다.

그라인더나 절구를 사용해 볶은 씨와 올스파이스 베리, 정향, 통후추와 고추를 넣어 고운 가루가 될 때까지 빻아줍니다. 나머지 재료를 섞어 바로 사용하거나 밀폐용기에 넣어 실온에서 보관합니다. 3개월 안에 사용하세요.

note 에티오피아 카다멈 Aframomum corrorima (또는 코러리마 korarima)은 카다멈보다는 후추와 비슷합니다. 그린 카다멈씨로 대체해도 되지만 후추를 조금 더 추가해 주세요.

미시르 왓
(매콤한 레드 렌틸콩 스튜)

Misr Wat Spicy Red Lentils

푸짐하면서 몸을 따뜻하게 해주는 이 채식 커리는 인제라 플랫브레드 (P204)에 올려 오이 필미옐크 라이타(P145)와 같은 발효 유제품과 함께 먹으면 강한 양념의 맛이 중화됩니다. 금귤 카시아 월계수 피클(P117)을 몇 조각 더해 기분 좋은 시트러스 향을 더해줍니다.

10-12인분
준비 시간 1시간 (재료 불리는 시간 별도)

재료

두쪽으로 쪼갠 레드 렌틸콩 200g
레몬즙 1작은술
익힌 토마토 500g
기 버터 또는 무염 버터 2큰술
잘게 다진 적양파 1개
굵게 다진 마늘 4쪽
잘게 다진 생강 1큰술
간 맞춤용 바르바레 향신료 믹스 2큰술(왼쪽 페이지 참고)
채소 또는 닭 육수 500ml
줄기를 제거하고 이파리는 다진 근대
간 맞춤용 씨솔트
큰 라임 1개의 즙
다진 고수 줄기와 잎 2큰술
파프리카 가루 3큰술
생강 가루 1/2작은술

활성화 요리를 만들기 최소 4시간 전에 렌틸콩을 정수된 물, 레몬즙과 함께 불립니다.

찬물에 렌틸콩을 헹구고 물은 버립니다. 냄비에 넣고 생수를 붓습니다. 중불에 냄비를 가열하여 5-7분간 렌틸콩이 익을 때까지 끓입니다. 물을 버리고 한쪽에 잠시 둡니다.

토마토를 반으로 갈라 심을 제거합니다. 팬에 기 버터 1작은술을 문지른 후 말랑말랑해지고 까매지기 시작할 때까지 토마토를 굽습니다.

묵직한 프라이팬이나 내열성 캐서롤 그릇에 기 버터 2큰술을 중불에서 센불로 가열합니다. 양파를 넣고 연하고 투명해질 때까지 5-10분 동안 볶습니다. 마늘과 생강을 넣어 향이 날 때까지 젓다가 구운 토마토와 바르바레 향신료 믹스를 넣습니다. 불을 중불로 내려 5분간 조리한 후 육수를 붓고 렌틸콩을 저어줍니다. 내용물을 끓인 후 불을 낮게 조절하여 10-15분 동안 뚜껑을 닫지 않은 상태로 뭉근하게 끓입니다. 이때 렌틸콩은 완전히 연해지고 으깨지기 시작할 것입니다.

잘게 다진 근대잎을 넣고 3분, 또는 숨이 죽을 때까지 조리합니다. 씨솔트와 라임즙으로 간을 봅니다. 마지막으로 신선한 고수를 다져 음식 위에 뿌려줍니다.

Chapter. 6

Incubate

배양

아늑하게

KEEPING COSY

배양Incubation은 무언가의 발달을 촉진하거나 도모하는 것을 뜻하는데 이때 온도가 매우 중요합니다. 배양을 할 때 배양되는 환경의 온도를 주기적으로 지켜봐야 하기 때문에 온도계는 필수입니다. 특히 디지털 온도계면 더욱 좋습니다. 이 장에서 나오는 모든 레시피들은 특정 미생물을 증식시키기 위해 재료를 특정 온도에서 장기적으로 노출시켜야 합니다.

자연 발효된 요구르트에서 발견되는 젖산균은 섭씨 37-43도의 일정한 온도를 필요로 합니다. 템페나 아마자케를 만들기 위해 필요한 곰팡이는 증식되는 기간 동안에는 적당한 습도가 유지되어야 하며 섭씨 29도 이상의 온도가 필요합니다. 치즈를 만들 때도 종류와 단계에 따라 일정한 온도를 유지해야 합니다. 가끔 하나의 레시피에서 여러 온도 범위가 필요할 때도 있습니다.

어떤 곰팡이들은 콩의 성분을 두유로 변환시키는 과정에서 중요한 역할을 합니다. 음식에 곰팡이를 투입하는 것에 대해 생소하게 여길 수도 있겠지만 유익한 곰팡이는 훌륭한 결과물을 안겨줍니다. (여러분이 좋아하는 숙성 치즈를 떠올려보세요.) 배양 첫 단계에서는 재료를 일정 온도에 유지하는 것이 원칙이지만 템페와 같은 음식들은 곰팡이가 증식하기 시작하면서 열을 배출하기 때문에 과열로 인해 곰팡이가 죽지 않도록 지켜봐야 합니다.

배양해서 만드는 음식을 자주 만든다면 좋은 도구를 구비해두길 권합니다. 필수는 아니지만 디지털 온도계와 습도기가 장착된 프루퍼(배양기기)가 있으면 온도와 습도를 확인하고 조절할 때 매우 편리합니다. 하지만 저는 수 년간 특수 장비 없이 발효 음식을 만들었습니다. 소량의 요구르트를 만들 때 저는 여전히 보온병을 사용하는 옛날 방식을 선호합니다. 전기밥솥으로 아마자케(P236)를 만들 수 있고, 온도를 유지할 수 있는 음식 건조기를 사용하는 레시피도 몇 가지 있습니다. 깨끗한 스티로폼 박스에 공기가 잘 통하게 구멍을 뚫은 후 온열 패드나 뜨거운 물병을 넣어 내용물을 따뜻하게 유지하는 것도 흔한 방법입니다. 인터넷에서 다양한 DIY 배양기기를 찾아볼 수도 있으니 참고하세요.

요구르트종균

HEIRLOOM YOGHURT

배양 실험을 해보기로 마음을 먹었다면 요구르트 만들기로 시작해보세요. 요구르트 컬쳐는 친구한테 얻거나 건조된 것을 온라인에서 구매하면 됩니다. 요구르트종균의 다양하고 강력한 유익 미생물은 풍부하고 복합적인 맛을 제공합니다. 처음 만든 요구르트종균은 향후 요구르트를 만들 때 스타터로 계속 활용할 수 있습니다. 시판용 살아있는 요구르트를 사용해도 되지만 몇 차례 사용하면 효력이 떨어지기 때문에 매번 새로 구입해서 사용해야 한다는 단점이 있습니다.

수제 요구르트는 만드는 방법이 간단하고 훨씬 더 맛있어서 마트에서 사먹는 것과는 비교가 되지 않습니다. 수제 요구르트는 따뜻한 우유를 살아있는 요구르트나 특정 프로바이오틱 박테리아가 들어간 요구르트 스타터와 함께 배양하여 만듭니다. 최상의 요구르트는 오로지 우유에 호열성 컬쳐만 더해 만드는데 호열성 컬쳐가 증식하기 위해서는 일정한 온도가 필요합니다. 시판용 요구르트에서는 걸쭉함을 내기 위해 유고형분을 사용하는데 주로 산화된 콜레스트롤과 함께 변성된 우유를 포함하기 때문에 우리 몸에 흡수가 되지 않고 활용하기도 어렵습니다.

부드럽고 크림 같으면서 걸쭉한 요구르트를 만들려면 우유를 천천히 가열합니다. 그러면 우유의 단백질이 응고된 후 변형되어 걸쭉해집니다. 젓산균이 발효하면서 단백질을 분해하기 때문에 최소의 양만을 사용하는 것이 좋습니다. 많이 사용할수록 요구르트의 농도가 묽어질 수 있습니다. 이 장에서 나오는 레시피의 용량과 방법을 잘 따르면 크림 같고 걸쭉한 요구르트를 만들 수 있을 것입니다.

매주 한 번씩 요구르트종균을 만들어주어 컬쳐를 유지합니다. 새롭게 만든 요구르트가 굳으면 숟가락으로 소량을 덜어 깨끗한 유리병에 담아 날짜를 표기해 보관합니다. 소중한 스타터가 오염되지 않게 냉장 보관합니다. 당분간 요구르트를 만들지 않을 계획이거나 백업을 만들고 싶다면 깨끗한 면보 조각에 요구르트를 묻힌 후 완전히 건조시킵니다. 건조된 면보를 지퍼락 백에 넣어 냉동시키면 3개월 동안 보관 가능합니다. 다음에 요구르트를 만들 때 스타터로 사용하세요.

요나의 요구르트종균

Yonah's Heirloom Yoghurt

저에게는 발효 부흥론자이자 노르웨이의 활동가 및 예술가인 에바 베이크슬렛Eva Bakkeslett으로부터 선물 받은 영원한 자생력이 있는 컬쳐가 있습니다. 에바는 이 컬쳐를 1910년 뉴욕에서 창업한 크니쉬(knish: 감자, 쇠고기 등을 밀가루를 입혀서 튀기거나 구운 유대인 음식) 가게 창업자 요나 스킴멜Yonah Schimmel의 후손들로부터 받았습니다. 요나는 고향인 루마니아를 떠나면서 요구르트종균을 챙기는 것을 잊지 않았지요. 요구르트가 그의 삶, 문화에 차지하는 의의를 알 수 있습니다.

약 450g
준비 시간 7시간 반 내지 13시간 반

재료
살균처리된 유기농 소, 염소 또는 양의 우유 450ml
살아있는 플레인 요구르트종균 1/4작은술

요구르트 제조기가 없으면 입구가 넓은 500ml 용량의 보온병에 끓는 물을 붓고 뚜껑을 닫아 소독합니다. 우유를 데우는 동안 옆에 둡니다.

냄비에 우유를 넣고 약불에 올려 데웁니다. 표면에 막이 생기지 않게 계속 저어주세요. 냄비에 온도계를 넣고 섭씨 80-82도까지 데웁니다. 온도에 도달하면 바로 불을 끄고 보온병의 물을 따라 버린 후 바로 우유를 보온병에 넣고 뚜껑을 닫습니다. 1시간이 지나면 보온병을 열어 차갑고 깨끗한 냄비에 우유를 따릅니다.

보온병에 다시 끓는 물을 넣고 뚜껑을 닫습니다. 다시 필요할 때까지 옆에 둡니다.

우유를 저으면서 온도가 섭씨 40-43도까지 내려가게 식힙니다. 식히는 시간을 단축하려면 차가운 냄비를 두 개 사용해서 번갈아 우유를 따라주거나 냄비를 찬물이 담긴 용기 안에 넣습니다. 데운 우유 3큰술과 함께 요구르트 스타터를 볼에 넣고 저은 다음 남은 우유를 마저 부어 냄비에 옮겨 담습니다. 계속해서 우유를 저어줍니다.

배양 보온병의 물을 따라 버린 후 식힌 우유를 넣고 바로 뚜껑을 닫습니다. 보온병을 행주로 감쌉니다. 6-12시간 발효할 수 있도록 놔둡니다. 오래 둘수록 산도가 증가하고 유청이 더 많이 생성됩니다. 유청은 요구르트의 유익 미생물을 보유하고 있으니 버리지 말고 먹거나 스타터로 사용합니다.

보온병의 뚜껑을 열어 굳은 요구르트를 깨끗한 유리병에 옮겨 담습니다. 냉장 보관하면 10-15일 동안 사용할 수 있습니다.

클래식 라브네

Classic Labneh

라브네는 걸러낸 요구르트의 중동식 이름입니다. 걸쭉한 정도와 전반적인 질감은 요구르트를 오랫동안 걸러낼수록 생성되는 유청에 따라 정해집니다. 오랫동안 걸러낼수록 질감이 더욱 걸쭉하게 됩니다.

    라브네는 그대로 먹거나 빵에 발라 딥으로 먹거나 허브와 향신료와 섞어 먹으면 맛있습니다.

약 300-400g
준비 시간 3-12 시간

재료
소, 염소 또는 양의 우유로 만든 살아있는 플레인
    요구르트 1kg

체에 두 겹의 면보를 깔고 옆으로 많이 남겨줍니다. 요구르트를 체에 붓고 면보가 잘 덮이면서 자리를 잡을 수 있도록 체의 윗면을 잘 감싸줍니다. 유청을 받아내기 위해 면보를 모아주어 요구르트를 볼 위에 걸러냅니다.

원하는 농도가 될 때까지 3시간에서 12시간 동안 실온에 두거나 냉장고에 넣습니다.

질감이 만족스러우면 면보를 벗기고 라브네를 밀폐용기에 담아 냉장고에 넣으세요. 이렇게 하면 1주일 동안 사용할 수 있습니다.

 유청은 밀폐용기에 담아 냉장고에 1개월까지 보관 가능합니다. 내추럴 소다(P81)나 베이킹할 때 버터밀크 대신 사용할 수 있습니다. 혹은 정원에 따라 버려주세요. 식물들이 고마워할 겁니다!

허브 레몬 마늘 라브네

Herby Lemon and Garlic Labneh

약 280g
준비 시간 10분

재료
라브네 220g
아주 잘게 다진 마늘 한쪽
엑스트라 버진 올리브오일 2큰술
이탈리안 파슬리 1단 잎을 떼지 않고 아주 잘게 썬 것
아주 잘게 썬 레몬 1개의 제스트
간맞춤용 씨솔트와 바로 간 흑후추

이렇게 만들기 간단한 것이 맛까지 있어도 되나요? 사워도우 토스트나 씨솔트 크리스피 브레드(P184)에 듬뿍 발라먹거나 아삭한 채소 위에 뿌려 먹으면 맛있고 가벼운 점심 식사나 오후의 간식으로 손색없습니다.

라브네와 다진 마늘, 올리브오일을 볼 안에 섞습니다.

다른 볼에 파슬리, 레몬 제스트, 소금과 흑후추를 섞어줍니다. 라브네를 서빙 그릇에 넣은 후 허브와 레몬 혼합물을 뿌려주고 서빙합니다.
미리 만들어 둘 때는 모든 재료를 같이 섞은 후 깨끗한 유리병에 담고 올리브오일을 충분히 뿌려 덮어줍니다. 냉장 보관하면 2주까지 사용할 수 있습니다.

꿀, 카다멈 아몬드 라브네

Honey, Cardamom and Toasted Almond Labneh

약 300g
준비 시간 40분

재료
카다멈 꼬투리 4개
얇게 저민 아몬드 50g
라브네 220g
야생화꿀 3큰술

이 달콤한 라브네는 잘 익은 바나나 슬라이스나 베리와 같이 곁들이면 훌륭한 아침식사가 됩니다. 또한 귀리 비스킷(P191)이나 말리의 마카다미아 바나나 팬케이크(P56)와 같은 따뜻한 팬케이크에 얹어 먹는 것도 기막히게 맛있습니다.

절구에 카다멈 꼬투리를 가볍게 빻습니다. 씨앗은 남기고 껍질은 버립니다. 씨앗을 고운 가루로 빻아 작은 볼에 넣습니다.

중불에 작은 프라이팬을 가열하여 아몬드를 1-2분 굽습니다. 살짝 갈색이 돌면 불을 끕니다.

나머지 재료를 볼에 넣고 섞습니다. 서빙하기 전에 30분 두세요. 2주 정도 보관 가능하지만 시간이 흐를수록 아몬드는 눅눅해집니다.

허브 레몬 마늘 라브네

Herby Lemon and Garlic Labneh

부드러운 커드와 유청
면보에 커드와 유장을 모아 거를 준비가 됐습니다

치즈 만들기

CHEESE MAKING

치즈 종류는 다양합니다. 이러한 다양성은 제조 방식, 가축을 방목한 땅과 먹이 종류, 우유 종류, 박테리아, 숙성 환경 등의 여러 가지 요소에서 비롯됩니다. 좋은 치즈는 좋은 우유에서 시작합니다. 좋은 우유는 가장 신선하며(우유를 짠 지 48시간 이내) 불순물이 섞여있지 않고 유기농 초원에서 풀을 뜯은 동물로부터 얻은 우유를 말합니다. 살균처리한 우유나 비살균처리 우유도 해당될 수 있습니다. 다양하고 유익한 미생물 집합체가 고스란히 남아있는 우유를 고르세요.

비살균 원유raw milk는 수천 년 동안 인류에 영양분을 제공해왔습니다. 많은 사람이 원유가 살균 처리된 우유보다 훨씬 완벽하고 영양이 높다고 생각합니다. 정부 규제 하에 원유를 판매하고 있는 국가기도 하지만 호주와 뉴질랜드에서는 원유 판매가 금지되어 있습니다. 그렇지만 섭취하는 것은 불법이 아니어서 저같은 경우에는 20년 동안 비살균처리 우유를 마셔왔습니다. 단, 원유를 섭취 할 때는 원유에 대한 공부가 선행되어야 합니다. 원산지와 생산자가 위생법을 준수하는지도 확인하세요. 의문이 있을 경우 반드시 의사와 상의하고 노약자는 섭취하지 마세요. 오염된 우유를 마실 경우 심각한 결과를 초래할 수 있습니다.

이 장에서 나오는 레시피에서는 다양하고 유익한 박테리아를 더해주기 위해 우유에 발효 케피르를 넣습니다. 일부 박테리아는 호열성으로 발육하기 위해 일정한 온기를 필요로 하고 우유를 발효시키면서 부패균으로부터 보호하는 역할을 합니다. 발효된 케피르는 치즈의 맛과 영양분을 향상시켜줍니다.

페타 치즈와 셰브르 치즈는 비교적 간단한 커드 치즈 레시피로 장시간의 숙성이 필요하지 않습니다. 전통적으로 반추 동물의 위 안에서 우유를 응고시키는 효소인 레닛Rennet으로 치즈 커드를 만듭니다. 레닛은 알약 또는 액체 형태로 구입할 수 있고 아주 적은 양으로 우유에 마법을 부릴 수 있습니다. 원하는 치즈를 만들기 위해 정확한 용량을 사용하는 것이 중요합니다. 치즈를 만들기 전에 포장에 적힌 용량을 확인하세요. 채식주의용 레닛도 있지만 유전자를 조작해서 만들었기 때문에 저는 잘 사용하지 않습니다. 우유를 응고시키기 위해 쐐기풀이나 엉겅퀴와 같은 자연식물을 사용하는 대안도 있습니다. 엉겅퀴속의 풀bull thistle/cirsium vulgare로 예를 들자면 신선한 양, 염소의 우유로 치즈를 만들 때 레닛 대신 사용할 수 있고, 쐐기풀 stinging nettle/urtica dioica은 소의 우유를 응고시킬 때 사용할 수 있습니다.

페타

Feta

페타 치즈는 그리스의 전통 음식으로 풀을 뜯는 양과 염소의 우유만으로 만듭니다. 소 우유로 대체하여 페타 스타일의 치즈를 만들어 낼 수 있지만 맛은 다소 연합니다. 페타를 만드는 과정의 시작은 간단히 발효된 레닛 커드가 필요합니다. 소금에 절여 납작하게 누른 후 잘라 공기 건조시킨 다음에 4.5% 유청 소금물에 숙성시킵니다. 숙성은 약 2주에서 몇 달까지 할 수 있습니다. 페타는 유청 소금물에 숙성시키기 때문에 과정을 지켜보지 않아도 되고 오염 위험이 낮습니다. 치즈가 담긴 유리병을 섭씨 10도 미만의 서늘한 장소에 2주간, 또는 냉장고에 약 한 달간 보관하면 됩니다. 페타가 숙성되면서 복합적인 맛과 시큼한 풍미가 생깁니다.

여기서 중요한 것은 사용하는 레닛의 양과 우유가 가열되는 속도입니다. 우유를 아주 천천히 낮은 불에 가열시키면 부드럽고 크림 같은 질감의 페타 치즈를 만들 수 있습니다.

치즈틀과 압축기는 살 수도 있고, 1L 짜리 단단한 플라스틱 용기 두 개로 직접 만들 수 있습니다. 소독한 바늘을 한 용기에 일정한 간격을 두고 구멍을 뚫습니다. 이것이 치즈틀이 되고 또 다른 용기는 치즈 압축기로, 따뜻한 유청으로 채워 커드 치즈를 눌러주는 역할을 합니다.

약 450g
준비 시간 2-4주

재료

염소, 양, 소 전유 4L
숙성 워터 케피어 60ml
정수된 냉수 60ml
레닛 1개 (종류에 따라 포장에 적힌 방법을
  참조하세요. 저는 WalcoRen 사의 송아지 테닛
  알약 1/4을 곱게 빻아서 사용합니다)
씨솔트 130g

장비

5L 용량 육수 냄비
칼날이 긴 칼
1L 용량 치즈 틀과 압축기
1L 용량 유리병
뚜껑이 달린 1.5L 용량의 병

육수 냄비에 중불에서 낮은 불로 우유를 계속 저으며 가열합니다. 우유의 온도가 32도에 다르면 숙성 케피어를 넣고 힘을 빼되 꼼꼼하게 저어줍니다. 이 단계에서 우유에 호열성의 컬쳐가 주입됩니다.

배양 냄비를 뚜껑으로 덮고 행주 두 장으로 감쌉니다. 바람이 불지 않는 장소에 1시간 두어 케피어로 주입된 미생물 집합체가 형성되도록 합니다. 여기서 핵심은 우유를 건드리지 않아 온도를 유지해주는 것입니다.

깨끗한 유리컵에 레닛과 찬물을 넣어 잘 저어줍니다. 냄비를 두르고 있던 행주를 풀고 레닛을 우유에 부어줍니다. 몇 초 동안 약하게 저어줍니다. 다시 냄비에 뚜껑을 덮고 행주로 감쌉니다. 30-60분간 레닛이 우유를 굳힐 수 있게 건드리지 않고 둡니다. 레닛이 우유를 액체에서 연한 단일 덩어리로 변환시키는 과정에서 냄비벽에 달라붙은 크림 같은 백색의 커드를 볼 수 있습니다.

커드를 깨끗한 손가락으로 눌러보세요. 깔끔하게 부서져야 합니다. 그렇지 않을 경우 30분 더 둔 후 다시 시도해보세요.

칼날이 긴 칼로 2cm 크기의 네모 모양으로 커드를 잘라줍니다. 냄비에 1분 휴지시킵니다. 온도를 확인하고 필요시 살짝 데워 커드가 섭씨 32도에 달하게 합니다. 불을 끄고 5분간 굳힙니다.

손잡이가 긴 나무주걱을 사용해 5분마다 커드를 30-60분 동안 약하게 저어줍니다. 커드가 부서지지 않게 조심합니다. 5분 이상 가만히 두면 한 덩어리가 되어버립니다. 유청의 양은 흘러넘칠 정도가 되고 커드를 누르면 살짝 저항력이 느껴질 것입니다. 커드가 수란과 같은 질감을 띠기 시작하면 걸러낼 때가 된 것입니다.

유청을 최대한 따라낸 후 1L 용량의 깨끗한 유리병으로 옮겨 담습니다. 씨솔트 45g을 완전히 녹을 때까지 저어 넣습니다. 면보로 덮어 소금물로 숙성할 준비가 될 때까지 이틀간 실온에 둡니다. 남겨둔 따뜻한 유청은 보관합니다.

체에 면보를 깔아 깊은 볼 위에 올립니다. 커드를 체에 올려 씨솔트 40g을 뿌린 후 손으로 조심스레 섞어줍니다. 소금으로 인해 커드에서 유청이 나오면서 더 단단해집니다. 10-15분 동안 물기를 빼고 5분마다 섞어줍니다.

체를 빼고 냄비 위에 철제 선반을 올립니다. 이것이 건조대 역할을 해줄 것입니다. 깨끗한 치즈틀을 선반에 올린 후 면보를 깔아줍니다. 커드를 숟가락으로 퍼서 위에서 약 2cm를 남겨두고 틀을 채운 후 압축기를 올려줍니다. 아직 따뜻한 유청으로 압축기의 반을 채웁니다. 누름돌 역할을 해줄 것입니다. 깨끗한 천으로 덮고 10분 동안 물기가 빠지게 놔둡니다.

천을 제거한 후 깨끗한 손으로 조심히 치즈를 따라냅니다(이 시점에는 치즈가 상당히 연한 상태일 것입니다). 뒤집어서 다시 틀에 담아 모양이 고르게 만들어 냅니다. 다시 압축기를 얹히고 좀 더 단단해질 때까지 물기를 뺍니다. 남은 유청을 압축기에 넣어 무게를 늘려 유청을 더 빼냅니다. 치즈가 식고 단단해지면 틀을 덮어서 8시간을 둡니다.

치즈를 덮은 천을 풀고 1.5L 병에 넣을 수 있는 덩어리로 자릅니다. 건조대에 조각을 늘어놓고 각 조각의 모든 면을 남은 씨솔트 45g으로 덮습니다. 소금에 절인 치즈를 실온의 건조대에 놓고 1-2일 둡니다. 하루에 두 번 각 조각을 뒤집습니다. 이렇게 하면 더 단단해지고 잘 마릅니다.

병에 페타 치즈 조각을 넣고 숙성된 소금물을 조심스럽게 따라 부어줍니다. 치즈가 완전히 잠기게 하고 조각들을 빽빽히 넣습니다. 가능하다면 깨끗한 누름돌로 눌러주세요. 면보로 덮어 고정시킨 후 섭씨 10도 미만의 서늘한 장소나 냉장고에 넣습니다.

매주 치즈가 완전히 담궈져 있는지 확인하고 2주 내지 몇 달을 숙성시킨 후 먹습니다. 밀폐용기에 담아 냉장 보관합니다. 3-6개월 동안 보관할 수 있습니다.

셰브르 치즈

Fromage De Chèvre

간단한 젖산 커드 염소 우유 치즈인 셰브르는 만든 지 며칠만에 먹을 수 있어 만족도가 높습니다. 극소량의 레닛이 들어가서 실크와 같은 질감을 지닌 셰브르는 발라 먹기에 좋은 치즈입니다.

약 350g
준비 시간 약 하루 반나절 소요

재료
염소 우유 4L
숙성 워터 케피어 60ml
정수된 냉수 60ml
레닛 1/4개
씨솔트 3작은술

장비
5L 용량의 육수 냄비
500ml 용량의 유리병 또는 용기

우유를 육수냄비에 넣고 중불에서 낮은 불로 가열시킵니다. 우유의 온도가 섭씨 32도에 달할 때까지 계속 저어줍니다. 케피어를 넣고 힘을 빼되 꼼꼼하게 저어줍니다. 이 단계에서 호열성 발효 컬쳐가 우유에 주입됩니다.

깨끗한 유리잔에 찬물과 레닛을 넣고 잘 저어줍니다. 레닛을 우유에 붓고 몇 초 동안 약하게 저어줍니다.

배양 냄비의 뚜껑을 닫고 24시간 건드리지 않고 실온에 보관합니다. 우유가 커드와 유청으로 분리되어 커드는 냄비 바닥으로 가라앉을 것입니다. 만약 커드가 떠오른다면 우유가 신선하지 않거나 오염이 되었을 것이니 버려야 합니다.

체에 면보를 깔고 깊은 볼 위에 올려둡니다. 커드를 면보로 깐 체에 국자로 퍼 담아 유청이 볼로 떨어지게 합니다. 면보의 끝자락을 모아 동그랗게 감쌉니다. 볼에 담은 유청을 버리고 새로운 면보로 싼 커드가 담긴 체를 볼 위에 올려 놓고 6시간 물을 빼줍니다.

커드를 싼 천을 풀어 씨솔트를 뿌려줍니다. 이때는 아직 치즈가 매우 부드러울 것입니다. 스패출러나 나무주걱을 사용해서 소금을 골고루 저어줍니다. 면보를 모아 묶어 치즈가 단단해지고 물기가 빠질 때까지 2시간 더 물을 뺍니다.

셰브르를 유리병이나 밀폐용기에 담아 냉장고에 넣으면 2-3주 동안 보관 가능합니다. 저는 냉장고에 넣기 전에 셰브르를 엑스트라 버진 올리브오일에 완전히 담가 허브와 향신료(쪽마늘, 로즈마리, 타라콘, 후추, 고추)를 첨가하는 것을 좋아합니다. 오일에 잠긴 셰브르는 4-5주 보관 가능합니다.

누룩

KOJI

일본의 독특하고 맛있는 발효 음식은 다수가 아스퍼질러스 오라이제Aspergillus oryzae(누룩곰팡이)라는 특정 곰팡이에 의존합니다. 이 노란 곰팡이는 동남아시아와 동아시아의 습한 지역에서 자생하는 노란색 포자입니다. 아스퍼질러스Aspergillus 포자는 타네 코우지tane koji(씨앗 코우지)로 불리며 쪄서 식힌 대두, 쌀, 또는 보리에 접종하는 데 사용됩니다. 접종이 된 후, 포자가 재생산되고 활성화되도록 콩이나 곡식을 적절한 조건에서 보관합니다. 이 과정이 진행될 때 포자가 생성되면서 달콤한 흙내가 공기 중에 퍼집니다. 이 곰팡이 포자로 덮힌 콩이나 곡식을 누룩, 코우지koji라고 부릅니다. 누룩은 건조시켜 누룩소금, 미소 된장, 미림, 쇼유 간장, 쌀식초, 아마자케, 사케 등의 다양한 음식과 음료를 만드는 데 사용됩니다. 누룩으로 절인 채소 피클도 인기가 좋은 음식입니다.

타네 코우지Tane koji는 전통적으로 녹색 벼로부터 얻어왔지만, 이제는 몇몇 일본의 생산자들이 타네 코우지를 재배하고 생산해서 세계 어디서나 구할 수 있게 되었습니다. 누룩 생산자들은 제품에 맞춰 특정 누룩 품종을 제공하지만 일부 교차되는 것도 있습니다. 미소 된장을 만들 때 필요한 쌀 누룩으로 쌀 음료 아마자케도 만들 수 있고 누룩소금을 만드는 데도 사용할 수 있습니다. 사용하기 간편한 건조 쌀누룩은 구입도 가능합니다.

누룩은 전분을 당으로 변환시키는 효소를 만들어 대두나 곡식을 발효합니다. 단백질은 연해지면서 다른 영양소의 흡수를 방해하는 성분이 제거되어 영양소가 높아지고 소화하기 수월해집니다. 글루타민산을 포함한 아미노산이 생성되어 놀라울 만큼 다양한 감칠맛을 느낄 수 있습니다. 이 책에서 누룩을 포함한 레시피의 경우에는 쌀 누룩이 필요합니다.

일본에서도 최근까지 누룩에 대한 관심은 감소세였습니다. 발효에 대한 의식과 관심이 늘어나고 세계의 셰프와 미식가들이 누룩의 진가를 알게 되면서 전통적이고 혁신적인 방법으로 누룩의 감칠맛을 활용하고 있습니다. 누룩소금으로 맛있는 채소 피클을 만들 수 있고, 활용할 수 있는 방법 또한 많습니다. 샐러드 드레싱, 소스, 양념으로도 사용해보세요.

누룩소금
(시오코우지 *Shio-Koji*)

Salt Koji

이 쌀누룩은 소금으로 발효됩니다. 쌀누룩을 사용하면 단순한 재료로 순식간에 놀라운 요리를 만들 수 있습니다. 누룩소금은 육류를 연하게 해주고 생선 양념으로 활용해도 좋습니다. 저는 채소 위에 뿌리거나 샐러드 드레싱이나 소스에 섞어 넣어 감칠맛을 더해주곤 합니다.
누룩소금 닭구이(P225)는 누룩소금을 사용해 고기가 더욱 맛있고 연한 것이 특징입니다.

약 565g
준비 시간 7-14일

재료
쌀누룩 200g
고운 씨솔트 35g
물 330ml

쌀누룩을 볼에 담아 손으로 누룩을 문질러 덩어리진 것을 부수어줍니다. 소금을 넣고 잘 섞으세요. 물을 넣은 후 잘 저어 곡식을 골고루 적십니다.

보존 깨끗한 행주로 느슨하게 덮은 후 23-27도 온도 범위 내의 따뜻한 실온에서 7-14일 보관합니다. 매일 공기가 순환되도록 위에서 아래까지 내용물을 잘 섞습니다. 단맛과 향이 나면서 확연한 풍미가 생기면 누룩소금이 완성된 겁니다.

이때 누룩을 그대로 사용하거나 블렌더나 푸드 프로세서에 넣어 부드러운 반죽으로 갈아줍니다. 누룩소금을 깨끗한 유리병에 넣어 뚜껑을 닫고 냉장고에 넣으면 12개월까지 보관 가능합니다. 장기간 사용하려면 냉동고에 넣습니다.

누룩소금(시오코우지) 닭구이

Roast Shio-Koji Chicken

가장 쉽고 맛있는 닭구이 요리입니다. 소금으로 쌀누룩을 발효한 누룩소금은 고기를 연하게 만들어주며 양념으로 사용하기에 알맞습니다. 닭껍질은 끈적하면서도 바삭해지기 때문에 바비큐를 할 계획이라면 닭을 반으로 갈라 겨우 연기가 나기 시작한 숯불 위에 굽는 것을 권합니다. 츠케모노 피클이나 절인 채소 피클, 채소반찬과 같이 드세요.

4-6인분
준비 시간 1시간 반 (양념 재우는 시간 별도)

재료
1.8kg 닭 1마리
누룩소금 165g

닭을 키친타월로 가볍게 두드려 물기를 제거하고 내장은 제거해주세요. 누룩소금을 잘 문질러주고 닭가슴과 다리의 껍질을 찢지 않고 접어서 고정해줍니다.

대형 용기에 닭을 담고 3시간에서 24시간까지 냉장고에 넣습니다. 양념에 길게 재울수록 고기가 더욱 연하고 맛있어집니다.

요리할 준비가 되면 오븐을 섭씨 180도로 예열합니다. 얕은 구이용 판에 닭가슴살 부위가 위를 향하게 놓고 오븐에서 1시간 15분 동안 금빛으로 바삭하면서 끈적한 반점이 생길 때까지 굽습니다. 고기의 익힘 정도를 확인하려면 다리를 찔렀을 때 나오는 육즙의 색을 보면 됩니다. 육즙의 색이 투명하면 완성된 것입니다. 15분간 레스팅한 후 서빙합니다.

누룩소금(시오코우지) 방어 커틀릿

Shio-Koji Kingfish Cutlets

자연산 방어는 몸에 좋은 오메가 3 지방이 풍부합니다. 살이 두툼하고 비린내가 덜해 깔끔한 맛을 냅니다. 채소나 밥, 또는 푸른잎 채소 샐러드와 허브 콤부차 비네그레트(P167)와 함께 서빙하세요.

6-8인분

준비 시간 24-36시간, 굽는 시간 10-12분

재료

여덟 토막낸 2.5-3kg 크기의 방어 1마리 (머리와 꼬리는 육수 재료로 따로 보관하세요)
갈아서 부드러운 반죽으로 만든 누룩소금 315g
아주 잘게 다진 생강 30g
아주 잘게 다진 카이엔 고추 1개
하얀 부분만 사선으로 잘게 다진 파 1단
유즈코쇼(유자 고추 절임) 1작은술
레몬주스 1큰술
서빙용 유즈코쇼 (선택 사항)

유리 또는 세라믹 그릇에 방어살을 늘어놓습니다.

방어에 누룩소금을 골고루 발라줍니다. 냉장고에 24-36시간 재워둡니다.

재워둔 방어의 양념을 다 제거해주세요. 헹굴 필요는 없습니다.

그릴을 가열한 후 그릴 밑에 있는 구이용 판에 방어를 놓습니다. 두께에 따라 한 면당 5-6분씩 굽습니다. 생선뼈를 살짝 움직여봤을 때 밀리면 다 익은 것입니다. 생선의 가장자리는 바삭하고 갈색빛이 돌게 됩니다.

생선을 굽는 동안 나머지 재료를 그릇에 담아 섞어줍니다.

완성된 방어 커틀릿에 향이 좋은 채소나 소스를 올리고 바로 서빙합니다.

note 유즈코쇼는 일본식 시트러스 조미료로 방어 커틀릿에서 날 수 있는 흙내를 잘 보완해줍니다. 색조나 MSG, 다른 첨가물이 들어가지 않은 제품을 구입하세요.

겐마이(현미) 미소 된장

Genmai (Brown Rice) Miso

미소 된장은 단백질과 프로바이오틱이 풍부한 일본식 발효 조미료입니다. 미소 된장은 전통적으로 겨울에 만들어 나무통에 보관하지만, 내용물을 잘 저을 수 있는 대형 항아리나 유리병을 사용해도 됩니다. 첫 8개월은 저장고나 차고 같이 서늘한 장소에서 보관하는 게 좋습니다. 미소 된장이 발효하면서 어두운 색의 액체가 생성됩니다. 이것은 자연스럽게 양조된 타마리라는 간장입니다.

누룩 포자를 만들 때 사용한 곡식 종류에 따라 미소 된장의 종류가 정해집니다. 현미(겐마이)누룩은 겐마이 미소를, 보리(무기)누룩은 무기 미소를 만듭니다. 대체적으로 색깔이 밝을수록 숙성 기간이 짧고 단맛을 내는 미소 된장이 됩니다.

약 3.5kg
준비 시간 8-18개월

재료
말린 대두콩 1kg (저는 바이오다이내믹 콩을 선호합니다.)
다시마 10cm
비살균처리 겐마이(현미) 미소 된장 또는 만들어 둔 미소 된장 1큰술
정수된 물 125ml
현미 또는 흰쌀누룩 1kg
고운 씨솔트 400g

가능하면 겨울에 만드는 것이 좋습니다. 대두콩을 볼에 넣어 넉넉한 양의 물에 담습니다. 다시마를 넣고 따뜻한 곳에서 24시간 불립니다.

물을 따라 버리고 콩과 다시마를 잘 헹구세요. 큰 냄비로 옮겨 담아 신선한 물에 완전히 잠기게 합니다. 센불에 냄비를 끓이고 표면에 올라오는 불순물은 제거해줍니다. 불을 낮추고 2-3시간 동안 콩이 완전히 연해질 때까지 삶아주세요.

미소 된장과 정수된 물 125ml을 주전자에 넣어 섞은 후 옆에 둡니다. 콩을 체에 걸러 물을 따라 버린 후 식힙니다.

콩을 원하는 정도에 맞춰 거칠게 또는 부드럽게 으깨줍니다. 스리바치 (일본식 절구)로 빻거나 일반 절구를 사용하세요. 반죽을 체온과 같은 온도로 식혀줍니다.

미소-물 혼합물, 쌀누룩, 그리고 소금 320g을 넣어줍니다. 손으로 반죽을 으깨어 재료가 결합되도록 잘 섞어줍니다.

반죽을 테니스 공 크기로 떼어내어 입구가 넓은 병이나 사기그릇에 세게 던져 넣습니다. 나무주걱을 사용해서 용기 바닥으로 반죽을 눌러주고 공기방울이 없는지 확인합니다. 남은 소금으로 반죽의 표면을 다 덮어 고르게 펴서 곰팡이가 자랄 구석이 없도록 합니다.

표면을 깨끗한 면보로 덮어 위에 누름뚜껑을 놓습니다. 4kg 정도의 누름돌을 누름뚜껑에 올려놓습니다(돌, 그릇, 또는 물로 채운 병을 사용해도 됩니다). 용기를 다른 면보로 덮은 후 끈으로 묶어 고정시킵니다. 실외에 그늘진 장소나 실내에서 난방이 안 되는 구석에 보관합니다.

배양 봄에 날씨가 따뜻해지면 반죽을 한 달에 한 번씩 저어줍니다. 여름이 되면 미소 된장을 2주 간격으로 저어줍니다.

가을이 오면 미소 된장의 맛을 봅니다. 소금이나 곰팡이를 긁어내고 그 아래 발효된 미소 된장을 꺼내보세요. 맛있는 냄새가 날 것입니다. 맛을 본 후 만족스러우면 보관 용기에 옮겨 담아 냉장고에 보관합니다. 또는 새로운 소금을 미소 된장 위에 깔고 누름뚜껑과 누름돌을 얹히고 더 숙성시킵니다. 시간이 지나면서 맛은 누그러집니다.

note 발효 과정 중 미소 된장 반죽 표면에 곰팡이가 생기면 완전히 제거합니다. 용기에서 노출된 표면을 보드카로 소독합니다. 이렇게 하면 곰팡이가 다시 생길 가능성이 낮습니다.

호두 미소 된장

Walnut Miso

냉장고에 호두 미소 된장이 있으면 수프에 풀어 먹거나 표고버섯을 채워서 요리에 감칠맛을 낼 때 유용한 재료로 사용할 수 있습니다.

300g
15분 소요

재료
바삭한 호두 115g
미소 된장 165g
사케 1큰술
미림 1큰술
간 생강 1큰술 (선택 사항)
양념된 표고버섯 다시 또는 물 60ml (오른쪽 페이지 참조)

호두 90g을 푸드 프로세서에 넣어 1-2초 정도 갈아 다집니다. 미소 된장, 사케, 미림, 기호에 따라 생강을 넣습니다. 다시나 물을 넣고 갈아서 거친 반죽을 만듭니다. 나머지 호두를 넣고 거친 조각으로 다집니다. 밀폐용기에 넣어 냉장고에 넣으면 2-3주 동안 사용 가능합니다.

표고버섯 호두
미소 된장 우동

Walnut Miso Broth With Shiitake and Udon

껍질 콩과 볶은 깨 미소 된장 드레싱(P54), 누카즈케(P258) 또는 벳다라즈케(P259)와 함께 서빙하세요. 저는 주로 냉장고나 냉동고에 다시를 보관하는데 빠르고 영양이 풍부한 음식을 만들고 싶을 때 이 요리를 만듭니다.

4인분
준비 시간 45분

재료
밑동을 제거한 크고 신선한 표고버섯 8개
손질한 중국 겨자잎 1단
포장에 적힌 대로 조리한 후 헹구고 물을 따라 버린
　우동면 200g
타마리 간장 60ml
미림 60ml
호두 미소 된장 75g
표고버섯 다시 1개 (아래 레시피 참조)

표고버섯 다시 2.2L
10분 동안 찬물에 불린 다시마 20cm
10분 동안 찬물에 불린 말린 표고버섯 6개
미림 200ml
타마리 간장 250ml
물 2L
가다랑어포 30g (선택 사항)

서빙할 때
볶은 깨 20g
잘게 썬 레몬 1/2개의 제스트
잘게 썬 새눈 고추 1개 (선택 사항)

먼저 다시로 육수를 만드세요. 다시마를 헹군 후 물기를 제거합니다. 다시마를 불린 물은 옆에 둡니다. 가위나 칼을 사용해서 다시마를 4등분하세요. 표고버섯은 밑동을 잘라주세요. 냄비에 다시마, 표고버섯과 불린 물을 미림, 타마리 간장과 함께 넣습니다. 약하게 끓여 30-40분 끓입니다. 체에 다시마와 표고버섯을 걸러 다른 요리나 미소 된장국에 사용할 용도로 보관합니다. 가다랑어포를 사용할 경우 다시에 넣고 끓입니다. 다시가 끓기 시작하면 불을 낮추고 5분간 졸여줍니다. 촘촘한 체 또는 면보로 걸러냅니다. 다시를 미리 만들면 냉장고에 4일, 냉동고에 3개월 보관할 수 있습니다.

다시를 냄비에 따라 중불에 끓입니다. 다시가 끓으면 신선한 표고버섯과 겨자잎을 넣고 불을 낮춘 후 5분간 졸여줍니다.

그동안에 우동면을 큰 볼에 넣어 바로 끓인 물을 부어줍니다. 면이 익게 둡니다.

다른 볼에 호두 미소 된장, 타마리 간장, 미림, 그리고 냄비 안의 뜨거운 다시 125ml를 넣고 저으세요. 이 혼합물을 냄비에 있는 다시에 넣고 저으면 됩니다. 맛을 보세요. 이때 맛이 좀 강하다면 면을 추가해주세요.

우동면을 삶은 물을 따라 버리고 그릇에 나눠 담습니다. 버섯과 채소 고명을 올리고 다시를 국자로 퍼서 담습니다. 볶은 참깨, 레몬 제스트와 기호에 따라 고추를 올려 먹습니다.

템페

TEMPEH

템페는 대두콩을 발효한 인도네시아 음식으로 연한 질감에 섬세한 버섯과 같은 맛이 납니다. 단백질이 풍부하고 포만감이 좋으며 주로 쌀밥과 채소와 함께 먹고, 인도네시아 커리 요리의 주재료가 됩니다.

 템페를 만들기 위해서는 리조푸스 올리고스포러스Rhizopus oligosporus 곰팡이가 필요합니다. 흰색 균사체 포자인 이 포자는 대두콩을 서로 묶어주는 역할을 합니다. 수제 템페는 약간의 참을성과 인내가 필요하지만 만드는 과정이 많이 어렵진 않습니다.

 템페는 먹기 전에 잘 익혀 드시길 바랍니다. 템페를 원하는 모양으로 잘라 요리하세요. 커리와 먹을 때는 큰 세모 모양이 좋습니다. 얇게 잘라 튀기면 더 바삭해집니다. 템페 튀김은 케찹 마니스 머스터드 소스(P235)에 찍어 먹거나 인도네시아풍 커리나 원하는 요리에 곁들이면 좋습니다.

 다음 페이지의 레시피들은 대두콩 대신 검은콩을 사용하지만, 어떤 콩을 써도 괜찮고 다른 곡물을 더해줘도 좋습니다. 온도를 조절하고 유지하는 것이 중요하며 배양을 할 때 반죽이 충분히 공기에 노출되면서도 건조되지 않게 잘 지켜봐야 합니다. 반죽이 발효하면서 열을 발산하기 때문에 내부 온도도 지켜봐야 합니다. 방치하면 과열되어 상할 수 있습니다.

 전통적으로 콩 반죽은 통풍이 잘 되는 바나나잎에 싸서 보관했지만, 요즘은 공기 구멍을 낸 지퍼락백을 사용합니다. 만약 깨끗한 바나나잎을 구할 수 있다면 콩 반죽을 싸서 이쑤시개나 노끈으로 고정하는 것을 추천합니다.

검은콩 템페

Black Bean Tempeh

350g 덩어리 3개
준비 시간 하루 내지 이틀 (재료 불리는 시간 별도)

재료

베이킹소다 1/2작은술을 탄 미지근한 물에 하룻밤
  동안 불린 검은 콩 500g
건조된 템페 스타터 포자 1작은술보다 적은 양 또는
  포장지 설명을 따를 것

불린 콩을 잘 헹구고 물을 따라 버립니다. 큰 냄비에 콩을 넣고 물을 충분히 부어줍니다. 센불에 끓이고 표면에 떠오르는 불순물은 제거합니다. 내용물이 끓으면 불을 약하게 조절하여 약 40분 가량, 콩이 연해지도록 그러나 푹 익지는 않게 졸여줍니다.

그 사이에 바나나잎 3장 또는 18×16cm 크기의 지퍼락백 3장에 바늘이나 가위를 사용해 1cm 간격으로 작은 구멍을 백 전체에 뚫어줍니다.

검은콩이 연해지면 체를 사용해 물을 따라 버립니다. 깨끗한 마른 천이나 키친타월을 사용해 물기를 제거합니다. 제대로 곰팡이를 키우기 위해서 매우 중요한 단계입니다. 콩이 체온 온도로 식게 놔둡니다.

템페 스타터 포자를 차 여과기에 넣어 콩에 골고루 뿌려줍니다. 콩과 스타터를 1-2분간 섞어줍니다.

반죽을 지퍼락백에 나누어 담습니다. 콩을 납작하게 눌러서 2cm 두께의 사각형 케이크 형태로 모양을 만듭니다. 백을 봉하고 최대한 눌러 압축시켜 단단한 패키지를 만들어줍니다.

배양 콩 패키지를 섭씨 24-26도로 설정한 배양기기에 넣습니다. 15-18시간이 지나면 발효 과정이 진행되면서 자체 발열이 될 것입니다. 온도계를 사용해 패키지 내부 온도를 계속 재보세요. 배양기기보다 뜨거울 것입니다.

다음 12-18시간 동안 내부 온도를 섭씨 29-32도로 유지하기 위해 배양기기 온도를 조절합니다. 시간이 절반 가량 지나면 하얀 균사체가 생성되기 시작하는 것을 볼 수 있습니다. 발효가 진행되면서 균사체는 콩을 서로 단단히 묶어주는 막을 형성합니다. 템페가 준비되면 백에 만든 구멍에 곰팡이의 포자가 형성되면서 작은 검정 반점들이 생긴 것이 보일 텐데 이것은 정상적인 현상입니다.

이때 템페에서는 기분 좋은 버섯 같은 향과 암모니아 향이 살짝 날 것입니다. 템페를 배양기기에서 꺼내 완전히 식힌 다음 냉장고 또는 냉동고에 넣습니다. 냉장 보관 시 4-5일 사용 가능하고 밀폐용기에 넣어 냉동 보관 시 12개월까지 보관 가능합니다.

P232 사진

바삭한 코코넛 템페

Quick Crispy Coconut Tempeh

템페를 직접 만드는 데 기꺼이 시간을 투자했다면 이제 순식간에 만들 수 있는 매력적인 간식 레시피를 소개하겠습니다. 갓 만든 템페를 활용해서 만들 수 있어 제가 매우 좋아하는 간식입니다. 소스를 곁들여 먹어도 맛있지만 저는 템페 튀김을 우선 그대로 맛보고 기호에 따라 즐기는 것을 추천합니다. 작은 조각으로 잘라 샐러드에 넣어 먹어도 좋습니다.

약 18장
준비 시간 15분

재료
검은콩 템페 한 덩어리
튀김용 코코넛 오일

케첩 마니스 머스터드 소스
케첩 마니스 3큰술
부드러운 디종 머스터드 3큰술
쌀조청 3큰술
쌀식초 1큰술
참기름 1큰술

템페를 1cm 두께로 썰어주세요. 남는 템페는 잘 싸서 냉장 보관합니다. 묵직한 프라이팬을 중간불에 가열합니다.

템페를 가볍게 튀기듯 구울 수 있을 정도 양의 코코넛 오일을 프라이팬에 넣습니다. 템페가 조리되면서 오일을 흡수할 것입니다.

오일이 뜨거워지고 연기가 나기 전에 템페를 팬에 넣어 구우세요. 템페가 타지 않게 불을 낮게 조절하고 천천히 길게 요리하는 것을 추천합니다.

한 면씩 조심스럽게 구워주면서 뒤집었을 때 바삭해지고 콩의 하얀 부분이 갈색으로 변할 때까지 구워줍니다. 디핑소스를 만드는 동안 키친타월에 올려 기름기를 뺍니다.

소스 재료를 작은 볼에 넣어서 다 같이 섞은 다음 서빙 볼에 옮겨 담습니다. 찍어먹는 소스나 양념용으로 활용하세요. 양념으로 사용한다면 냉장고에 5일까지 보관해 언제든 차갑게해서 먹으면 됩니다.

 수제 케첩 마니스 타마리 간장과 간 팜슈거 각각 6큰술을 섞은 후 걸쭉해질 때까지 약하게 졸여줍니다. 식힌 후 밀폐용기에 담아 주방에 보관합니다.

아마자케
(달콤한 쌀누룩 발효음료)
Amazake

아마자케는 아주 오래된 일본 음료입니다. 쌀누룩과 쌀을 배양하면 쌀의 전분이 분해되면서 당질로 변환됩니다. 아마자케를 만들 때는 온도를 섭씨 60도에서 67도 범위 내에서 유지하는 것이 중요합니다. 디지털 온도계를 사용해 매시간마다 온도를 잽니다. 아마자케를 맛보면 복합탄수화물이 얼마나 단맛을 내는지 알 수 있습니다. 수제 아마자케는 사케를 만들기 전 단계로, 아직 알코올이 생성되지 않은 상태입니다. 저는 아마자케를 시큼한 과일과 함께 부드럽게 블렌딩하거나 희석해서 마시는 것을 좋아합니다. 여름에는 차갑게, 겨울에는 부드럽고 따뜻하게 마시는 것을 좋아합니다.

1L
준비 시간 8-14시간 (불리는 시간 별도)

재료
물이 투명하게 흐를 때까지 헹군 현미쌀 150g
물이 투명하게 흐를 때까지 헹군 쌀 50g
물 500ml
건조된 쌀누룩 200g
끓였다가 섭씨 60도로 식힌 물 1L

씻은 쌀을 볼에 찬물과 함께 담습니다. 덮은 후 8-12시간 불립니다. 물을 따라 버리고 쌀을 헹굽니다. 쌀과 물 500ml를 전기밥솥에 넣어 밥을 짓습니다. 취사에서 보온으로 넘어가면 밥을 꺼냅니다. 주걱을 사용해서 쌀의 온도가 섭씨 60도 아래로 미지근해질 때까지 식힙니다. 디지털 온도계를 사용하길 추천합니다.

누룩을 손으로 다듬어 쌀알이 분리되고 덩어리가 없도록 합니다. 누룩을 미지근하게 식힌 밥과 잘 섞습니다. 반죽을 끓였다가 60도로 식힌 물과 함께 전기밥솥에 넣고 잘 섞어줍니다.

배양 전기밥솥을 보온 설정으로 놓고 밥솥 뚜껑을 열어 둔 상태에서 깨끗한 행주로 덮어줍니다. 섭씨 65도 온도에 맞춰 8-14시간 유지합니다. 2시간 후 내용물을 잘 섞고 온도를 확인합니다. 온도가 섭씨 67도를 넘지 않게 하고 다시 행주로 덮어 6시간을 둡니다. 그후 1시간 반마다 온도를 확인하고 조절합니다. 냄새가 점차 달콤한 견과류향으로 변하는 것이 느껴질 것입니다.

더욱 단맛을 원할 경우 2시간 더 숙성시킨 다음 다시 맛을 봅니다. 전기밥솥에 오랫동안 숙성시킬수록 더욱 단맛이 납니다. 내용물을 저어줍니다. 약간의 질감이 아직 느껴질 것입니다. 부드러운 식감을 원할 경우 원하는 질감이 될 때까지 블렌더로 갈아줍니다.

만든 후 바로 마시거나 며칠 안에 다 마시는 것이 좋습니다. 냉동 보관할 경우 3개월까지 사용할 수 있습니다. 더 길게 보관하고 싶으면 냄비에 약하게 끓인 후 식힌 다음에 밀폐용기에 담아 1주일 내로 사용하거나 얼려서 12개월까지 사용할 수 있습니다.

아몬드 아마자케

Toasty Almond Amazake

이 음료 한 잔이면 쌀쌀한 겨울날을 따뜻하고 달콤하게 보낼 수 있을 것입니다. 칡녹말가루는 다양한 크기의 덩어리로 판매되는데 사용하기 전에 찬물에 완전히 녹여야 합니다. 캐서롤, 수프, 음료와 디저트를 걸쭉하게 만드는 데 사용되고 장 연동 운동을 개선시켜주며 목넘김이 부드러운 아마자케를 만들기에 좋습니다. 잘 구운 아몬드와 시트러스는 아마자케의 단맛과 균형을 이룹니다. 시판용 아마자케는 직접 만든 것보다 상당히 단 편입니다. 시제품을 사용할 경우 맛을 보고 너무 달다 싶으면 물을 더 부어 희석시킵니다.

INGREDIENTS

4인분
준비 시간 10분

재료
그대로 또는 부드럽게 간 아마자케 (왼쪽 페이지 참조) 125ml
아몬드밀크(P32) 250ml
곱게 간 레몬 제스트 1/2작은술
찬물 3작은술에 녹인 칡녹말가루 2작은술
레몬즙 1작은술
아몬드 20개를 굽고 다진 것

RECIPE

아마자케, 아몬드밀크와 레몬 제스트를 작은 냄비에 넣어 중불에 약하게 졸입니다.

찬물에 녹인 칡녹말가루를 저으면서 넣어주고 내용물이 걸쭉해 질 때까지 몇 분 동안 계속 저어줍니다.

레몬즙을 저어 넣고 맛을 봅니다. 원한다면 조금 더 추가합니다.

찻잔에 따라 뜨겁게 또는 차갑게 마십니다. 남은 음료는 밀폐용기에 담아 냉장고에서 4일까지 보관 가능합니다. 음료가 식으면 걸쭉해지니 아몬드밀크나 물을 조금 넣고 데워 먹습니다. 다진 아몬드로 토핑합니다.

note 아몬드밀크가 없으면 물을 대신 사용해도 됩니다. 농도는 다소 묽겠지만 맛은 그대로 좋을 것입니다.

note 아몬드를 구운 후 식기 전에 따뜻한 상태에서 다지면 다지기에 더욱 수월합니다.

체리, 캐슈 아마자케 아이스크림

Sour Cherry and Cashew Amazake Ice Cream

아마자케는 여러 디저트에 맛있는 감미료로 활용할 수 있습니다. 이 비건 아이스크림은 상큼한 체리와 균형을 이루며 단맛이 매력적입니다. 구운 아몬드를 뿌려 먹거나 갓 구운 애플파이와 함께 먹으면 굉장한 간식이 됩니다.

아이스크림의 질감은 푸드 프로세서나 블렌더의 속도에 따라 정해집니다. 초고속의 강력한 블렌더를 사용하면 매우 부드럽고 크림의 질감이 뚜렷한 아이스크림을 만들 수 있습니다. 이 레시피는 아이스크림 제조기가 필요합니다.

약 1.25L
40분 소요 (재료 불리는 시간 별도)

재료
익히지 않은 캐슈 400g
아주 고운 씨솔트 한 꼬집
곱게 간 레몬 제스트 2작은술
차가운 아마자케 250ml (필요시 더 사용하세요)
아주 차가운 캐슈밀크 또는 아몬드밀크 580ml
반으로 가른 말린 체리 60g 또는 씨를 제거한 신선한 제철 체리 200g
메이플 시럽 60ml (선택 사항)

캐슈를 물에 담가 6-12시간 불립니다. 물을 따라 버리고 캐슈를 푸드 프로세서나 블렌더에 넣어 30초 동안 빠른 속도로 갈아줍니다.

소금, 레몬 제스트, 아마자케와 차가운 캐슈 또는 아몬드밀크 290ml를 넣습니다. 계속 갈면서 나머지 밀크를 서서히 넣어 부드러운 크림처럼 만듭니다. 맛을 보고 좀 더 단맛을 원하면 아마자케를 조금 더 넣고 메이플 시럽도 추가할 수 있습니다. 제철 체리 혹은 말린 체리를 넣고 저어준 다음에 아이스크림 제조기에 내용물을 넣고 사용-설명서에 따라 약 20분 동안 휘젓습니다.

바로 먹거나 용기에 담아 냉동고에 보관하면 3개월 동안 먹을 수 있습니다. 먹기 전에 실온에 15-20분 두어 해동합니다.

 체리가 없으면 냉동 블루베리도 대안이 될 수 있습니다. 시트러스-메이플 맛을 내고 싶다면 체리 대신에 레몬즙과 메이플 시럽을 각각 1큰술 정도 넣습니다.

Chapter. 7

Cure

절임

메이플 펜넬 통후추 채끝등심

매콤달콤한 시즈닝 크러스트 밑에서 채끝등심이
천천히 숙성되면서 육즙이 흘러나오고 있습니다.

건조

DEHYDRATE

이 장에서는 소금이나 그외의 발효재료를 사용해서 채소, 육류, 생선 또는 두부를 염지하는 방법을 알아봅니다. 좋은 품질의 소금이나 살아있는 발효 재료만 있으면 공기가 없는 무산소성 환경을 조성해서 원하는 재료를 절일 수 있습니다.

소금 절임은 삼투에 의해 재료를 건조시키는 전통 방식입니다. 재료의 사용기한을 늘리는 동시에 수분을 필요로 하는 병원성 박테리아로 인한 부패 가능성을 낮출 수 있습니다. 재료를 오랜 시간 동안 염지하게 되면 마르면서 짠맛이 강해진다는 것을 기억하세요. 과도하게 절이게 되면 너무 짠맛이 나서 음식을 망칠 수 있습니다.

이 장에서는 소금만을 사용하는 레시피와 소금과 설탕 및 향신료 혼합물을 사용하여 단기간에 공기 건조하는 레시피들을 소개합니다. 이 간단한 기법들을 통해 모두가 좋아하는 프로슈토(이탈리아 돼지고기 절임), 바칼라오(포르투갈식 말린 대구), 다꾸앙(일본식 단무지) 등의 음식을 만들 수 있습니다.

일본은 소금 절임 및 발효를 통해 재료를 보전하고 복합적인 맛을 내는 조리 방식이 발달해 있습니다. 츠케모노(절임류)를 만드는 속도에 여러분은 놀랄 수도 있습니다. 아사즈케는 몇 시간 만에 또는 하룻밤 사이에 만들 수 있고 부드러운 단맛을 냅니다. 몇 주 내지 몇 개월, 심지어 몇 년까지 절여 짠맛과 복합적인 신맛을 가진 후루즈케(묵은 절임)를 만들 수도 있습니다. 이 모든 레시피는 젖산과 초산을 만들어내는 겨된장의 젖산균에 달려있습니다.

재료를 겨된장에 묻기 전에 수분 함량이 높은 재료는 공기 중에 건조한 후 사용하거나 납작하게 누르고 짜내어 물기를 빼준 다음에 사용해야 합니다. 겨된장의 활성력을 유지하기 위해 주기적으로 관리해줘야 합니다. 미소 된장, 아마즈케, 코우지도코의 경우 사용 후 먹을 수 있지만 누카도코(발효된 쌀겨된장)의 경우 겨된장은 잘 먹지 않으며 퇴비로 사용하는 게 좋습니다.

모든 겨된장은 어느 정도의 소금이 함유되어 있고 채소의 수분을 빨아들여 질감이 변하면서 내재한 유익 미생물이 재료의 맛과 영양분을 변형시켜줍니다. 채소 준비 과정은 종류에 따라 다양합니다. 먹는 방법과 보관 기간을 고려해 어떻게 자르고 어떤 순서로 소금에 먼저 절일 것인지를 판단하는 것이 좋습니다.

메이플, 펜넬과 통후추 채끝등심

Maple, Fennel and Peppercorn Sirloin

이 레시피는 고기를 장기간 보존하기 위한 방법이라기보다는 비교적 빠르게 염지한 소고기를 만드는 방법입니다. 소금과 설탕이 혼합된 시즈닝은 고기가 산화되는 것을 예방하는 동시에 수분을 배출하고 맛을 더해줍니다. 소고기를 오랜 시간 동안 절일수록 맛은 강해지고 식감은 더욱 독특해집니다. 품질이 좋은 방목한 소고기 채끝등심을 사용하면 좋습니다.

얇게 썰어 생으로, 아니면 두꺼운 스테이크로 재빨리 구워 먹을 수 있습니다. 생으로 먹을 경우 좋은 엑스트라 버진 올리브오일을 뿌린 후 아삭한 그린 샐러드, 오렌지 주니퍼 비트 절임(P104) 또는 얇게 썬 금귤 카시아 월계수 피클(P117)과 함께 하면 좋습니다.

얇게 썰어서 8-12인분, 스테이크로는 6인분
준비 시간 24-72시간

재료
방목한 소의 채끝등심

시즈닝
통후추믹스 1 1/2큰술
굵은 씨솔트 240g
메이플 설탕 또는 밝은 갈색의 마스코바도 설탕 120g
펜넬씨 1 1/2큰술
간맞춤용 고추 2개 (선택 사항)

고기를 절일 때 사용할 아주 깨끗한 용기를 고르세요. 작은 에나멜 법랑 트레이가 적합합니다.

고기의 힘줄과 지방을 모두 잘라냅니다. 스테이크용으로 쓸 거라면 지방은 그대로 두세요.

볼에 시즈닝 재료를 모두 섞으세요.

절임 시즈닝 믹스를 용기나 쟁반 바닥에 골고루 깔고 소고기를 올려놓으세요. 나머지 시즈닝은 고기에 빈틈없이 꼼꼼히 문질러주세요.

소고기를 유산지로 덮은 후 작은 접시나 물병 등으로 무게감을 더해 눌러주세요. 그대로 냉장고에 넣어 24-72시간 숙성시킵니다. 6시간마다 소고기를 뒤집어주세요. 수분이 빠져나가면서 고기가 점점 단단해집니다.

고기를 먹기 전에 시즈닝을 최대한 털어냅니다. 그대로 먹으려면 아주 얇게 썰고, 스테이크로 먹으려면 두껍게 썰어서 아주 뜨거운 프라이팬에 굽습니다. 스테이크는 너무 오래 익히지 마세요.

펜넬, 주니퍼 오렌지 가다랑어 절임

Fennel, Juniper and Orange Cured Bonito

이 레시피는 그라브락스gravlax로 잘 알려진 절인 연어 요리를 변형한 것입니다. '락스lax'는 연어를 뜻하고 '그라브grav'는 영어 단어 'grave', 즉 '무덤', '묻는다'라는 의미에서 유래했습니다. 그라브락스는 전통적으로 바닷물과 모래가 압력을 가하는 동시에 부패균으로부터 보호받을 수 있는 해안가에서 연어를 묻고 절여서 만들었습니다.

연어나 참치도 좋지만, 가다랑어로도 시도해보세요. 참치와 같은 과이지만 크기가 훨씬 작은 가다랑어는 가격 대비 비슷한 식감과 맛을 제공합니다.

주니퍼와 오렌지, 펜넬은 생선에 달콤한 풍미를 더합니다. 바삭한 호밀빵 위에 그라브락스나 훈제 연어를 딜 오이 피클(P106)과 함께 얹어 먹어도 좋습니다.

8-15 인분
12-48시간 소요

재료

주니퍼 베리 1 1/2큰술
고수씨 1 1/2큰술
통백후추 1큰술
월계수잎 3장
곱게 간 오렌지 1개의 제스트
껍질을 벗기고 곱게 다진 생강
펜넬잎 2개를 곱게 다진 것
밝은 갈색의 마스코바도 설탕 4-5큰술
굵은 씨솔트 4-5큰술
껍질 벗긴 400g 가다랑어 2 토막 또는 껍질을 벗기고 살을 발라낸 통가다랑어 1마리 (생선뼈는 육수용으로 보관하세요.)

양념을 만들기 위해 주니퍼 베리, 고수씨, 통후추와 월계수잎을 절구에 넣고 가볍게 빻아줍니다. 오렌지 제스트, 생강과 펜넬잎, 설탕, 소금을 넣고 모두 갈아줍니다.

절임 가다랑어를 나열할 수 있는 깊고 납작한 접시에 양념을 조금 뿌립니다. 가다랑어 토막을 나열하고 나머지 양념을 뿌려 잘 묻혀줍니다. 유산지로 덮어 냉장고에 넣은 후 12시간 내지 48시간 숙성시킵니다. 12시간마다 뒤집어서 원하는 식감에 이르게 합니다. 길게 숙성할수록 수분이 생선살에서 빠져 나와 짠맛이 더욱 두드러지고 잘 마릅니다.

숙성되면서 생성된 액체는 용기에 담아 소스를 만들 때 사용합니다.

양념을 모두 털어낸 후 절인 가다랑어를 밀폐용기에 담아 냉장 보관하면 5일까지 보관할 수 있습니다.

가다랑어를 잘라 펜넬 주니퍼 오렌지 후추 소스와 같이 먹거나 카나페로 먹습니다.

P248-249 사진

펜넬, 주니퍼 오렌지 후추 소스

Fennel, Juniper and Orange Pepper Sauce

펜넬 주니퍼 오렌지 가다랑어 절임을 만든 후 남은 절임액으로 소스를 만들면 유용합니다. 수란을 올린 토스트에 뿌려 먹으면 맛있는 아침식사가 됩니다.

120ml
준비 시간 5분

오일을 제외한 모든 재료를 볼에 담아 섞으세요. 오일을 천천히 뿌린 후 거품기로 저어 유화시킵니다. 밀폐용기에 담아 냉장 보관하면 1주일 동안 사용할 수 있습니다.

재료
펜넬 주니퍼 오렌지 가다랑어 절임을 만들고 남은 액체 1큰술
디종 머스터드 1큰술
다진 펜넬잎과 이탈리안 파슬리 1큰술
간 백후추 1/2작은술
밝은 갈색의 마스코바도 설탕 1큰술
엑스트라 버진 올리브오일 2-3큰술

가다랑어 절임 카나페

Cured Bonito Canapés

집에 초대한 손님들에게 깊은 인상을 줄 수 있는 좋은 레시피입니다. 가다랑어 절임을 썰어 오이 슬라이스에 얹으면 여러분을 대단한 셰프라고 생각할 것입니다. 키오자 비트는 너무 많이 쓰지 마세요. 익히지 않은 채로 먹으면 약간 쓴맛이 납니다. 몇 조각만 사용해도 충분합니다.

약 15개
준비 시간 5분 (절이는 시간 별도)

신선한 오이를 볼에 넣고 소금에 버무려 옆에 둡니다.

절인 가다랑어 포를 1cm 두께로 사선으로 썰어줍니다.

재료
5cm 두께로 썬 신선한 레바논 오이 또는 딜 오이 피클(P106) 1-2개
씨솔트 한 꼬집
펜넬 주니퍼 오렌지 가다랑어 절임 400g
껍질을 벗긴 작은 키오자 비트(캔디 비트)
작은 식용 꽃 15송이
펜넬 주니퍼 오렌지 후추 소스 1큰술

오이를 헹구고 물기를 제거합니다. 서빙 그릇에 오이를 깔고 생선을 올립니다.

비트는 성냥개비처럼 채썰어 생선 위에 올린 후 식용 꽃을 그릇 위에 뿌려줍니다.

소스 한 스푼을 곁들여 서빙합니다.

소금에 절인 생선구이

Grilled Salt-Cured Fish

방어, 가다랑어, 청어 등의 오메가-3 지방산이 풍부한 생선에 적합한 레시피지만 제철 생선을 사용해도 괜찮습니다.

레몬, 유자, 라임즙 또는 허브 콤부차 비네그레트(P167)를 더해주면 생선구이의 스모키한 짠맛과 균형을 이룹니다. 하얀 무 김치(P70)와 곁들여도 좋습니다.

6인분
준비 시간 4-7시간

재료
비늘과 내장은 제거하고 머리가 달려 있는 아주
　신선한 통생선 250-350g 6마리
굵은 씨솔트 50g
레몬, 유자 또는 라임 주스 2큰술

굵은 씨솔트를 깨끗하고 납작한 접시나 통기성이 없는 조리대나 대리석 판에 뿌리세요. (찬물이나 뜨거운 물로 쉽게 씻을 수 있는 용기를 사용하세요.)

절임 생선을 소금 위에 올려 놓고 소금을 더 뿌린 후, 겉과 속에도 문질러줍니다. 크기에 따라 30-60분 절여둡니다.

소금을 털어냅니다. 생선을 찬물에 헹구고 물기를 제거합니다.

생선을 걸 용도의 노끈을 6조각으로 자르세요. 꼬치로 생선의 턱과 입에 구멍을 뚫어 노끈으로 꾀어 묶으세요.

절임 실외 직사광선을 피하고 통풍이 잘 되는 곳에 생선이 약간 마르고 가죽 같은 느낌이 들 때까지 걸어 놓으세요. 약 3-6시간 내지 하룻밤이면 충분합니다. 생선은 안전하게 건조할 수 있는 곳에 걸어두세요.

이제 생선은 굽거나 바비큐를 할 준비가 되었습니다. 구이를 할 거라면 센불로 예열을 합니다. 팬에 생선을 올리고 한 면에 5분씩 완전히 익을 때까지 구워줍니다. 구울수록 생선살은 불투명해집니다. 겉을 약간 태우면 더 바삭해집니다.

바비큐를 할 경우 불을 지핀 후 그릴에 생선을 올려 한 면에 3분씩 완전히 익혀 살짝 탈 정도로 굽습니다.

다 구워지면 껍질은 쉽게 벗겨지면서 아주 촉촉하고 맛있는 속살이 드러납니다. 레몬, 유자 또는 라임 주스를 뿌린 후 먹습니다.

미소 된장 피클과 미소도코
(미소즈케와 미소도코)

Miso Pickling Bed to Make Miso Pickles
(Miso Doko to Make Misozuke)

미소즈케는 미소 된장의 감칠맛을 더한 채소 절임으로 빠르게 만들 수 있습니다. 채소 조각이 얇을수록 절이는 시간이 줄어듭니다. 오이나 가지처럼 연한 채소일수록 당근이나 무보다 빨리 절여질 것입니다. 미소도코를 만들면 다양한 채소를 묻어 맛있는 피클을 만들 수 있습니다.

미소즈케의 맛은 사용하는 미소 된장의 종류, 품질, 그리고 미소도코에 절이는 기간에 의해 좌우됩니다. 5시간 이상 절이면 채소가 매우 짤 수 있으니 한 시간마다 맛을 보는 것을 추천합니다.

미소즈케는 차가운 맥주나 탄산이 들어간 콤부차, 워터 케피어 또는 스크럼피와 잘 어울리며 뜨거운 쌀밥, 구운 채소, 생선구이와 함께 곁들이면 좋습니다.

미소도코 500g
1시간 내로 만들 수 있음

미소도코
비살균처리 미소 된장 440g
사케 2큰술
미림 2큰술
간 생강 1큰술
잘게 자른 다시마 1/2작은술 (선택 사항)
말린 고춧가루 1작은술 (선택 사항)

미소즈케 (미소 된장 피클)
얇은 동그라미나 반달로 자른 오이와 당근
껍질을 벗기고 얇게 썬 무와 순무
짧게 또는 가늘게 썬 셀러리 줄기
4등분한 래디시 무
채썬 콜라비
채썬 셀러리악
작은 송이로 썬 콜리플라워
한입 크기로 썬 깍지콩

미소도코를 만들기 위해 모든 재료를 잘 섞습니다. 뚜껑이 있는 용기에 미소도코 반죽을 용기의 2/3 정도 채웁니다.

이제 미소즈케를 만들 준비가 됐습니다. 채소를 절이지 않을 때는 뚜껑을 닫아 냉장 보관합니다. 3개월 이상 사용 가능합니다.

미소즈케를 만들 채소를 준비합니다. 소개한 재료를 써도 되고 여러분이 좋아하는 다른 채소도 가능합니다.

절임 미소도코 안에 채소를 완전히 묻습니다. 미소도코가 담긴 용기를 깨끗한 천 또는 면보로 덮고 30분에서 12시간까지 실온에 보관합니다. 1-2시간마다 작은 조각을 맛보고, 만족스러우면 채소를 미소도코에서 꺼냅니다. 미소도코 반죽을 최대한 긁어내 용기에 다시 넣습니다.

먹기 전에 미소즈케를 헹구고 물기를 뺍니다.

(note) 소금 절임: 오이와 가지처럼 껍질이 연하고 수분 함량이 높은 채소들은 굵은 소금으로 쌱 문질러주면 좋습니다. 소금으로 문지르면 채소의 수분이 일부 배출되어 절이는 데 걸리는 시간을 단축해줍니다. 누카즈케처럼 겨된장을 사용하는 피클을 만들 때도 유용한 기법입니다.

(note) 처마 아래: 무, 우엉, 당근, 순무와 같은 큰 뿌리 채소는 주로 절이기 전에 햇빛 또는 공기에 말립니다. 통풍이 잘되고 비바람이 들이치지 않는 집 처마 아래 걸어서 말랑말랑해지고 쪼그라들게 말립니다.

미소즈케 두부

Misozuke Tofu

미소즈케 두부는 식감과 맛이 치즈와 흡사합니다. 저의 첫 번째 레스토랑인 만나Manna에서 비건, 채식주의자인 손님들에게 제일 인기가 많았던 메뉴였습니다.

살아있는 누룩이 풍부한 미소 된장은 단단한 두부의 단백질을 분해하여 질감을 부드럽게 하고 감칠맛을 더해줍니다. 미역을 더하면 미네랄이 풍부해져 대두에 있는 고분자 다당류의 소화를 돕고 더욱 맛있어집니다.

미소즈케 두부는 셀러리 줄기와 잘 어울리며 진한 다시와 섞어 치즈 같은 소스를 만들어 익힌 채소에 뿌리고 오븐에 구워 먹어도 좋습니다.

350g
준비 시간 3-5일

재료
단단한 두부 350g
쌀조청 1작은술
미림 2큰술
곱게 다진 레몬 제스트 1작은술
다시마가루 (선택 사항)
비살균처리 미소 된장 165g
비살균처리 겐마이(현미) 미소 된장 320g

도마 두 개나 납작한 접시 두 개를 싱크대 옆에 미리 준비해둡니다. 도마 한 개에 두부를 올려놓고 기울여 물기를 뺍니다. 두 번째 도마를 두부 위에 올려 두부가 으깨지지 않으면서 물기가 빠져나가게 합니다. 이 상태로 약 1시간 둡니다.

접시에 크고 깨끗한 마른 면보를 깔아줍니다.

볼 안에 쌀조청, 미림, 레몬 제스트, 기호에 따라 다시마 가루를 추가하고 미소 된장 두 종류를 넣어 잘 섞습니다. 두부를 손에 들어 칼날이나 숟가락 뒷면을 사용해 미소 된장 양념을 두부 표면에 꼼꼼히 잘 발라줍니다.

절임 미소 된장을 바른 두부를 면보로 깐 접시 위에 올려 놓습니다. 면보로 두부를 싸 실온에 3-5일 둡니다. 두부가 절여지는 시간은 온도에 따라 달라집니다. 따뜻한 온도에서는 더 빨리 절여집니다.

면보를 벗기고 두부에 바른 미소 된장을 조심스럽게 긁어냅니다. 긁어낸 미소 된장은 밀폐용기에 냉장 보관해서 한 번 더 사용하거나 소스나 수프에 풍미를 더해줄 때 첨가하면 됩니다.

절인 두부는 밀폐용기에 담아 냉장 보관하면 1주일 동안 사용 가능합니다.

누카도코
발효된 쌀겨된장

FERMENTED RICE BRAN PICKLING BED

누카도코는 채소를 묻어 절일 수 있는 아주 훌륭한 발효 매체입니다(두부, 계란, 생선도 누카도코를 통해 절이지만 여기서 다루지 않겠습니다). 이 쌀겨된장으로 영양소가 풍부한 채소 절임인 누카즈케를 만들 수 있습니다.

옛날부터 일본의 가정에서 나무통에 보관한 누카도코는 마룻바닥 밑의 서늘하고 어두운 곳에 저장해 매일 사용했습니다. 공기가 정기적으로 순환되며 수분과 소금의 균형을 적당히 유지할 수 있었죠. 누카도코는 대대로 내려와 소중하게 관리되었고 지금도 전통을 이어가고 있습니다.

저는 수년 전에 누카도코를 만들었고 늦가을부터 초봄까지 주로 사용합니다. 서늘한 기후라면 일년 내내 사용할 수 있습니다. 초봄에 저는 누카도코 한 줌을 쟁반에 골고루 펴서 햇빛에 건조시킵니다. 냉동고로 옮긴 후 필요에 따라 재활성화시킵니다(P257 참조). 저는 일종의 보험으로 누카도코 최소 반 컵을 공기 건조시킨 후 얼리는 것을 추천합니다. 이렇게 하면 언제든지 누카즈케를 만들 수 있습니다.

누카도코를 처음 만들 때는 상당한 시간이 필요합니다. 우선 원하는 박테리아를 포집해야 누카도코를 사용해서 절일 수 있습니다. 그래야 시간이 지나면서 누카도코는 여러분이 절이고 싶어하는 채소에 유용한 박테리아들로 간이 될 것입니다. 누카도코에 복합적인 맛을 심으려면 마늘, 표고버섯, 생강, 다시마, 제피, 고추 등의 향이 좋은 재료들을 넣습니다. 이 재료들은 주기적으로 교체할 수 있습니다. 한 가지 종류의 신선한 채소를 누카도코에 묻어 하루 내지 이틀을 둡니다. 오늘은 무, 내일은 당근, 파슬리 줄기, 가지, 셀러리 잎, 순무 껍질, 양배추잎 등 집에 있는 채소 아무거나 사용해도 괜찮습니다. 감칠맛을 더하기 위해 처음에 넣었던 채소들은 누카도코에서 골라내고 다른 채소 조각을 넣어줍니다. 14일 정도 지나 시큼한 향이 나기 시작합니다. 채소에 묻은 쌀겨된장을 씻어내고 맛을 보세요. 발효가 진행되면서 채소 본연의 맛보다 더 깊은 맛이 나기 시작할 것입니다. 추후 계속해서 채소를 더하게 되면 젖산이 늘어나 맛은 더욱 향상됩니다. 한 번 만들면 누카도코는 크게 신경 쓰지 않아도 오랫동안 유지할 수 있습니다.

누카도코 만들기

Making the Nukadoko

세라믹 통이나 나무 등 큰 용기가 필요합니다. 용기에 재료를 담고 절반 정도 채워서 손으로 재료를 섞을 수 있을 정도의 공간이 있어야 합니다. 누카도코를 일주일 동안 냉장고에 보관했다면 잠시 꺼내서 손으로 섞어 공기 순환시키고 식감과 맛을 확인한 후 뚜껑을 닫고 냉장고에 다시 넣습니다.

향을 낼 때 사용할 채소는 여러분이 원하는 것으로 대체할 수 있습니다. 아래 레시피에 몇 가지의 옵션을 나열했지만 꼭 사용할 필요는 없습니다.

재료

쌀겨가루 1kg
씨솔트 35-50g
물 500ml
맥주나 병 바닥에 고인 사케 50ml

향을 내기 위한 채소

말린 표고버섯 4개
다시마 또는 미역 10cm를 조각내낸 것 4-6장
간마늘 4쪽
생강 슬라이스 4쪽
반으로 갈라 씨앗을 제거한 매운 고추 1-2개 (선택 사항)
제피 가루 또는 노란 겨자 가루 1작은술

푸른 채소

파슬리나 잎채소 3줄기
청경채잎 1-3장

크고 묵직한 프라이팬을 중불에 가열합니다. 쌀겨를 나눠 프라이팬에 넣고 고소한 향이 날 때까지 살짝 볶아줍니다. 소금을 물 125ml에 녹여줍니다. 소금물과 맥주 또는 사케를 쌀겨에 부어줍니다. 나머지 물도 더해주어 반죽이 젖은 모래와 비슷한 농도를 갖게 합니다.

보존 반죽을 입구가 넓은 유리병, 사기그릇 또는 다른 용기에 담습니다. 향을 내기 위한 채소와 푸른 채소를 반죽 안에 완전히 묻습니다. 행주와 같이 깨끗한 천으로 용기를 덮고 24시간 둡니다.

다음날 천을 제거하고 반죽을 손으로 섞어 공기를 순환시켜줍니다. 누카도코가 너무 시거나 곰팡이가 생기지 않게 하는 중요한 과정입니다.

푸른 채소를 최대한 반죽이 안 묻어나오게 해서 빼내어 헹구면 바로 먹을 수 있습니다. 신선한 푸른 채소와 잎채소를 넣어 다시 24시간 보관하고 반복합니다. 반죽을 섞어주고 채소를 14-48일 동안 매일 교체해줍니다.

누카도코는 항상 뚜껑을 덮어 놓고 용기 안의 표면을 깨끗하게 유지해서 곰팡이가 생기는 것을 예방하세요. 전통적으로 일본에서는 사케를 사용했습니다.

누카도코의 향이 달라지면 완성된 것입니다. 신 냄새가 나고 채소에서 좀 더 복합적인 맛과 살짝 신맛이 나게 됩니다. 누카도코가 활성화 됐다면 이제 평생 누카즈케를 만들 수 있습니다. 동시에 여러 종류의 채소를 절일 수 있지요. 조각을 잘라서 넣거나 통째로 반죽 안에 완전히 묻어주세요.

누카도코가 제대로 발효되면 단 몇 시간 만에 프로바이오틱이 풍부한 피클을 만들 수 있습니다. 피클은 누카도코의 맛에 영향을 받아 복합적인 흙내와 짠맛, 신맛을 냅니다. 이는 누카도코에 묻혀있는 기간이 길수록 더 강해집니다. 시간이 흐를수록 누카도코를 주기적으로 사용하면서 질감과 맛을 유지하는 것이 중요합니다. 반죽의 수분 정도를 확인하려면 손을 넣어 물가에서 1m 떨어진 모래사장의 촉감을 연상해보세요. 누카도코는 촉촉하지만 덩어리가 지면 안 되고, 수분이 뚝뚝 떨어져도 안 됩니다. 가끔 맛보면서 바닷물 정도의 짠맛, 혹은 조금 더 짠맛을 생각하면 됩니다.

누카도코는 하루에 한 번씩 섞어줍니다.

얼린 누카도코 재활성화 누카도코의 일부를 냉동시킨 후 다시 누카도코를 만들고 싶다면 냉동고에서 꺼내 내용물을 볼에 넣어 해동합니다. 왼쪽 레시피를 따르고 새로운 발효를 시작합니다. 이렇게 하면 누카도코를 활성화시키는 시간을 7-10일로 단축시킬 수 있습니다.

note 밝은색의 곰팡이가 생기면 반죽을 버리고 새로 시작해야 하지만 하얀 곰팡이는 인체에 무해하기 때문에 긁어내거나 반죽에 섞어주면 됩니다.

누카즈케
(쌀겨절임)

Nukazuke (Rice Bran Pickles)

누카즈케를 만들 때 사용하는 채소는 통째로 아니면 부분 건조합니다. 반건조시킨 무나 당근은 수개월 또는 수년 동안 누카도코에 묻어두거나 썰었을 때의 크기에 따라 단 몇 시간 만에 절여질 수 있습니다. 얇게 썬 채소가 누카도코를 통해 얼마나 빨리 절여지는지 알게 되면 놀랍습니다. 시간이 흐르고 누카도코를 주기적으로 사용할 때 누카도코의 질감과 맛을 유지하는 것이 중요합니다. 누카도코의 소금은 채소 안의 수분을 배출해내고, 채소는 누카도코에 배어든 소금과 향을 흡수합니다. 연하지만 아삭하고 다양한 신맛의 피클을 만들 수 있습니다.

준비 시간
1시간 내지 3일 (채소 종류와 준비 과정에 따라)

재료
누카도코

다음 중 아무거나
썬 당근, 순무, 무와 같은 뿌리채소
얇게 썬 오이나 셀러리
래디시 무, 당근, 오이, 샬롯, 껍질 콩

오이, 셀러리, 래디시 무, 신선한 버섯처럼 수분 함량이 높은 채소를 사용할 경우 채소를 자르기 전에 소금으로 문지른 후 접시로 눌러 수분을 배출하세요. 이렇게 하면 누카도코가 질척해지는 것을 막아줍니다. 채소를 누카도코에 넣기 전에 키친타월로 물기를 제거해줍니다.

절임 누카도코로 사기그릇 또는 유리병의 절반을 채웁니다. 채소를 깊숙이 묻고 눌러서 공기를 최대한 배출합니다. 누카도코에 절이는 모든 채소를 누카도코에 깊숙이 묻고 빈틈이 없도록 누카도코를 잘 다져줍니다.

누카도코를 천으로 덮어 고정시킨 후 실온에 24시간 보관합니다. 만약 채소를 썰어서 담갔다면 1-4시간으로 충분할 수 있습니다.

채소를 모두 뽑아 묻어있는 누카도코를 최대한 털어냅니다. 채소를 헹군 후 잘라서 맛을 봅니다. 맛과 식감이 만족스러우면 먹을 준비가 된 것입니다. 더 강한 맛을 원할 경우 다시 누카도코에 넣고 4-12시간 숙성합니다. 원하는 맛을 내기 위해 한 시간마다 맛을 보세요. 오래 절일수록 짠맛과 신맛이 강해지고 더 복합적인 맛이 납니다.

note 비트나 신선한 강황 뿌리는 누카도코와 향후 만드는 피클에 색을 물들일 수 있기 때문에 추천하지 않습니다.

note 절인 채소와 달라붙어 있는 누카도코는 밀폐용기에 담아 2-3일 냉장 보관 가능합니다. 먹기 전에 간단히 헹군 후 물기를 제거하면 됩니다.

벳다라즈케
(쌀누룩 무절임)

Bettarazuke(Sticky Pickles)

큼큼한 누룩소금과 달콤한 아마자케로 만든 쌀누룩된장인 '벳다라도코'로 아주 맛있는 무절임인 벳다라즈케를 만들 수 있습니다. 즙이 풍부하고 아주 아삭하며 신선하고 단맛이 돌면서 약간의 흙내가 느껴집니다. 다른 일본식 채소절임보다 단맛이 나며 큼직한 조각으로 먹으면 풍부한 즙도 맛볼 수 있습니다. 곡물과 채소 위주의 식사나 표고버섯 호두 미소된장 우동과 곁들이면 잘 어울립니다.

피클 3통 분량
준비 시간 1-3일

재료
단단한 무, 순무, 당근, 오이 또는 래디시무 몇 개

벳다라도코 만들기
누룩소금 320g
아마자케 500ml
사케 2큰술
얇게 벗기고 3mm 슬라이스로 썬 레몬 2개의 제스트

벳다라도코 재료를 큰 용기에 넣어 잘 저어줍니다. 이제 벳다라즈케를 만들 준비가 되었습니다.

채소를 준비합니다. 각자 반달 모양, 동그라미, 성냥개비 모양으로 채썰어줍니다.

절임 벳다라도코 안에 채소를 깊숙이 박아 전체적으로 묻어줍니다. 실온에 1-3일 보관하고 매일 맛을 봅니다. 원하는 맛이 나오면 채소를 뺍니다.

벳다라도코에서 빼낸 채소는 바로 먹을 수 있습니다. (물로 헹굴 필요가 없습니다).

note 맛이 너무 달게 느껴질 경우 약간의 소금이나 누룩소금을 더해줍니다.

note 벳다라도코는 밀폐용기에 넣어 3개월까지 보관 가능합니다. 피클을 약 3번 정도 만들 수 있습니다. 벳다라즈케를 만들 때 신선한 무는 흔히 사용되는 재료이고 순무, 당근, 오이, 래디시 무로 만들어도 좋습니다.

상단 왼쪽부터 시계 방향
바네통(빵 숙성 바스켓), 린넨 천, 식빵틀, 스크레이퍼,
물이 고이는 세라믹 도자기, 크라우트 소스 에어락과 볼 메이슨 자,
유리 에어락, 강에서 주은 자갈, 세라믹 볼,
사각형 플라스틱 용기(반죽 숙성에 사용하기 좋음), 사이포닝용 호스

하단 왼쪽부터 반시계 방향
스테인리스망 뚜껑, 크라우트 소스 에어락과 볼 메이슨 자, 스크루탑 병, 피클 파이프 실리콘 에어락과 병, 스윙 보틀, 빈티지 식초병

용어 소개

발효 용어

공생균
우리 몸에 상주하는 미생물로 특정 신체 일부에서 지속해 살아갑니다. 질병을 일으키지는 않습니다.

균사체
곰팡이가 자라면서 생성되는 촘촘한 섬유망을 일컫습니다.

글루텐
글루테닌과 글루타티온은 호밀 및 보리 등의 곡물에서 발견되는 단백질입니다. 이 곡물들로 만든 밀가루에 물을 더하면 단백질이 결합하여 글루텐이 형성됩니다. 어떤 사람들은 글루텐 소화가 어렵거나 불가능한 질환인 셀리악병을 앓기도 합니다.

누룩곰팡이(아스퍼질러스 오라이제)
누룩을 만드는 데 사용되는 곰팡이입니다. 누룩은 아마자케, 미림, 된장, 타마리 간장, 쇼유 간장, 쌀식초와 술 등의 다양한 곡물 및 콩 기반의 음식을 만드는 데 사용됩니다.

랙킹
사이폰을 사용해 알코올 음료를 새로운 용기에 옮겨 담는 것입니다. 이전 용기 바닥의 침전물은 남겨둡니다.

리조푸스 올리고스포러스
템페 등 인도네시아의 곡물 및 콩 발효 식품을 만들어내는 곰팡이.

미생물군, 미생물 생태계
유전학자인 조슈아 레더버그Joshua Lederberg가 우리의 몸, 건강과 질병에 관해 영향을 미치는 미생물의 중요성을 강조하면서 만든 단어이며 최근에는 마이크로바이옴이라는 개념으로 널리 알려졌습니다. 우리 신체에 공생하는 미생물 생태계는 미생물들이 사는 집합체 또는 미생물 자체를 의미합니다.

바이오다이내믹 농업
1920년 오스트리아 과학자이자 철학자인 루돌프 슈타이너Dr. Rudolf Steiner가 개발한 농법입니다. 활기찬 식물과 가축을 키우기에 이상적인 부식질이 많은 토양, 퇴비 사용, 인위적인 합성 화학 물질, 비료 또는 유전자 변형 유기체(GMO)를 사용하지 않는 자연친화적인 농업 방식입니다.

병원균
음식의 부패나 질병을 초래할 수 있는 박테리아, 미생물입니다.

보툴리누스중독증
보툴리누스균이 생성한 독성으로 발병하는 치명적인 식중독입니다. 보툴리누스균은 주로 무산소 환경에서 번성하며 제대로 처리되지 않은 통조림 등의 식품에서 발견됩니다. 이 책에서 소개한 음식들은 완전한 무산소 환경에 노출되지 않고 산성이 점차 높아지는 환경에 있기 때문에 해당 사항이 없으니 참고하면 됩니다.

산성화
pH는 0-14의 지수로 표시됩니다. 7 이상은 알칼리성을 나타내고, 7 이하는 산성을 나타냅니다. 산도 증가는 발효 과정에서 나타나는 흔한 결과입니다. 산성화를 통해 음식은 보존됩니다. 주로 먹을 수 있는 음식은 3(ex. 식초)에서 9(ex. 베이킹소다) 지수 범위 내에 속합니다.

소금물
소금물은 통째로 사용하는 재료에 용이합니다. 이 책에서는 액체 대비 소금 농도를 퍼센트로 표시해서 사용합니다.

아밀라아제 효소
복합 탄수화물을 당분으로 분해하는 효소입니다.

중온성 박테리아
섭씨 20-45도에서 활성화되는 박테리아로 케피어와 필미열크에서 발견되는 박테리아가 여기에 속합니다.

초산균/아세토박터
아세트산 박테리아속입니다. 산소가 존재하는 환경에서 에탄올(알코올)을 아세트산(식초)으로 변환시키는 것이 특징입니다.

타닌
식물에서 발견되는 성분으로 포식자로부터 보호해주고 살충제 역할을 하며 식물의 발달을 조절하기도 합니다. 덜 익은 과일, 레드 와인, 차, 익히지 않은 견과류를 먹을 때 나는 떫은 맛을 생각하면 됩니다.

티비코스
워터 케피어의 다른 이름으로 당분이 높은 곡물 음료입니다. 티벳버섯 음료나 일본식 음료도 포함됩니다.

펙틴, 펙티나아제
펙틴은 나무가 아닌 식물의 세포벽에서 발견되는 복합당입니다. 펙티나아제는 과일의 숙성을 돕기 위해 식물이 생성하는 효소입니다.

포자 형상
곰팡이가 번식하는 단계

혐기성 생물
산소 없이 번성하는 생물로 일부 종은 산소에 노출될 경우 부정적으로 반응하거나 죽을 수 있습니다. 다른 생물은 산소의 유무에 관계없이 생존할 수 있습니다.

호기성 생물
산소가 존재하는 환경이 필요하고, 이런 환경에서 번성하는 생물을 말합니다.

호열성 박테리아
섭씨 41도 이상에서 활성화되는 박테리아입니다.

효모
출아형 효모와 여러 곰팡이류가 포함되고 당분을 알코올, 발효 음식으로 변환시키며 이산화탄소를 배출합니다.

장비

누름뚜껑
주로 나무로 만들어진 원반 형태로 발효하기 위한 재료를 눌러 무산소성 환경을 만들 때 사용합니다.

바네통
빵을 숙성시킬 때 사용하는 바스켓으로 원형(boule) 또는 직사각형(batard) 모양이 있습니다. 주로 천으로 깐 후 빵 반죽을 넣어 숙성시킵니다. 구울 때는 사용할 수 없습니다.

베이커의 람과 그리네트
손잡이가 달린 곡선의 면도날로 오븐에 넣기 전의 굽지 않은 빵에 칼집을 낼 때 사용합니다. 이렇게 하면 빵이 최종적으로 부풀어오를 때 터지는 것을 막아주고 각자 다른 패턴으로 빵을 쉽게 구분할 수 있습니다. 45-50도 각도로 날의 앞부분으로 너무 깊지 않게 갈라주면 효과적입니다. 제대로 사용하려면 연습이 필요하지만 시행착오를 겪는다 해도 그럴만한 가치가 있습니다.

스리바치, 스리코기
씨앗과 소스를 만들 때 사용하는 일본의 절구와 공이입니다. 절구는 주로 사기 그릇으로 유약처리가 안 되어 있으며, 공이는 나무 소재입니다.

에어락
무산소성 환경을 유지하면서 이산화탄소를 배출시킬 수 있는 방법입니다. 주로 3중 장치나 음료 제조용 용기에 유리 에어락이 있습니다.

치즈틀, 압축기
치즈틀은 구멍이 뚫려 있어 커드의 물기를 제거하고 치즈를 원하는 모양으로 만들 수 있으며 압축기는 물기 제거를 도와줍니다. 직접 만드는 방법은 p219를 참조하세요.

쿨가디 세이프
온화한 기후에서 발효 음식들을 서늘하게 보관할 수 있는 기구입니다. 직접 만들려면 깊은 베이킹 그릇의 절반을 찬물로 채웁니다. 용기를 찬물에 넣고 젖은 천으로 덮어줍니다. 천의 끝부분이 물에 닿게 하고 공기가 잘 통하는 곳에 둡니다. 물은 2-3일마다 교체하고 천은 항상 촉촉하게 유지합니다.

플라곤, 그라울러, 카보이
목이 좁은 대형 유리병으로 음료 제조에 사용합니다. 목 아랫부분까지 채워 노출되는 표면을 최소화합니다.

재료

가다랑어
참치의 중간 크기인 등푸른 생선입니다. 참치 대신 활용 가능한 맛있는 생선입니다.

과히요 고추
부드러우면서도 깊은 맛의 멕시코 고추입니다. 사용하기 전에 살짝 구워서 써야 하며 태우지 않게 조심하세요. 자칫하면 쓴맛이 날 수 있습니다.

기 버터
인도 요리에서 자주 사용되는 정제버터로, 우유를 약한 불에서 천천히 녹여 물을 증발시켜 유지방을 분리해 걸러서 만듭니다. 훌륭한 캐러멜 향이 나기 때문에 요리에 사용하면 좋습니다.

김
자줏빛 해초 그대로 사용하거나 종이처럼 납작하게 눌러서 가공해 먹습니다. 구우면 밝은 초록색으로 변하며 초밥을 말 때나 찢어서 양념으로 사용합니다.

다꾸앙
일본식 무 절임

다시
다시마와 말리고 발효시킨 가다랑어포로 만든 일식 육수입니다.

다시마
단백질이 높고 감칠맛이 나는 해초류입니다. 칼슘, 마그네슘, 칼륨, 철분, 아연, 요오드 등의 미네랄이 풍부합니다.

마스코바도 설탕
비정제 설탕으로 사탕수수에 포함된 미네랄이 풍부하며 향이 강합니다.

미림
술의 한 종류로 쌀누룩의 효소 작용에 의해 찹쌀이 분해되고 숙성되어 만들어집니다. 조미료 용도로도 많이 쓰입니다.

미역
부드러운 해초로 샐러드로 먹으면 좋습니다. 칼슘, 비타민 B, C 등의 미네랄이 풍부합니다.

쇼유 간장
천연 발효한 일본식 간장입니다.

시소(차조기)
빨간색 또는 초록색의 향기로운 허브로 빨간 시소는 특유의 색감을, 초록색 시소는 신선한 맛을 선사합니다.

아라메 해초
미네랄이 풍부한 부드러운 맛의 해초로 해초를 처음 접하는 사람이 먹기에 좋습니다.

아마란스
영양분이 높고 단백질이 풍부한 곡물로 특유의 흙내가 납니다.

안초 고추
멕시칸 고추인 포블라노 고추를 말린 것으로 살짝 구워서 사용합니다. 쓴맛이 날 수 있기 때문에 태우지 않게 조심해야 합니다.

우르드 달
껍질이 없으며 작고 동그란 렌틸콩으로 인도 요리인 이들리 등을 만들 때 주로 쓰는 재료입니다.

유자
시트러스 과일로 라임 같은 향이 납니다. 라임과 레몬을 대신해서 사용할 수 있습니다. 식품 판매점에서 과일청을 구할 수 있는데 첨가물이 없는 것을 고를 것을 추천합니다.

유청
유제품이 분리되면 덩어리와 액체로 나눠지는데 덩어리는 커드가 되고 남는 액체가 유청입니다. 유청에는 재료의 발효를 시작하는 젖산균이 있습니다.

유즈코쇼(유자 고추 절임)
유자와 고추로 만든 맵고 짠 일본식 소스입니다. 첨가물이 없는 것으로 구하세요.

재거리, 팜슈거, 흑설탕
종려당, 사탕야자로도 불립니다. 여러 종류의 야자수의 수액을 건조해서 만들며, 자당이 풍부하고 설탕 대신 쓸 수 있는 감미료입니다.

차나달
병아리콩의 친척으로 쪼갠 차나달콩은 검은색, 갈색, 노란색 등 다양한 색을 띱니다.

카피르 라임
인도네시아, 태국, 필리핀 등이 주 원산지인 라임으로 향이 매우 강해 적은 양으로도 음식의 향을 돋울 수 있습니다. 카피르 라임의 잎은 생잎이나 말린 잎으로 다채롭게 활용 가능합니다.

퀴노아
남아메리카의 글루텐 프리 곡물로 단백질 함량이 높고, 비타민 B, E, 칼슘 등이 풍부합니다.

타마리 간장
일본식 간장으로 쇼유 간장보다 맛이 강합니다.

타마린드
열대 아프리카 원산의 콩과식물로 잘 익은 타마린드는 새콤한 과일 맛이 나며 커리와 같은 인도나 동남아 요리에 깊이를 더해줍니다.

테프
에리트레아와 에티오피아에서 주식 곡물로 재배되는 벼과식물로 단백질, 탄수화물, 식이섬유와 칼슘이 풍부합니다. 인제라를 만들 때 사용되는 재료입니다.

참고 자료

활성화(Activate)

ballmason.com.au - 재료를 발아시킬 때 사용할 수 있는 스테인리스망 스크린 뚜껑을 판매합니다.
diggers.com.au - 좋은 품질의 여러 가지 종자씨앗을 구할 수 있습니다.
sproutpeople.org - 발효정보와 장비를 구할 수 있습니다.

보존, 담금(Capture and Steep)

호주
ozfarmer.com - 입구가 넓은 병, 에어락이 달린 뚜껑, 일반 뚜껑, 볼 메이슨 자, 음료 제조 장비, 병, 플라곤(포도주 등을 담는 손잡이가 달린 큰 병으로 그라울러, 카보이로도 불립니다), 에어락, 랙킹 사이폰racking siphon 등을 구할 수 있습니다.
thefermentary.com.au - 발효 장비와 천연 발효 컬쳐를 구할 수 있습니다.

영국
brewstore.co.uk
sous-chef.co.uk
leparfait.co.uk
jarsandbottles.co.uk
the-home-brew-shop.co.uk
kitchenprovisions.co.uk
newtonandpott.co.uk

주입(Infuse)

컬쳐 나누기
여러분이 사는 곳이 어디든 스타터 컬쳐를 기꺼이 나눠줄 사람이 가까이 있을 것입니다. 주변에 물어보거나 온라인에서 찾아보세요. 간단한 온라인 검색으로도 스코비SCOBY와 정보를 교환할 수 있는 커뮤니티와 사이트를 찾을 수 있을 것입니다.

ferment.webaware.net.au - 컬쳐를 구하기에 좋은 사이트입니다.
wildfermentation.com - 발효 전문가 산도르 카츠Sandor Katz의 웹사이트로 전 세계의 훌륭하고 광범위한 링크와 레퍼런스들이 있습니다.

살아있는 스코비(SCOBY)와 스타터 컬쳐

구매처를 고를 때 구매 조건, 배송 시간, 그리고 스코비의 상태(살아있는 것, 건조, 파우더)를 확인하세요. 스코비는 긴 운송 상태에서 오래 버티지 못합니다. 시중에서 판매되는 발효 재료를 구매할 때는 자연 발효 여부를 확인하고 유제품이 사용되었을 수 있으니 사용된 재료도 확인하세요.

호주
foodbyhollydavis.com - 제 웹사이트를 통해 저에게 직접 문의하시면 직접 받으러 오는 모든 분께 스코비를 기쁘게 무료로 나누어 드립니다. 주로 호밀 사워도우 스타터, 유제 및 워터 케피어, 준, 콤부차, 밀크케피어, 요구르트원종과 누카도코가 대량으로 구비되어 있습니다.
users.chariot.net.au/~dna - 케피어와 그 외의 것에 대해

알아야 할 모든 것이 정리되어 있는 대단한 사이트입니다. 저는 여기서 주문한 스코비들을 매우 좋아합니다.

store-organiccultures.com – 필미열크를 구할 수 있습니다.

영국
happykombucha.co.uk
nourishkefir.co.uk
kefirshop.co.uk

미국
happyherbalist.com
gemcultures.com
culturesforhealth.com
organic-cultures.com/home
store.kombuchakamp.com

호주
riceculture.com.au
mrtempeh.com.au

미국
gemcultures.com
culturesforhealth.com

영국
japancentre.com

유럽
www.tempeh.info

미국
topcultures.com

배양기기 만들기
makethebesttempeh.org
www.tempeh.info

배양기기 장비
brodandtaylor.com – 이곳에 나오는 전 세계의 판매점들을 참조하세요. 저는 요구르트, 템페를 만들 때 이 사이트에서 판매하는 것을 사용합니다.

치즈 만들기 도구
walcoren.com (캐나다) – 내추럴 치즈 장인 데이비드 애셔David Asher가 추천하는 고품질 송아지 레닛 알약을 구매할 수 있습니다.

countrybrewer.com.au – 치즈틀 외에 다른 제품을 구할 수 있습니다.

culturesforhealth.com, wildlettucegal.wordpress.com – 쐐기풀, 엉컹퀴풀을 구할 수 있고 이 풀들을 활용하는 레시피도 참고할 수 있습니다.

부풀리기(Leaven)

사워도우 스타터
foodbyhollydavis.com – 스타터
sourdoughbaker.com.au
wildsourdough.co.au/shop/

베이킹 도구
fishpond.com.au – 습식 그라인더wet grinder, 블렌더, 이들리 찜판 같은 인도식 조리 도구를 구할 수 있습니다.

배양(Incubate)

코우지와 템페 등은 일본 식품점이나 아래 웹사이트에서 온라인으로 구매하세요. 건강식품 매장이나 일본 식품점에서 시오코우지를 구할 수 있을 것입니다. 첨가물이 많이 들어 있을 수 있으니 포장에 적힌 재료를 꼼꼼히 확인하세요.

추가 정보 (장 건강 관련)

ncbi.nlm.nih.gov/pmc/articles - 장건강, 셀리악병 관련 기사

책

David Asher, 〈The Art of Natural Cheesemaking: Using Traditional, Non-Industrial Methods and Raw Ingredients to Make the World's Best Cheeses〉, Chelsea Green Publishing, USA, 2015

Dr. Natasha Campbell-McBride MD, 〈Gut and Psychology Syndrome: Natural Treatment for Autism, Dyslexia, A.D.D, Dyspraxia, A.D.H.D, Depression, Schizophrenia〉, Medinform Publishing (Chelsea Green Publishing), USA, 2010.

Alanna Collen, 〈10% Human: How Your Body's Microbes Hold the Key to Health and Happiness〉, Harper(HarperCollins), UK, 2016.

John Downes, 〈Natural Tucker Bread Book〉, Hyland House Publishing, Australia, 1983.

Nancy Singleton Hachisu, 〈Preserving the Japanese Way: Traditions of Salting, Fermenting and Pickling for the Modern Kitchen〉, Andrews McMeel Publishing, USA, 2015.

Sandor Ellix Katz, 〈The Art of Fermentation: An In-depth Exploration of Essential Concepts and Processes From around the World〉, Chelsea Green Publishing, USA, 2012.

Chad Robertson, 〈Tartine Bread〉 Chronicle Books, USA, 2010.

Tim Spector, 〈The Diet Myth〉, Overlook Press, USA, 2016.

책에 소개된 일부 기법의 동영상은 제 웹사이트
foodbyhollydavis.com에서 볼 수 있습니다

색인

레시피

ㄱ
가다랑어 절임 카나페 247
강황 토닉 93
검은콩 템페 234
겐마이(현미) 미소 된장 227
귀리 비스킷 191
귤 슈럽 젤리 96
그린 올리브 120-121
그린 칠리 코코넛 처트니 203
그린 토마토, 옥수수 할라페뇨 살사 72
금귤 카시아 월계수 피클 117
기본 재료로 호밀 스타터 만들기 174
김치 66
꿀, 카다멈 아몬드 라브네 214

ㄴ
내추럴 소다 1차 발효 81
누룩소금(시오코우지) 223
누룩소금 닭구이 225
누룩소금 방어 커틀릿 226
누카도코 만들기 256-257
누카즈케(쌀겨절임) 258

ㄷ
다용도 스펠트 사워도우(70% 수분 함량 반죽) 178-179
단감과 꿀을 곁들인 필미엘크 아이스크림 146
당근과 펜넬, 발아곡물 샐러드 50
도사를 채울 마살라 소 200
딜 오이 피클 106
딸기, 시나몬 콤부차 2차 발효 164

ㄹ
라즈베리 생강 주니퍼 스파클링 에이드 2차 발효 154
리쥬블락 33

ㅁ
마사 하리나 토르티야 38
말리의 마카다미아 바나나 팬케이크 56
매운 강황, 라임, 후추 벅 맥주 1차 발효 83
매콤한 삼바르 202
매콤한 칠리 소스 203
머스터드 딜 필미엘크 크림 145
메밀 수수 해바라기씨 필라프 53
메이플 시럽과 세이지잎을 곁들인 배, 파스닙, 치폴리니 양파 구이 43
메이플, 펜넬과 통후추 채끝등심 244
모로코식 퀴노아와 구운 초당옥수수, 크렘 프레슈 51
미니 당근, 카다멈 피클 119
미소 된장 피클과 미소도코(미소즈케와 미소도코) 252
미조즈케 두부 253
미시르 왓 207

ㅂ
바르바레 향신료 믹스 206
바삭한 견과류와 씨앗 52
바삭한 코코넛 템페 235
발효 귤 콤파운드 버터 141
발효 버터와 버터밀크 140
발효 살구 스프레드 156
발효 클로티드 크림 138
발효한 쇼트크러스트 페이스트리(타르트지) 186
밤브랙 티로프 192
배, 귤, 퀴노아와 아마란스로 채운 오리구이 40-41

백김치 양념 67
버섯 셀러리 피클 107
벌꿀술(미드) 84
베리 슈럽 칵테일 96
벳다라즈케(쌀누룩 무절임) 259
복숭아 피칸 생강 케이크 190
볶은 깨 미소 된장 드레싱 54
부드러운 귀리 호밀 포리지 30
비트 크바스 112
빨간 김치 양념 67

ㅅ

사프란, 메이플, 바닐라 케피어 밀크 피즈 2차 발효 136
살구, 복숭아 과실주 1차 발효 86
새콤달콤 연한 생강초절임(가리쇼가) 122
생강 루바브 슈럽 95
생강 벅 스타터 80
생귤 슈럽 95
생베리 슈럽 94
샴페인 식초 93
서리태와 스모키 치폴레 크림 옥수수 36
센마이즈케 순무 절임 118
셰브르 치즈 221
소금에 절인 생선구이 250
수수 이들리 또는 도사 198-199
숙성 워터 케피어 2차 발효 151
숙성 유제 케피어 2차 발효 135
스크럼피 식초 92
실비아의 레몬 머틀 콤부차 2차 발효 166
씨솔트 크리스피 브레드 184

ㅇ

아마란스, 초당옥수수 스프 34
아마자케 236
아몬드 아마자케 237
아몬드밀크 32
아보카도 해바라기씨 토마티요 살사 39
아삭한 오이김치(오이소박이) 71
아삭한 하얀 무김치(깍두기) 70
오렌지 주니퍼 비트 절임 104

오이 필미엘크 라이타 145
요나의 요구르트종균 212
우메보시, 우메스, 시소 절임 76-77
우메스 생강초절임(베니쇼가) 123
워터 케피어 1차 발효 151
유제 케피어 1차 발효 134
인도식 라임 피클 115
인디아의 애플 파이 187
인제라 플랫브레드 204
일본식 오이와 무 간장 절임(쇼유즈케) 124
일본식 표고버섯 현미보리밥 44

ㅈ

적채, 아라메 해초, 생강 크라우트 63
준 1차 발효 161
중국식 시트러스와 향신료 절임 114

ㅊ

천연 발효 스크럼피 85
체리, 캐슈 아마자케 아이스크림 238
초모 89

ㅋ

카피르 라임, 레몬그라스 스파클링 에이드 2차 발효 155
캐슈와 시트러스 아마자케 크림 46
케피어 베리 바바루아 142
코코넛 워터 케피어 1차 발효 153
코코넛 워터 케피어 사워에이드 2차 발효 153
콤부차 1차 발효 160
콤부차 또는 준 샴페인 2차 발효 163
쿠카멜론 피클 111
크렘 프레슈 139
클래식 라브네 213

ㅍ

파인애플 생강 워터 케피어 그라니타 152
페타 219
펜넬, 주니퍼 오렌지 가다랑어 절임 246
펜넬, 주니퍼 오렌지 후추 소스 247
표고버섯 호두 미소 된장 우동 229

필미엘크 144
핑거라임, 그린망고 처트니 73

ㅎ

허브 레몬 마늘 라브네 214
허브 캐슈 페퍼 스프레드 45
허브 콤부차 비네그레트 167
헤이즐넛 메이플 초콜릿 케이크 194
호두 미소 된장 228
호두 빠떼 47
호박, 밤, 아몬드 현미 주먹밥 54
호박씨 귀리 누에콩 샐러드 48
효모 175

재료

ㄱ

강황
  강황 토닉 93
  매운 강황, 라임, 후추 벅 맥주 1차 발효 83
  파인애플 생강 워터 케피어 그라니타 152
계피
  딸기, 시나몬 콤부차 2차 발효 164
고수
  그린 칠리 코코넛 처트니 203
  그린 토마토, 옥수수 할라페뇨 살사 72
  모로코식 퀴노아와 구운 초당옥수수, 크렘 프레슈 51
  서리태와 스모키 치폴레 크림 옥수수 36
  쿠카멜론 피클 111
고추
  강황 토닉 93
  그린 칠리 코코넛 처트니 203
  그린 토마토, 옥수수 할라페뇨 살사 72
  매콤한 삼바르 202
  매콤한 칠리 소스 203
  빨간 김치 양념 67
  서리태와 스모키 치폴레 크림 옥수수 36
  쿠카멜론 피클 111

귀리
  귀리 비스킷 191
  부드러운 귀리 호밀 포리지 30
  호박씨 귀리 누에콩 샐러드 48
귤
  귤 슈럽 젤리 96
  발효 귤 콤파운드 버터 141
  배, 귤, 퀴노아와 아마란스로 채운 오리구이 40-41
  생귤 슈럽 95
  중국식 시트러스와 향신료 절임 114
꿀
  강황 토닉 93
  꿀, 카다멈 아몬드 라브네 214
  단감과 꿀을 곁들인 필미엘크 아이스크림 146
  벌꿀술(미드) 84
  준 1차 발효 161
  케피어 베리 바바루아 142
  헤이즐넛 메이플 초콜릿 케이크 194

ㄴ

내추럴 소다 1차 발효 81
누룩소금(시오코우지) 223
누룩소금 닭구이 225
누룩소금 방어 커틀릿 226
누카도코 256-257
누카즈케(쌀겨절임) 258

ㄷ

다시: 볶은 깨 미소 된장 드레싱 54
닭고기: 누룩 소금 닭구이 225
당근
  김치 66
  당근과 펜넬, 발아 곡물 샐러드 50
  딜 오이 피클 106
  매콤한 삼바르 202
  미니 당근, 카다멈 피클 119
  아삭한 오이김치(오이소박이) 71
대두콩: 겐마이(현미) 미소 된장 227-228
대추: 케피어 베리 바바루아 142
도사 198

두부: 미소즈케 두부 253

딜
딜 오이 피클 106
머스터드 딜 필미얼크 크림 145

딸기
내추럴 소다 1차 발효 81
딸기, 시나몬 콤부차 2차 발효 164

ㄹ
라브네
클래식 라브네 213
허브 레몬 마늘 라브네 214

라임
매운 강황, 라임, 후추 벅 맥주 83
인도식 라임 피클 115
중국식 시트러스와 향신료 절임 114
핑거라임, 그린망고 처트니 73

레몬
중국식 시트러스와 향신료 절임 114
캐슈와 시트러스 아마자케 크림 46
허브 레몬 마늘 라브네 214
레몬 머틀: 실비아의 레몬 머틀 콤부차 166
레몬그라스: 카피르 라임 레몬그라스 스파클링 에이드 155

렌틸콩
매콤한 삼바르 202
당근과 펜넬, 발아곡물 샐러드 50
미시르 왓 207
수수 이들리 또는 도사 198-199
루바브: 생강 루바브 슈럽 95
리크: 아마란스, 초당옥수수 수프 34

ㅁ
마늘
매콤한 칠리 소스 203
허브 레몬 마늘 라브네 214
매실 식초
새콤달콤 연한 생강초절임(가리쇼가) 122
센마이즈케 순무 절임 118
우메보시, 우메스, 시소 절임 76-77
매실 절임 74, 76-77

센마이즈케 순무 절임 118
우메보시, 우메스, 시소 절임 76-77

메이플 설탕
메이플, 펜넬과 통후추 채끝등심 244
헤이즐넛 메이플 초콜릿 케이크 194

메이플 시럽
메이플 시럽과 세이지잎을 곁들인 배, 파스닙, 치폴리니 양파 구이 43
사프란, 메이플, 바닐라 케피어 밀크 피즈 2차 발효 136
생강 루바브 슈럽 95
생베리 슈럽 94
워터 케피어 1차 발효 151
체리, 캐슈 아마자케 아이스크림 238

무
김치 66
아삭한 하얀 무김치(깍두기) 70
아삭한 오이김치(오이소박이) 71

미소 된장
겐마이(현미) 미소 된장 227
미소 된장 피클과 미소도코(미소즈케와 미소도코) 252
미소즈케 두부 253
볶은 깨 미소 된장 드레싱 54
표고버섯 호두 미소 된장 우동 229
호두 미소 된장 228

ㅂ
바나나
말리의 마카다미아 바나나 팬케이크 56
숙성 유제 케피어 2차 발효 135

버섯
버섯 셀러리 피클 107
일본식 표고버섯 현미보리밥 44
표고버섯 호두 미소 된장 우동 229
피칸: 복숭아 피칸 생강 케이크 190
필라프: 메밀 수수 해바라기씨 필라프 53

베리
베리 슈럽 칵테일 96
생베리 슈럽 94
숙성 유제 케피어 2차 발효 135
케피어 베리 바바루아 142

보리: 일본식 표고버섯 현미보리밥 44

복숭아
복숭아 피칸 생강 케이크 190
살구, 복숭아 과실주 1차 발효 86

비트
가다랑어 절임 카나페 247
비트 크바스 112
오렌지 주니퍼 비트 절임 104

ㅅ

사과
백김치 양념 67
빨간 김치 양념 67
인디아의 애플 파이 187
천연 발효 스크럼피 85

사워도우
다용도 스펠트 사워도우 178-179
밤브랙 티로프 192
사워도우 만들기 176-177
씨솔트 크리스피 브레드 184
호밀 스타터 만들기 174

살구
발효 살구 스프레드 156
살구, 복숭아 과실주 1차 발효 86

살사
그린 토마토, 옥수수 할라페뇨 살사 72
아보카도, 해바라기씨 토마티요 살사 39

생강
라즈베리 생강 주니퍼 스파클링 에이드 2차 발효 154
맥주: 매운 강황, 라임, 후추 벅 맥주 83
백김치 양념 67
복숭아 피칸 생강 케이크 190
새콤달콤 연한 생강초절임(가리쇼가) 122
생강 루바브 슈럽 95
생강 벅 스타터 80
아삭한 오이김치(오이소박이) 71
우메스 생강초절임(베니쇼가) 123
워터 케피어 1차 발효 151
적채, 아라메 해초, 생강 크라우트 63
중국식 시트러스와 향신료 절임 114

파인애플 생강 워터 케피어 그라니타 152
핑거라임, 그린망고 처트니 73

생선
가다랑어 절임 카나페 247
누룩소금 방어 커틀릿 226
소금에 절인 생선구이 250
펜넬, 주니퍼 오렌지 가다랑어 절임 246

셀러리
딜 오이 피클 106
버섯 셀러리 피클 107
오렌지 주니퍼 비트 절임 104
쿠카멜론 피클 111

수수
메밀 수수 해바라기씨 필라프 53
수수 이들리 또는 도사 198-199

식초
생강 루바브 슈럽 95
생굴 슈럽 95
생베리 슈럽 94
샴페인 식초 93
스크럼피 식초 92
센마이즈케 순무 절임 118
우메보시, 우메스, 시소 절임 76-77
초모 89

쌀
겐마이(현미) 미소 된장 227
누카도코(발효된 쌀겨된장) 254-257
미소즈케 두부 253
아마자케 236
아몬드 아마자케 237
일본식 표고버섯 현미보리밥 44
캐슈와 시트러스 아마자케 크림 46
호박, 밤, 아몬드 현미 주먹밥 54

쌀식초
새콤달콤 연한 생강초절임(가리쇼가) 122
일본식 오이와 무 간장절임(쇼유즈케) 124

ㅇ

아마란스
배, 귤, 퀴노아와 아마란스로 채운 오리구이 40-41

아마란스, 초당옥수수 수프 34
아마자케
　벳다라즈케(쌀누룩피클) 259
　아마자케(쌀누룩 발효음료) 236
　아몬드 아마자케 237
　체리, 캐슈 아마자케 아이스크림 238
　캐슈와 시트러스 아마자케 크림 46
아몬드
　꿀, 카다멈 아몬드 라브네 214
　단감과 꿀을 곁들인 필미엘크 아이스크림 146
　아몬드 아마자케 237
　아몬드밀크 32
　케피어 베리 바바루아 142
　호박, 밤, 아몬드, 현미 주먹밥 54
아이스크림
　단감과 꿀을 곁들인 필미엘크 아이스크림 146
　체리, 캐슈 아마자케 아이스크림 238
양배추
　김치 66
　백김치 양념 67
　빨간 김치 양념 67
　아삭한 오이 김치(오이소박이) 71
　아삭한 하얀 무김치(깍두기) 70
　적채, 아라메 해초, 생강 크라우트 63
오렌지
　오렌지 주니퍼 비트 절임 104
　펜넬, 주니퍼 오렌지 가다랑어 절임 246
　펜넬, 주니퍼 오렌지 후추 소스 247
오리: 배, 귤, 퀴노아와 아마란스로 채운 오리구이 40-41
오이
　가다랑어 절임 카나페 247
　딜 오이 피클 106
　아삭한 오이김치(오이소박이) 71
　오이 필미엘크 라이타 145
　일본식 오이와 무 간장절임(쇼유즈케) 124
　쿠카멜론 피클 111
올리브: 그린 올리브 120-121
요구르트
　꿀, 카다멈 아몬드 라브네 214
　요나의 요구르트종균 212

클래식 라브네 213
허브 레몬 마늘 라브네 214
월계수잎: 금귤 카시아 월계수 피클 117
음료
　내추럴 소다 1차 발효 81
　매운 강황, 라임, 후추 벅 맥주 83
　생강 벅 스타터 80
　생베리 슈럽 94
　살구, 복숭아 과실주 1차 발효 86
　천연 발효 스크럼피 85

ㅈ
젤리: 귤 슈럽 젤리 96
준 126, 155-6, 159-65
준 샴페인 2차 발효 163
주니퍼
　라즈베리 생강 주니퍼 스파클링 에이드 154
　오렌지 주니퍼 비트 절임 104
　펜넬, 주니퍼 오렌지 가다랑어 절임 246
　펜넬, 주니퍼 오렌지 후추 소스 247

ㅊ
차
　살구, 복숭아 과실주 1차 발효 86
　밤브랙 티로프 192
　준 1차 발효 161
　콤부차 1차 발효 160
참깨
　볶은 깨 미소 된장 드레싱 54
　씨솔트 크리스피 브레드 184
처트니
　그린 칠리 코코넛 처트니 203
　핑거라임, 그린망고 처트니 73
체리
　내추럴 소다 1차 발효 81
　체리, 캐슈 아마자케 아이스크림 238
초당옥수수
　그린 토마토, 옥수수 할라페뇨 살사 72
　모로코식 퀴노아와 구운 초당옥수수, 크렘 프레슈 51
　서리태와 스모키 치폴레 크림 옥수수 36

아마란스, 초당옥수수 수프 34
초콜릿: 헤이즐넛 메이플 초콜릿 케이크 194
치즈 만들기 208, 215-19
  페타 219
  셰브르 치즈 221

ㅋ
카다멈
  꿀, 카다멈 아몬드 라브네 214
  미니 당근, 카다멈 피클 119
캐슈너트
  체리 캐슈, 아마자케 아이스크림 238
  캐슈와 시트러스 아마자케 크림 46
  허브 캐슈 페퍼 스프레드 45
케피어
  라즈베리 생강 주니퍼 스파클링 에이드 154
  발효 살구 스프레드 156
  발효 클로티드 크림 138
  사프란, 메이플, 바닐라 케피어 밀크 피즈 136
  셰브르 치즈 221
  숙성 유제 케피어 2차 발효 135
  유제 케피어 1차 발효 134
  카피르 라임, 레몬그라스 스파클링 에이드 2차 발효 155
  코코넛 워터 케피어 1차 발효 153
  코코넛 워터 케피어 사워에이드 2차 발효 153
  페타 219
  케피어 베리 바바루아 142
  파인애플 생강 워터 케피어 그라니타 152
케이크
  복숭아 피칸 생강 케이크 190
  밤브랙 티로프 192
  헤이즐넛 메이플 초콜릿 케이크 194
코코넛
  그린 칠리 코코넛 처트니 203
  바삭한 코코넛 템페 235
  복숭아 피칸 생강 케이크 190
  코코넛 워터 케피어 1차 발효 153
  코코넛 워터 케피어 사워에이드 2차 발효 153
콤부차 157-167
  딸기, 시나몬 콤부차 164
  실비아의 드라이 레몬 머틀 콤부차 2차 발효 166
  콤부차 1차 발효 160
  콤부차 또는 준 샴페인 2차 발효 163
  허브 콤부차 비네그레트 167
콩
  검은콩 템페 234
  서리태와 스모키 치폴레 크림 옥수수 36
  호박씨 귀리 누에콩 샐러드 48
퀴노아
  모로코식 퀴노아와 구운 초당옥수수, 크렘 프레슈 51
  배, 귤, 퀴노아와 아마란스로 채운 오리구이 40-41
크렘 프레슈
  모로코식 퀴노아와 구운 초당옥수수, 크렘 프레슈 51
  서리태와 스모키 치폴레 크림 옥수수 36
  크렘 프레슈 139
크림
  머스터드 딜 필미요크 크림 145
  발효 버터와 버터밀크 140
  발효 클로티드 크림 138
  케피어 베리 바바루아 142
  크렘 프레슈 139
  필미요크 144

ㅌ
타임: 허브 캐슈 페퍼 스프레드 45
타히니: 호두 빠떼 47
템페
  검은콩 템페 234
  바삭한 코코넛 템페 235
  토르티야: 마사 하리나 토르티야 38
토마토
  그린 토마토, 옥수수 할라페뇨 살사 72
  미시르 왓 207
토마티요: 아보카도, 해바라기씨 토마티요 살사 39
파스닙: 메이플 시럽과 세이지잎을 곁들인 배, 파스닙, 치폴리니 양파 구이 43

ㅍ
파슬리
  메밀 수수 해바라기씨 필라프 53

모로코식 퀴노아와 구운 초당옥수수, 크렘 프레슈 51
서리태와 스모키 치폴레 크림 옥수수 36
펜넬, 주니퍼 오렌지 후추 소스 247
허브 레몬 마늘 라브네 214
허브 콤부차 비네그레트 167
호박씨 귀리 누에콩 샐러드 48

파인애플
코코넛 워터 케피어 사워에이드 2차 발효 153
파인애플 생강 워터 케피어 그라니타 152

팬케이크: 말리의 마카다미아 바나나 팬케이크 56

페이스트리: 발효한 쇼트크러스트 페이스트리(타르트지) 186

펜넬
당근과 펜넬, 발아곡물 샐러드 50
메이플, 펜넬과 통후추 채끝등심 244
펜넬, 주니퍼 오렌지 가다랑어 절임 246
펜넬, 쥬니퍼 오렌지 후추 소스 247

포도 나뭇잎: 딜 오이 피클 106

필미엘크
단감과 꿀을 곁들인 필미엘크 아이스크림 146
머스터드 딜 필미엘크 크림 145
오이 필미엘크 라이타 145
필미엘크 144

펜넬, 주니퍼 오렌지 후추 소스 247
허브 캐슈 페퍼 스프레드 45

ㅎ

해바라기씨
메밀 수수 해바라기씨 필라프 53
아보카도, 해바라기씨 토마티요 살사 39

호두
호두 미소 된장 228
표고버섯 호두 미소 된장 우동 229
호두 빠떼 47

호밀
기본 재료로 호밀 스타터 만들기 174
부드러운 귀리 호밀 포리지 30

호박씨
모로코식 퀴노아와 구운 초당옥수수, 크렘 프레슈 51
호박씨 귀리 누에콩 샐러드 48

후추
맥주: 매운 강황, 라임, 후추 벅 맥주 1차 발효 83
소고기: 메이플, 펜넬과 통후추 채끝등심 244

감사의 말

이 책은 독자 여러분들 덕에 탄생할 수 있었습니다. 앞으로 여러분의 식사 시간에 자주 함께 할 수 있길 바랍니다.

지금은 곁에 없는 나의 부모님 피터와 조이Joy 덕분에 좋은 음식의 가치를 알게 되었고, 저라는 존재를 감사히 여겨 왔습니다. 제가 발효 음식을 연구하기 시작한 초창기에 다양한 실험을 견뎌준 것을 포함해 모든 것들에 깊이 감사함을 전하고 싶습니다 그들의 격려와 사랑하는 언니 조Jo가 있었기에 지금의 제가 있을 수 있었습니다. 언니는 늘 경청했고, 남다른 통찰력으로 책을 쓰는 데 큰 도움을 주었습니다. 사랑스러운 딸 인디아 래 위즐랜드India Rae Witzand에게도 감사를 표합니다. 그녀의 안목과 거침없는 조언은 매우 소중했습니다. 늘 시큼한 냄새로 둘러싸인 환경 속에서도 예쁘게 잘 자라주었습니다. 딸을 통해 저는 미래에 대한 확신을 가질 수 있습니다.

1985년 Iku Wholefood의 공동 창업자였던 빌렘 벤터Willem Venter(1958-1991)는 실패를 딛고 일어설 수 있게 손 잡아주었습니다. 그에 대한 애정, 우리의 세월과 추억은 항아리 안에 고스란히 담겨 있습니다.

저 혼자만의 노력이 아닌, 애정하고 존경하는 많은 이들의 기술과 도움 덕에 책이 나올 수 있었습니다. 변치 않는 감사의 뜻을 다음 분들께 고합니다.

욜란데 그레이Yolande Gray의 관대함과 예술성, 그리고 우리의 우정이 제 인생을 달콤하게 해주었습니다. 이 책은 욜란데 그레이의 예술에 대한 감각과 디렉션을 통해 구현되었습니다. 그녀의 꿀벌들이 만든 사랑스러운 꿀과 그녀의 집에서 함께한 식사와 아이디어는 늘 훌륭하고 각별했습니다. 언제나 미소를 띤 얼굴로 함께해준 마고Margot와 해미시 쇼록스Hamish Shorrocks, 같이 닭도 잡고 좋아하는 것들을 즐겁게 나누곤 했던 마르틴 테플리츠키Martin Teplitzky에게도 감사합니다.

언제나 지지해준 머독 북스Murdoch Books 출판사에도 감사함을 전합니다. 발행인 제인 모로Jane Morrow, 아름다운 책을 만들어준 디자이너 비비안 발크Vivien Valk, 도움을 준 휴 포드Hugh Ford와 수잔 제퍼트Susanne Geppert. 제 글에 소중한 시간을 할애해준 편집자 케이티 보셔Katie Bosher와 케이트 완위몰룩Kate Wanwimolruk, 샨 울로디Shan Wolody. 그리고 사진작가 벤 더울리Ben Dearnley와 푸드 스타일리스트 미셸 노에리안토Michelle Noerianto는 특유의 자신감으로 음식을 예술로 승화시켰습니다. 두 사람과 더불어 욜란데Yolande, 가브리엘라 캠벨Gabriella Campbell과 작업한 경험은 평생 간직할 것입니다.

아름다운 집을 내준 리사 머독Lisa Murdoch과 제임스 미들턴James Middleton. 멋지고 듬직한 손을 가진 제프리 브로드필드Jeffrey Broadfield, 표지를 장식해준 사우나 플레나디Shauna Flenady. 아름다운 물건들을 제공해준 실비아 노블Silvia Noble과 The Lost & Found Department(호주 헌터스 힐의 생활용품점-옮긴이), 무로본드Murobond 사의 페인트와 빈티지 빵틀을 제공해준 로웨나 데이비스Rowena Davies.

초록 매실을 준 노르만Norman과 조이스 리Joyce Lee. 티비코스를 준 카즈 오겐Cazz Ogen, 저의 노력을 지지해준 인디아의 아빠, 노에크 위잔드Noek Witzand. 발아 기술과 저울을 공유해준 앨리슨 러더퍼드Alison Rutherford.

발효의 부활을 이끌어온 모든 사람들, 특히 배운 것들을 활발히 공유하며 이 책의 서문까지 작성해 준 산도르 엘릭스 카츠Sandor Elix Katz와 영감과 지지를 보태준 퍼거스 헨더슨Fergus Henderson의 업적에 경의를 표합니다. 제이미 에드워드Jaime Edwards의 열정과 친절한 말들, 아름다운 그릇을 건네준 앤드류 코페스Andrew Copes에게도 감사합니다.

미생물 생태계에 대한 연구와 견해를 준 조 하넷 박사Dr. Jo. Harnett와 지식과 아이디어로 책의 질을 높여준 로잘바 코트니 박사Dr. Rosalba Courtney. 전문 지식을 공유해준 세실 웰던Cecille Weldon. 흔들리지 않도록 잡아준 저의 동료이자 친구이며 자연식품에 대한 빈틈없는 이해와 열정으로 제게 큰 동기를 준 주드 블뢰Jude Blereau. 언제나 기쁨이 되어주는 나의 친구 리지 스펜서Lizzie Spencer. 명쾌한 사랑과 슬기로운 조언을 아끼지 않는 제니퍼 번Jennifer Byrne, 데니스Denis, 테스 컬리티Tess Cullity. 항상 제 뒤를 지켜주는 메간 '베릴' 브라운Megan 'Beryl' Brown, 후원해준 말리Marly와 존 보이드John Boyd.

끝으로, 언제나 신뢰하는 다음의 로컬 생산자들에게 깊이 감사드립니다. 엠마 브리센덴Emma Brissenden과 리즈Lizzie, 팀 존스톤Tim Johnstone의 훌륭한 토양과 거기서 재배되는 모든 것들. 칼 존슨Carl Johnson과 헌터 밸리Hunter Valley가 생산하는 가치 있는 우유, 인도적으로 생산된 고기를 제공하는 동시에 육류 소비 감소 캠페인을 하는 Linga Longa Farm 농장과 정육업체 Shiralee Organic Meats, Feather and Bone. 염소 우유와 닭을 제공하는 피오나 위어 웜슬리Fiona Weir-Walmsley, 제 요청에 언제나 열려 있는 Avalon Wholefoods Store와 Avalon Organics 사의 직원 분들께 깊은 감사를 표합니다.

Copyright text © Holly Davis 2017

Copyright design © Murdoch Books 2017

Copyright photography © Ben Dearnley

All rights in this publication are reserved to Murdoch Books. No part of this publication may be reproduced, stored in any retrieval system or transmitted in any form or by any means, electronic, mechanical, photocopying, recording or otherwise without the prior written permission of Murdoch Books.

Korean Translation copyright ©2021 Sigongsa

Published by arrangement with Murdoch Books, an imprint of Allen & Unwin, through BC Agency, Seoul.

이 책의 한국어판 저작권은 BC에이전시를 통해 저작권자와 독점계약을 맺은 시공사에 있습니다.
저작권법에 의해 한국 내에서 보호를 받는 저작물이므로 무단전재와 복제를 금합니다.

발효 음식의 세계

초판 1쇄 발행일 2021년 3월 5일
초판 2쇄 발행일 2022년 8월 29일

지은이 홀리 데이비스
옮긴이 박지현

발행인 윤호권
사업총괄 정유한

발행처 ㈜시공사 **주소** 서울시 성동구 상원1길 22, 6-8층(우편번호 04779)
대표전화 02-3486-6877 **팩스(주문)** 02-585-1755
홈페이지 www.sigongsa.com / www.sigongjunior.com

이 책의 출판권은 (주)시공사에 있습니다. 저작권법에 의해
한국 내에서 보호받는 저작물이므로 무단 전재와 무단 복제를 금합니다.

ISBN 979-11-6579-440-8 13590

*시공사는 시공간을 넘는 무한한 콘텐츠 세상을 만듭니다.
*시공사는 더 나은 내일을 함께 만들 여러분의 소중한 의견을 기다립니다.
*미호는 아름답고 기분좋은 책을 만드는 ㈜시공사의 실용 브랜드입니다.
*잘못 만들어진 책은 구입하신 곳에서 바꾸어 드립니다.

옮긴이 **박지현**
컬럼비아대학교 경제학과를 졸업했다. 대학 시절 뉴욕에 거주하면서 이민자 문화와 다양한
문화권의 음식을 접했고, 직접 음식을 만들고 요리를 즐기는 것을 넘어 요리책을 수집하고
공부하며 음식에 대한 호기심을 키워왔다. 옮긴 책으로는 〈발효 음식의 세계〉가 있다.

감수 **박천석**
경희대학교 생명과학대학 식품생명공학과에서 식품미생물, 생명공학, 발효미생물공학 등을
가르친다. 한국식품과학회, 한국미생물·생명공학회 정회원이며 〈Food Science and Technology〉,
〈Journal of Microbiology and Biotechnology〉의 편집자로 활동하고 있다. 식품과 관련된 미생물, 효소,
생명공학 분야를 연구하며 현재까지 국제학술지에 150편 이상의 논문을 게재하였다.

감수 **김수향**
발효전문가이자 음식문화기획자. 재일교포 3세로 1997년부터 한국음식문화 기자, 편집자로
활동해왔다. 2006년 홍대에 '카페 수카라'를 열어 제철 재료를 활용한 맛을 선보였고, 2011년부터
발효 워크숍을 진행하며 음식의 감칠맛과 보존성, 영양을 더해주는 발효의 지혜를 꾸준히
연구해왔다. 2012년 도심 속 직거래 장터인 '농부시장마르쉐@'를 공동 기획했고, 2019년 동료들과
서촌에 발효를 테마로 한 카페&그로서리 공간인 '발효식료품카페 큔Qyun'을 열어 전 세계 발효의
지혜를 기록하고 새롭게 해석하는 작업을 이어오고 있다.